Casimir Bumiller

Ursula von Rosenfeld
und die Tragödie des Hauses Baden

Casimir Bumiller

Ursula von Rosenfeld und die Tragödie des Hauses Baden

Casimir Katz Verlag

Die Deutsche Bibliothek – CIP-Einheitsaufnahme

Bumiller, Casimir: Ursula von Rosenfeld und die Tragödie des Hauses Baden / Casimir Bumiller
Gernsbach: Katz, 2010
ISBN: 978-3-938047-51-4

Umschlaggestaltung: Jörg Schumacher, Casimir Katz Verlag
Satz: Casimir Katz Verlag, Gernsbach
Druck: Books on Demand GmbH, Norderstedt
ISBN: 978-3-938047-51-4

Inhaltsverzeichnis

Ein Fürstenhaus in der Krise

Ernst und Ursula – ein ungleiches Fürstenpaar

Die Grundlegung des Hauses Baden-Durlach

Ein Fürstenhaus in der Krise

Standesungleiche Ehen im Haus Baden

Das Haus Baden hat seinen dynastischen Fortbestand wiederholt durch die Legitimierung nichtebenbürtiger Kinder aus standesungleichen (morganatischen) Zweitehen gesichert. Das bekannteste Beispiel ist die sogenannte „Hochbergische Sukzession" des Jahres 1817. Weil das Haus Baden damals vor dem Aussterben stand, wurden in einem Hausgesetz die Nachkommen des Markgrafen und späteren Großherzogs Karl Friedrich, die aus seiner unstandesgemäßen Ehe mit der Gräfin Hochberg stammten, zur Thronfolge legitimiert. Diese Linie gelangte deshalb 1830 zur Regierung. Zu ihr gehörten nachmals politisch so bedeutende Persönlichkeiten wie Großherzog Friedrich I., den wir alle als den „Kaisermacher" von 1871 aus unseren Schulbüchern kennen, und dessen Neffe Prinz Max von Baden, der letzte Reichskanzler von 1918[1].

In der landeskundlichen Forschung weit weniger bekannt ist hingegen, dass es genau 300 Jahre vor der „Hochbergschen Sukzession" im Haus Baden eine ganz vergleichbare dynastische Konstellation gab, in der schon einmal die unstandesgemäße Ehe eines badischen Markgrafen den Fortbestand des Hauses sicherte. Die Rede ist von Markgraf Ernst von Baden und seiner im Jahr 1518 geschlossenen zweiten Ehe mit dem niederadligen Hoffräulein Ursula von Rosenfeld. Im Gegensatz zu Luise Geyer von Geyersberg und der „Hochbergischen Sukzession" ist die einschlägige badische Literatur, was die Person Ursulas von Rosenfeld angeht, eher wortkarg. Die umfangreichsten Auseinandersetzungen mit Ursula und ihrer Ehe fanden im späten 18. Jahrhundert statt und sind mithin mehr als 200 Jahre alt.[2] In der modernen badischen Geschichtsschreibung tritt die Markgräfin Ursula indes bestenfalls noch als Randfigur auf. Friedrich von Weech (1890) meinte immerhin zu wissen, dass Ursula die „Tochter eines alten schwäbischen Adelsgeschlechtes" gewesen sei,[3] stützte sich dabei aber erkennbar auf die älteren Gewährsleute, die unisono „von einem alt=adelichen Geschlechte von Rosenfeld" sprachen.[4] Die Historiographie des 20. Jahrhunderts scheint Ursula vollends vergessen zu haben. Weder Berthold Sütterlin noch Wolfgang Hug noch Armin Kohnle erwähnen Ursula in ihren Gesamtdarstellungen der badischen Geschichte.[5] Volker Press (1993) spricht immerhin ohne Namensnennung von Markgraf Ernsts „niederadligen Frauen", und Hansmartin Schwarzmaier (2005) berührte Ursula von Rosenfeld beiläufig im Zusammenhang mit ihrer Tumba in der Pforzheimer Schlosskirche.[6]

Schwarzmaier sprach in diesem Zusammenhang von einem „der bedeutendsten Denkmäler der Renaissance in der Markgrafschaft", und Hans-

Tumba von Markgraf Ernst von Baden und Ursula von Rosenfeld im Chor der Schlosskirche Pforzheim. Kopfseite mit Blick auf die jüngeren Grabdenkmäler im Chor.

martin Decker-Hauff hatte bereits 1945 eben dieses Grabdenkmal zu den „Perlen der deutschen Renaissance" gezählt,[7] was ja immerhin aufhorchen lässt und die Frage suggeriert, weshalb wir über die Person, derer dort gedacht wird, so wenig wissen. Dies erstaunt umso mehr, als die Doppeltumba von Markgraf Ernst und Ursula von Rosenfeld prominent und solitär im Mittelpunkt des Chores der Pforzheimer Schlosskirche steht und alle später gestorbenen Mitglieder des Hauses Baden-Durlach gewissermaßen dazu zwang, von ihren Wandepitaphien auf dieses Fürstenpaar als ihre Stammeltern herabzublicken. Die alles in allem unbefriedigenden biographischen Hinweise in der einschlägigen landeskundlichen Literatur spiegeln in gewisser Weise die überaus miserable archivalische Überlieferungssituation zu Ursula von Rosenfeld im badischen Hausarchiv – es ist in der Tat schwer, archivalische Quellen zu dieser Markgräfin von Baden im Generallandesarchiv zu ermitteln. Im Bestand 46 des Generallandesarchivs Karlsruhe „Haus- und Staatsarchiv – Personalia" ist für Markgräfin Ursula nicht wie für alle übrigen Mitglieder des Hauses ein eigenes Aktenkonvolut angefallen; ihr Name taucht nur im Titel eines einzigen noch zu besprechenden Aktenstücks unter der Rubrik ihres Gatten Ernst auf. Gäbe es nicht ihr berühmtes Grabdenkmal und hätten nicht kriminalistischer Spürsinn und historische Forschung zu verwandten Fürstenfamilien in auswärtigen Archiven unverhofft Quellen zur Biographie der Ursula von Rosenfeld zutage gefördert, man könnte argwöhnen, die Markgräfin Ursula von Baden sei nur ein Phantom gewesen, eine Camouflage, der Laune eines Renaissancepoeten entsprungen.[8]

Da die Quellenbasis zur Biographie dieser Renaissancefürstin so extrem schmal ist, können wir uns ihrer äußeren Biographie wie ihrer Persönlichkeit nur annähern, indem wir die Rahmenbedingungen ihres Lebens so genau wie möglich zu fassen versuchen. Zumindest müssen die Bühne, auf der sie agiert hat, und die Personen, zu denen sie mutmaßlich in Beziehung stand, einer dichten Beschreibung zugeführt werden.[9] Gegenstand unserer Betrachtung sind deshalb zugleich die gesellschaftlichen und politischen Rahmenbedingungen des fürstlichen Hochadels am Beginn der Neuzeit, im Besonderen die Situation des Hauses Baden in der ersten Hälfte des 16. Jahrhunderts, die Hansmartin Schwarzmaier eine „Tragödie" genannt hat.[10] Unsere Fragestellung wird sein, welche Rolle Ursula von Rosenfeld in dieser Tragödie zugedacht war.

Zur regionalen und sozialen Herkunft Ursulas von Rosenfeld

Bevor wir uns ihrem Aufstieg zur Markgräfin von Baden zuwenden, soll Ursulas soziale Herkunft aus dem württembergischen Landadel rekonstruiert werden.

Nach allem, was wir wissen, ist Ursula von Rosenfeld um 1499[11] im Städtchen Rosenfeld auf dem Kleinen Heuberg im Albvorland geboren. Ihre Heimatstadt war wohl eine Gründung der Herzöge von Teck. Neuere Erkenntnisse der Forschung legen eine Stadtgründung um 1244 nahe.[12] Schon 1317 wurde die Stadt von den Teckern an Württemberg verkauft, seitdem war Rosenfeld eine württembergische Amtsstadt mit maximal 500–600 Einwohnern am Ende des Mittelalters. Steuerlisten von 1470 und 1525 legen eine einseitige Vermögensstruktur nahe. Wenigen reichen Bürgern standen sehr viele unvermögende Haushalte gegenüber. Und es gibt Indizien dafür, dass die Vermögen mit Beginn der frühen Neuzeit eher geringer wurden. Die erhaltenen Bürgerlisten sprechen außerdem entgegen dem allgemeinen Entwicklungstrend für eine leicht rückläufige Einwohnerzahl in Rosenfeld. Trotz dieser negativen sozioökonomischen Tendenzen herrschte im Städtchen am Ausgang des Mittelalters eine rege Bautätigkeit. Die Stadtmauer wurde zwischen 1480 und 1490 erneuert, auf ihre dreigeschossige Höhe gebracht und im Westen der Stadt um einen Zwinger erweitert. In den 90er Jahren wurde die wohl bis dahin noch romanische Stadtkirche des 13. Jahrhunderts in ein spätgotisches Gotteshaus umgewandelt: der Schlussstein der Vorhalle trägt die Jahreszahl 1496. Träger dieser Bautätigkeit waren neben dem Landesherrn die wenigen reichen Bürger und die wichtigsten Handwerkergruppen, die Schuhmacher und die Metzger, deren Zeichen auf zwei Konsolen des Kreuzrippengewölbes in der Vorhalle der Kirche verewigt sind.

An der Spitze der gesellschaftlichen Pyramide des Städtchens standen eine Handvoll reicherer Bürgerfamilien und (um 1470) drei Stadtadelsgeschlechter. Am engsten mit der städtischen Geschichte verwoben war dabei die Familie von Rosenfeld, die im „Schloss“ an der Südwestecke der Stadt residierte. Seit dem 14. Jahrhundert stellte die Familie mehrfach Schultheißen und Vögte der württembergischen Amtsstadt. Schultheiß von 1494 bis zu seinem Tod im Jahr 1500 war Wolf von Rosenfeld, Ursulas Vater.

Ursula entstammte also in der Tat einem schwäbischen Adelsgeschlecht. Ob es auch „alt“ war, wie von Weech und die Autoren des 18. Jahrhunderts meinten, ist eine andere Frage. Erst im Zuge der aktuellen Stadtgeschichtsforschung in Rosenfeld konnte geklärt werden, dass es sich bei den Herren von Rosenfeld nicht um alten Adel handelt, sondern um ein ursprünglich bürgerliches Geschlecht namens Stoll, das sich seit der Zeit um 1300 „von Rosenfeld“ zubenannte.[13] In größeren (Reichs-) Städten würde man eine solche bürgerliche Familie, die ein Wappen führte, die lehensfähig war, die landesherrliche Beamtenstellen besetzte und

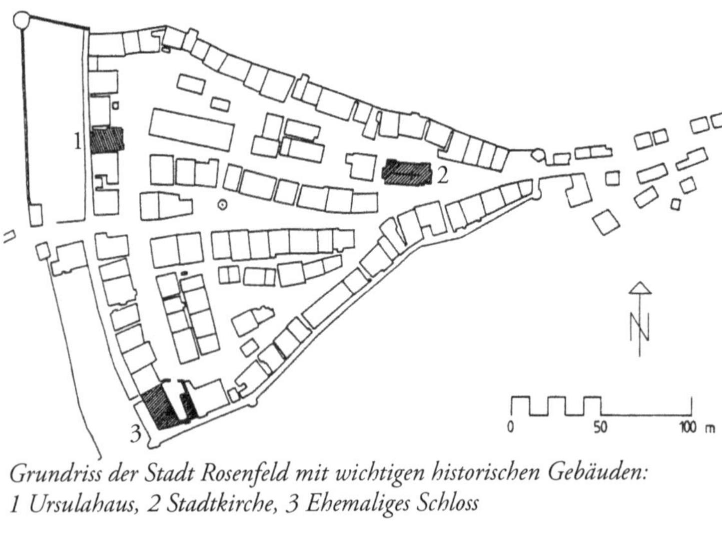

Grundriss der Stadt Rosenfeld mit wichtigen historischen Gebäuden: 1 Ursulahaus, 2 Stadtkirche, 3 Ehemaliges Schloss

sich gesellschaftlich in den Kreisen des landsässigen Adels bewegte, dem „Patriziat“ zuordnen. In Rosenfeld bildeten die Stoll ein frühes Beispiel für die Entstehung jener spezifisch württembergischen Führungsschicht der „Ehrbarkeit“. Lange Zeit war unklar, wie die Familie von Rosenfeld mit der zollerischen Ministerialenfamilie von Schalksburg zusammenhing, deren Wappen sie offenkundig führte. Durch die Erschließung bislang unbeachteten Quellenmaterials konnte erst kürzlich nachgewiesen werden, dass Werner von Rosenfeld (ca. 1340–1408) im Jahr 1381 vom letzten Schalksburger Burkart von Schalksburg vor dem Rottweiler Hofgericht zum Erben erhoben und mit seinem Schild, Wappen und Helm ausgestattet wurde. Diese „Adoption“ entsprach einer Nobilitierung der Rosenfelder, und in der Tat benutzten Werner von Rosenfeld und seine Nachkommen von diesem Moment an das schalksburgische Turmwappen, während sie die bis dahin geführten drei Rosenfelder Rosen ablegten.

Dieser Werner von Rosenfeld ist übrigens eine berühmte Gestalt der württembergischen Landesgeschichte. Als Vogt von Herrenberg, der in der Schlacht bei Döffingen am 23. August 1388 dem durch das bürgerliche Heer bedrängten Grafen Eberhard ein Entsatzheer zuführte und damit den württembergischen Sieg über die Städte im Städtekrieg herbeiführte, stieg Werner zum „Helden von Döffingen“ auf. Ursula von Rosenfeld entstammte also keinem wirklich „alten“ Adelsgeschlecht, aber mit dem Urgroßvater Werner verfügte sie über einen Ahnherrn, der die württembergische Heldengalerie zierte und dessen Name in Württemberg einen guten Klang hatte.

Die Familie von Rosenfeld belegte im Heubergstädtchen den gesellschaftlich ersten Rang, aber im Gesamtklassement des schwäbischen Adels spielte sie eine eher bescheidene Rolle. Die Rosenfelder verfügten zwar – nicht zuletzt aus der Schalksburger Erbschaft – über Streubesitz in der Umgebung, sie bestritten jedoch ihr wirtschaftliches Auskommen im Wesentlichen aus Beamtengehältern im Landesdienst. Sie besaßen spätestens im 14. Jahrhundert zwei Mühllehen der Herren von Zimmern vor den Toren der Stadt und traten zum Beispiel 1457 auf dem Zimmerischen Lehentag in Meßkirch auf. Ihr Rosenfelder Haus (das „Schloss“) war – als Dank für Werners Heldentat – durch herrschaftliches Privileg seit 1389 von Steuern befreit. Das in zwei Linien blühende Geschlecht war Ende des 15. Jahrhunderts in der Adelsgesellschaft mit St. Georgenschild organisiert. In der Steuerliste der Gesellschaft von 1496 rangierten drei Angehörige des Hauses auf eher bescheidenen Plätzen. Ursulas Vater Wolf von Rosenfeld gehörte mit 80 Gulden zu den gering vermögenden Adligen am oberen Neckar. Ursula entstammte also einem Geschlecht, das wie viele der Standesgenossen damals mühsam um die Aufrechterhaltung seines adligen Status kämpfte.[14]

Das Ursula-Haus in Rosenfeld, Zollernalbkreis, hier auf einer Aufnahme vom Anfang des 20. Jahrhunderts, gilt in der örtlichen Überlieferung als Geburtshaus der Ursula von Rosenfeld. Nach bauhistorischen Erkenntnissen datiert das Haus auf 1429.

Die lokale Überlieferung in Rosenfeld meint sogar Ursulas Geburtshaus zu kennen. Ein stattliches und von seiner baulichen Anlage her recht ungewöhnliches Haus in der heutigen Frauenberggasse gilt in der Bevölkerung als „Ursulahaus". Es wurde erst in jüngster Zeit bauhistorisch untersucht und konnte dendrochronologisch auf 1429 datiert werden.[15] Von seiner Bauzeit her käme das Gebäude also ohne Weiteres als Ursulas Geburtshaus in Betracht. Die bauhistorischen Erkenntnisse legen nahe, dass dieses Gebäude tatsächlich einer reichen Bürgerfamilie oder einem Stadtadelsgeschlecht als Domizil gedient haben muss. Das Problem ist nur, dass landläufig das (heute nicht mehr erhaltene, weil 1908 einem Brand zum Opfer gefallene) Schloss als Wohnsitz der Herren von Rosenfeld gilt. Das sogenannte „Ursulahaus" könnte nur dann als Ursulas Geburtshaus in Anspruch genommen werden, wenn durch Urkunden oder mit Hilfe von Steuerlisten belegt werden könnte, dass ausgerechnet Ursulas Familienzweig im späten Mittelalter nicht (oder nicht ausschließlich) im Schloss residiert hätte. Dies ist aber nicht der Fall.

Das Oberbadische Geschlechterbuch publizierte 1898 eine recht vorläufige, teils lückenhafte, teils falsche Stammtafel der Herren von Rosenfeld.[16] Otto K. Roller befasste sich dann in der Zeitschrift für die Geschichte des Oberrheins von 1904 und im „Schauinsland" von 1906 intensiver mit den Vorfahren der Ursula von Rosenfeld und verbesserte die Angaben im Oberbadischen Geschlechterbuch erheblich.[17] Kein Geringerer als Hansmartin Decker-Hauff setzte sich schließlich 1945 in einer seiner ersten wissenschaftlichen Publikationen mit der „Ahnenprobe" auf Ursulas Grabdenkmal auseinander.[18] Seither können die genealogischen Probleme um die Vorfahren der Ursula von Rosenfeld als weitgehend geklärt gelten. Ursula war demnach die Tochter des Rosenfelder Schultheißen Wolf von Rosenfeld († 1500) und der Anna Bombast von Hohenheim (1516 zuletzt genannt), einer Verwandten des bekannten Arztes Paracelsus. Der Ehe entsprangen neben Ursula drei weitere bekannte Töchter: Sophie, Margaretha und Appolonia. Letztere beide waren geistliche Frauen im Kloster Oberstenfeld beziehungsweise in St. Stephan zu Straßburg. Die älteste Schwester Sophie heiratete Konrad von Frauenberg, der 1527 bis 1531 Vogt in Rosenfeld war und dessen Familie im 16. Jahrhundert die Familientradition und die Rolle der Rosenfelder im Heubergstädtchen fortführte. Die Frauenberger erbten das Schloss der Herren von Rosenfeld und bewohnten dieses bis zu ihrem Aussterben im frühen 17. Jahrhundert. Mit dem Tod von Ursulas Vater Wolf erlosch dieser Zweig der Herren von Rosenfeld im Jahr 1500 im Mannesstamm, und der in Bühl bei Tübingen lebende Zweig sollte 1518 beziehungsweise 1525 aussterben. Ursula von Rosenfeld war danach mit ihrer Schwester Sophie die letzte Trägerin des Familiennamens (vgl. Stammtafel).

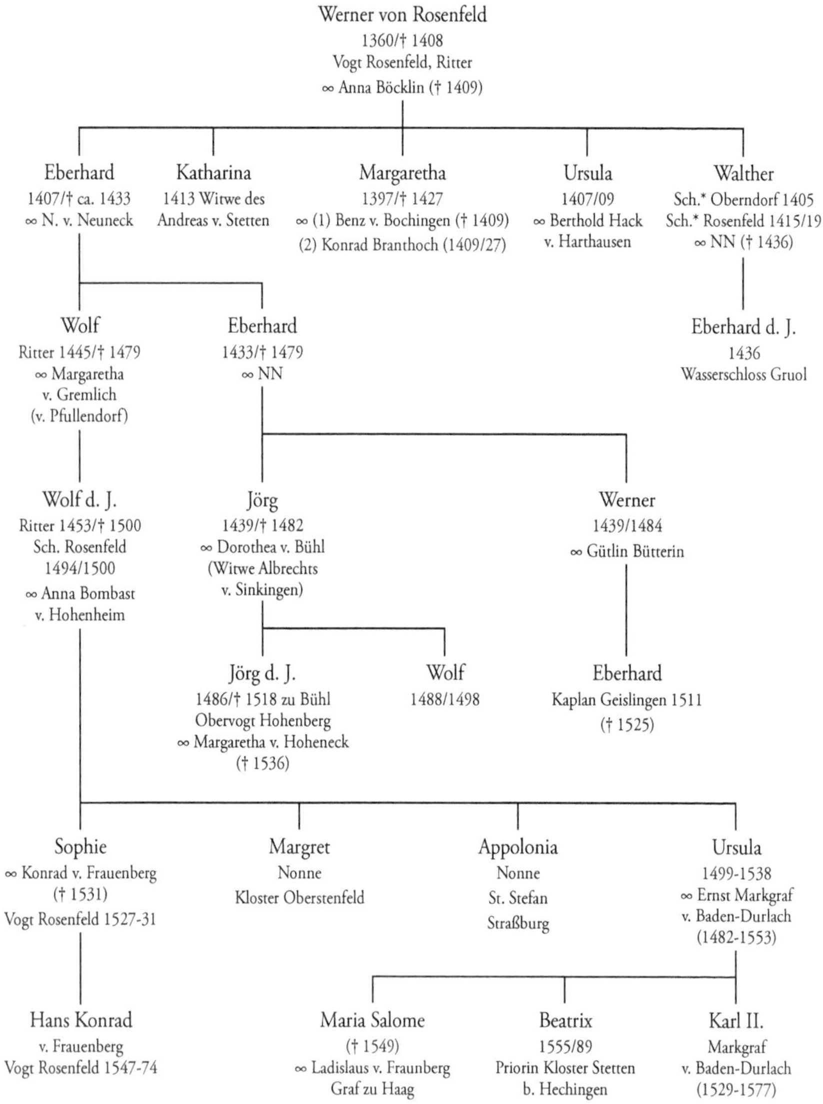

* Sch. = Schultheiß

Stammtafel der württembergischen Adelsfamilie von Rosenfeld.

Es ist nicht geklärt, über welche Kanäle und Empfehlungswege die junge Halbwaise Ursula an den badischen Hof des Markgrafen Ernst gelangte. Aufgrund der Familientradition und der engen Bindung an das Haus Württemberg hätte eine Bewerbung am Stuttgarter Hof näher gelegen. Wir wissen beispielsweise von einer verwandten Rosenfelder Stadtadelsfamilie, dass die Frau des Junkers Hans Branthoch in den Jahren 1470–72 der Gräfin Elisabeth, Schwester des Grafen Eberhard im Bart, als Hofmeisterin gedient hat.[19] Auch Ursulas Tante Anna Maria Schilling von Cannstatt, die Schwägerin von Ursulas Mutter, lebte um 1493 am Hof des nachmaligen Herzogs Eberhard. Es besteht der Verdacht, dass diese Tante Ursula den Weg in den Hofdienst geebnet haben könnte. Doch dieser Frage werden wir uns später vor dem Hintergrund weiterer Erkenntnisse näher zuwenden.

Ursula von Rosenfeld scheint irgendwann um 1510 ihre „Karriere" als Hofjungfrau bei Markgräfin Elisabeth von Brandenburg-Ansbach, der ersten Frau des Markgrafen Ernst, begonnen zu haben. Dass Ursula dem Frauenzimmer der Markgräfin angehörte, wissen wir bislang, soweit ich sehe, nur aus einer Notiz in der Zimmerischen Chronik, deren Mitteilungen bekanntlich immer kritisch zu betrachten sind. Dort heißt es an einer Stelle: ... *dann es haben marggraf Ernst und sein gemahl, die marggrefin von Brandenburg, wenig ainigkeit oder rechts vertrawen mehr zusamen gehapt. Got waist, wie sie gestorben, wiewol die gemain sag, es sei ir in ainer kündbett misslungen; die andern sprechen, sie sei vom frawenzimmer ainstails verwarlost [vernachlässigt] worden. Nach irem absterben hat marggraf Ernst ein edle von Rosenfeldt, so bei seinem gemahl selligen im frawenzimmer zuvor gewesen, vermehelt, von dero er vil künder bekommen.*[20]

Mit dieser Notiz haben wir allerdings relativ rasch die erste Ehe Ernsts übersprungen und sind recht unvermittelt in seiner zweiten gelandet. Im Übrigen stellt dieses Zitat aus der Zimmerischen Chronik eine Reihe von Behauptungen und Verdächtigungen in den Raum, die im Folgenden näherer Erörterung bedürfen: so beispielsweise die Frage nach dem angeblich gestörten Vertrauensverhältnis in dieser Ehe. Tatsache ist, dass Markgraf Ernst von Baden (1482–1553) im Jahr 1510 die Markgräfin Elisabeth von Brandenburg-Ansbach (1494–1518) heiratete. Obwohl die Ehe, wie die Chronik behauptet, nicht gut gewesen sein soll, entsprangen ihr doch neben sechs Töchtern zwei mögliche Erbprinzen, Albrecht (geb. 1511) und Bernhard (geb. 1517). Markgräfin Elisabeth ist am 31. Mai 1518 angeblich im Kindbett gestorben.[21] Ob dies durch Vernachlässigung ihres Frauenzimmers geschah, wie der Chronist Froben Christoph von Zimmern vom Hörensagen weiß, lassen wir für den Moment dahingestellt sein.

Das Haus Baden am Ende des 15. Jahrhunderts

Um die Ehe zwischen Markgraf Ernst und dem niederadligen Kammerfräulein Ursula richtig einordnen und ihre Brisanz im politischen und verwandtschaftlichen Beziehungsgefüge der südwestdeutschen Fürstenhäuser herausarbeiten zu können, empfiehlt sich zunächst ein Blick auf die badische Hausgeschichte seit der Mitte des 15. Jahrhunderts.[22] Das Haus Baden erreichte den vorläufigen Höhepunkt seiner Geschichte um die Mitte des 15. Jahrhunderts. Dem Markgrafen Jakob I. von Baden († 1453) war es gelungen, seinen Sohn Karl I. († 1475) mit Katharina, der Schwester König Friedrichs III. und Herzog Albrechts VI. von Österreich, zu verheiraten. Die 1447 mit großem Aufwand in Pforzheim gefeierte Vermählung brachte dem Haus Baden durch seine Königsnähe einen enormen Prestigezuwachs und den Aufstieg in den engeren Kreis der dem Königshaus nahestehenden Reichsfürsten. Doch die enge Bindung an das Haus Habsburg barg auch gewisse Risiken, was sich sehr bald in dem Konflikt mit der benachbarten Kurpfalz offenbaren sollte. Die latenten Spannungen zwischen Baden und den bedeutend mächtigeren Kurfürsten von der Pfalz kulminierten am 29. Juni 1462 in der Schlacht bei Seckenheim. Markgraf Karl zog im Auftrag des Kaisers, zunächst widerstrebend, als Reichshauptmann in den Kampf mit Kurfürst Friedrich (dem „Siegreichen“) und erlebte bei Seckenheim ein Fiasko.[23] Gemeinsam mit seinem Bruder, dem Bischof Georg von Metz, und Graf Ulrich von Württemberg geriet der Markgraf in pfälzische Gefangenschaft und erlangte erst nach zehnmonatiger demütigender Festsetzung auf dem Schloss Heidelberg die Freiheit. Die Lösegeldforderung in Höhe von 100.000 Gulden brachte das Haus Baden an den Rand des Ruins und machte sich noch Jahrzehnte später bemerkbar. Als Folge des verlorenen Krieges musste das Haus Baden seit 1462 seine Residenzstadt Pforzheim von der Pfalz zu Lehen nehmen.[24] Damit waren zugleich Markgraf Karls Pläne, seine als „Hauptstadt“ vorgesehene Residenz Pforzheim analog dem vorderösterreichischen Freiburg zur Universitätsstadt zu erheben, zunichte gemacht. Die Stadt an der Enz verharrte von da an im Charakter „eine(r) vom Kleingewerbe geprägte(n) Landstadt“[25], und Baden-Baden übernahm fortan die Rolle der badischen Hauptresidenz.[26] Immerhin kodifizierte Markgraf Christoph im Jahr 1491 das Pforzheimer Stadtrecht und gewährte der Kommune ihre Privilegien.[27]

So lagen also „Glanz und Elend“ des Hauses Baden um die Mitte des 15. Jahrhunderts eng beieinander und flossen aus derselben Quelle, der Nähe zu Habsburg. Die Lehren aus dem Desaster von Seckenheim, das aus der prekären Stellung der Markgrafschaft zwischen den Interessen des Hauses Habsburg und der Pfalz resultierte, sollten die strategisch sensible Hauspolitik der Markgrafen in den folgenden Jahrzehnten bestimmen. Auch der Sohn des Markgrafen Karl, Christoph I. von Baden (1453–1527), knüpfte bei seinem Regierungsantritt 1475 zunächst ungebrochen an die habsburgfreundliche Politik seiner beiden Vorfahren an und trug „alle Züge eines kaiserlichen Parteigängers".[28] Mit seinem Vetter Maximilian (1459–1519), dem künftigen König und Kaiser, verband Markgraf Christoph eine enge und freundschaftliche Beziehung. Die beiden Cousins begegneten sich erstmals 1473 bei einem Treffen in Baden-Baden, wo es in Anwesenheit Karls des Kühnen um Maximilians Eheverabredung mit Maria von Burgund ging. Christoph, seit dem Tod seines Vaters 1475 regierender Markgraf von Baden, wurde die Ehre zuteil, seinem Verwandten 1477 die burgundische Braut zuzuführen. Und dasselbe höfische Schauspiel wiederholte sich 1493, als Markgraf Christoph Maximilians zweite Frau Bianca Maria Sforza aus Mailand über die Alpen geleitete. Hinzu kam, dass Christoph dem Vetter wiederholt große Geldsummen vorstreckte. Sein politisches Bekenntnis zum Haus Habsburg demonstrierte Christoph nicht zuletzt durch die Teilnahme am Niederländischen Krieg. Er tat sich unter anderem in der Belagerung von Brügge hervor, wo Maximilian schmählich gefangen lag. Seine treuen Dienste belohnte Maximilian im Jahr 1488, als er dem Markgrafen die Statthalterschaft über Luxemburg übertrug – ein enormer Macht- und Prestigezuwachs für das Haus Baden, das ja traditionell seinen Blick nach Westen richtete. Ansonsten konnte Maximilian die Dienste und die Darlehen des Freundes nur mit symbolischer Münze vergelten. So wurde Christoph 1491 in den Orden vom Goldenen Vlies aufgenommen und 1493 anlässlich der Königskrönung Maximilians zum Ritter geschlagen.

Markgraf Christoph I. von Baden. Holzschnitt von Hans Baldung genannt Grien aus dem Jahr 1511.

Die enge Beziehung des Markgrafen Christoph zu König Maximilian, seinem Vetter, wird hier deshalb so stark herausgestrichen, um die Tragik der später erfolgten Entfremdung besser ermessen zu können. Natürlich dürfen die persönlichen Beziehungen unter Reichsfürsten oder zwischen Reichsfürsten und dem König nie allein unter dem Aspekt der Freundschaft und Verwandtschaft betrachtet werden. Ein Fürst verfolgte unabhängig von persönlichen Bindungen und Rücksichten immer auch ein übergeordnetes Hausinteresse, das in Gegensatz zu den persönlichen Beziehungen treten konnte. So lässt sich beobachten, dass Markgraf Christoph im letzten Jahrzehnt des 15. Jahrhunderts begann, sich von den habsburgischen Interessen zu emanzipieren und eine vom königlichen Freund unabhängige Hauspolitik zu betreiben. Anlass dieses Schwenks war offenkundig Markgraf Christophs kritische Stellung zum Schwäbischen Bund. Der Schwäbische Bund war ein von Maximilian im Jahr 1488 zustande gebrachtes Bündnis aus Fürsten, Reichsstädten und Adeligen in Süddeutschland, das am Ende des überaus fehdereichen 15. Jahrhunderts die Verantwortung für die Friedenssicherung im Land übernahm. Der Bund war darüber hinaus von Maximilian nicht zuletzt als Bollwerk gegen das Expansionsbestreben der Wittelsbacher gedacht, die in den Jahren zuvor vergeblich versucht hatten, sich das habsburgische Tirol einzuverleiben. Markgraf Christoph trat dem Schwäbischen Bund 1489 auf Bitten Maximilians widerstrebend bei und suchte spätestens ab 1500 wieder den Ausstieg.[29]

Befremdlich erschien dem König auch Christophs „Vorliebe zu Pfalzgraf Philipp, dem Anführer aller Feinde des Königs im Reich“.[30] Der Markgraf aber versuchte in seiner Annäherung an die Kurpfalz das Trauma von 1462 zu überwinden, das seit der Schlacht von Seckenheim gestörte Verhältnis zu den benachbarten Kurfürsten zu verbessern und gleichzeitig die politischen Optionen seines Hauses zu erweitern. Eine Rolle spielte dabei auch, dass die zur Markgrafschaft gehörige Grafschaft Sponheim unter der gemeinsamen Herrschaft (Kondominium) der Pfalz und Badens stand. Markgraf Christoph musste also um eine konfliktfreie Beziehung zum mächtigeren Nachbarn bemüht sein. Inwieweit ihm bewusst war, wie sehr er sich mit seiner Hinwendung zur Pfalz gegen die Interessen des Kaisers stellte, entzieht sich unserer Kenntnis.

Hinter seinem Schwenk in Richtung Kurpfalz stand möglicherweise auch Christophs Erfahrung mit seiner schwierigen Eheanbahnung in den Jugendjahren. Nach den Plänen seines Vaters Karl hätte Christoph mit der württembergischen Grafentochter Margaretha verheiratet werden sollen. Diese Ehe hätte das Bündnis zwischen den Häusern Baden und Württemberg gegen die Pfalz, der man gemeinsam unterlegen war, gestärkt.[31] Doch Pfalzgraf Friedrich der Siegreiche hatte es im Jahr 1469 verstanden, diese geplante Heiratsverbindung zu verhindern, was nach der Niederlage von Seckenheim und der hohen Lösegeldforderung eine zusätzliche Demütigung des Hauses Baden durch den Pfalzgrafen bedeutete. Der düpierte junge Markgraf Christoph vermählte sich stattdessen mit Ottilia von Katzenelnbogen, einer Grafentochter geringeren Standes. Vergleicht man diese Partie mit den Heiratsverbindungen seines Großvaters, der eine Herzogin von Lothringen geheiratet hatte, oder seines Vaters, der eine Habsburgerin zur Frau hatte, so erscheint die Verbindung mit dem Haus Katzenelnbogen vordergründig jedenfalls als „Abstieg". Pikant an dieser Heirat war überdies, dass der junge Pfalzgraf Philipp diese Braut für sich gerade als unstandesgemäß abgelehnt hatte, da sie nicht eines *fürsten genosse* sei.[32] Der Markgraf von Baden musste sich also mit einer Braut zufrieden geben, die sein Rivale, Kurfürst Philipp, verschmäht hatte. Trösten konnte sich der junge Bräutigam allenfalls mit der „fürstlichen" Mitgift der vermögenden Braut in Höhe von exorbitanten 80.000 Gulden.[33] Es war nicht zuletzt dieser Kapitalzufluss, der das Haus Baden vor dem wirtschaftlichen Ruin rettete und den Markgrafen in die glückliche Lage versetzte, dem Freund und Vetter Maximilian seit 1477 immer wieder aus pekuniären Verlegenheiten zu helfen. Die Schulden des Kaisers beim Haus Baden beliefen sich bei dessen Ableben 1519 auf stattliche 50.000 Gulden.

Ende des 15. Jahrhunderts suchte Markgraf Christoph die Nähe zu eben jenem Pfalzgrafen Philipp, der 30 Jahre zuvor die Gräfin von Katzenelnbogen als Gattin abgelehnt hatte. König Maximilian, der sich nach wie vor intensiv um die Loyalität des Hauses Baden bemühte, musste 1503 hinnehmen, dass Christoph seinen Sohn Philipp mit der pfälzischen Prinzessin Elisabeth verheiratete. Das Haus Baden fand damit wieder Anschluss an seine glanzvollen dynastischen Verbindungen aus der ersten Hälfte des 15. Jahrhunderts. Als Philipp von der Pfalz nach der Niederlage im Bayerischen Erbfolgekrieg 1504 von König Maximilian bestraft werden sollte, war es ausgerechnet Markgraf Christoph, der sich – nun auch im eigenen Hausinteresse – dafür stark machte, dass sein Gegenschweher nicht abgesetzt wurde. Er stützte damit die pfälzisch-bayerische Partei, die König Maximilian gerne geschwächt hätte. Markgraf Christoph vollzog also zu Beginn des 16. Jahrhunderts in seiner Hauspolitik zumindest insofern eine Wende, als er dem Haus Baden neben der traditionellen habsburgischen Gefolgschaft eine pfälzische Option eröffnete. Diese Wende wog umso schwerer, als er auf Wunsch des Kurfürsten seine übrigen Söhne von der Erbfolge ausschloss und Philipp zum alleinigen Erben der ungeteilten Markgrafschaft Baden einsetzte. Diese Erbdisposition Markgraf Christophs von 1503/04[34] zeitigte nicht nur erhebliche politische Verwerfungen, sondern zog auch dramatische familiäre Konflikte nach sich.

Erbteilungen und Generationenkonflikt im Haus Baden

Eine Annäherung an die dynastische Situation des Hauses Baden zu Beginn des 16. Jahrhunderts ermöglicht die sogenannte „Markgrafentafel" von ca. 1509/10, ein berühmtes Gemälde von der Hand des Straßburger Malers Hans Baldung Grien (1484/85–1545). Das möglicherweise als Predella zu einem Hochaltar gedachte breitformatige Bild zeigt Markgraf Christoph I. von Baden mit seiner gesamten Familie in Anbetung der Heiligen Anna selbdritt. Um das Zentrum der beiden Heiligen Frauen mit dem Jesuskind gruppieren sich rechts im Bild die weiblichen Mitglieder der markgräflichen Familie mit der Markgräfin Ottilia (von Katzenelnbogen) und links die hinter dem Markgrafen gescharten männlichen Angehörigen, die uns hier alleine interessieren. Schon auf den ersten Blick wird die große Kinderzahl der markgräflichen Familie deutlich – fünf Töchter und zehn Söhne. Einige der Söhne, die auf dem Bild verewigt sind, waren zu diesem Zeitpunkt bereits gestorben. Unmittelbar hinter dem Vater knien die Söhne, die in den geistlichen Stand getreten waren, am prominentesten unter ihnen der älteste Sohn Jakob (1471–1511), Erzbischof

Sogenannte Markgrafentafel von Hans Baldung genannt Grien von ca. 1509/10. Das Gemälde zeigt die Familie des Markgrafen Christoph in Anbetung der Heiligen Anna selbdritt.

von Trier, erkennbar am prächtigen Ornat mit Mitra und Bischofsstab. Unter den weltlich gebliebenen Söhnen sticht, links hinter dem Bischof in voller Rüstung kniend, der Sohn Philipp (1478–1533) hervor, der seit 1503 mit der Pfalzgräfin Elisabeth verheiratet und, seiner hochkarätigen Familienverbindung entsprechend, vom Vater zum alleinigen Erben der ungeteilten Markgrafschaft Baden bestimmt worden war.

Obwohl sich der älteste Bruder Bernhard (1474–1536), rechts neben Philipp kniend und mit seinem Bart und der Netzhaube dem Vater auffallend ähnlich, wie auch der jüngere Ernst (1482–1553), auf dem Gemälde links hinter Philipp an den Rand des Bildes gedrängt,[35] zunächst zähneknirschend der väterlichen Erbverfügung unterworfen hatten, fanden sie sich auf die Dauer mit ihrer Zurücksetzung nicht ab. Der jahrelange familieninterne Streit strebte um 1508 seinem Höhepunkt entgegen. Ernst eröffnete dem Vater in diesem Jahr seine Heiratsabsicht und forderte mit Unterstützung des künftigen brandenburgischen Schwiegervaters, Markgraf Friedrich, sein Erbteil. Genau in dieser Situation gab Markgraf Christoph dem Maler Hans Baldung, seit 1509 wieder in Straßburg ansässig, den Auftrag zu dem großen Familiengemälde, das nicht zuletzt die Funktion hatte, in dieser Krise des Hauses Baden unter Anrufung der Heiligen die Einheit der Dynastie zu beschwören und die ungebrochene Autorität

des Markgrafen zu demonstrieren. Die „Markgrafentafel“ ist in diesem Sinne nach einer Formulierung Konrad Krimms ein „bildgewordenes politisches Programm“.[36]

Trotz des beschwörenden Charakters dieser Veranstaltung brach genau zu dieser Zeit die Autorität des Vaters zusammen. Prinz Ernst, der zunächst Ehelosigkeit versprochen und bereits 1494 die niederen Weihen erhalten hatte,[37] eröffnete dem Vater im Jahr 1510 seine bevorstehende Verehelichung mit der Markgräfin Elisabeth von Brandenburg-Ansbach. Markgraf Christoph hatte kaum eine Chance, dies zu verhindern, da die Eheanbahnung mit Wissen und Billigung des Kaisers zustande gekommen war. Die Heiratsabrede zwischen dem Brautvater Markgraf Friedrich von Brandenburg, dessen Schwester Elisabeth und Markgraf Christoph fand am 22. Mai 1510 im Beisein des kaiserlichen Gesandten Graf Rudolf von Sulz in Liebenzell statt.[38] Die Hochzeit wurde am 29. September (oder 7. Oktober[39]) 1510 in Pforzheim gefeiert. Dass Kaiser Maximilian I. den Eheschluss des jungen Markgrafen, seines Großcousins, der ihn gerade 1509 auf den Feldzug nach Padua begleitet hatte, durch einen persönlichen Gesandten protokollieren und bezeugen ließ, kam einer reichsrechtlichen Legitimierung dieser Ehe gleich. Markgraf Christoph wurde von keinem Geringeren als dem Kaiser, seinem Cousin, genötigt, den (aus seiner Sicht) ungehorsamen Sohn wenigstens mit einem kleinen Teil der Herrschaft auszustatten. Dies war zunächst die Herrschaft Lahr-Mahlberg in der Ortenau.[40]

Auch Bernhard, der sich als ältester weltlicher Sohn übergangen und gekränkt fühlte, konfrontierte den Vater in diesen Jahren mit der Forderung nach einem Landesteil, ja nach den Stammlanden selbst. Die Auseinandersetzung zwischen dem Vater und Bernhard nahm solch dramatische Formen an, dass Christoph den Sohn zeitweilig in Haft nahm und damit drohte, ihn ganz zu enterben.[41] Da es sich bei diesem Teilungsbegehren der zunächst enterbten Söhne um einen grundsätzlichen, das Hausrecht betreffenden Vorgang handelte, der Christophs Verfügungen von 1503/04 über den Haufen warf, gab der alte Markgraf Rechtsgutachten in Auftrag, an denen der Freiburger Rechtsgelehrte Ulrich Zasius und der Kammergerichtsadvokat Friedrich Reyffsteck[42] mitwirkten. Zasius bestätigte dem Chef des Hauses Baden im Jahr 1511 das Teilungsrecht entgegen dem von ihm vorgesehenen Prinzip der Individualsukzession.[43] Immerhin konnte Christoph seinen Grundsatz durchsetzen, die badischen Kernlande ungeteilt zu erhalten, Markgraf Ernst musste seinen Anspruch auf einen Anteil daran zurückziehen.

Am 25. Juli 1515 kam es schließlich in einer „Pragmatischen Sanktion“ Markgraf Christophs I. zu einer endgültigen Dreiteilung der Markgrafschaft Baden.[44] Philipp erhielt darin die Kerngebiete der „Unteren Markgrafschaft“ mit Baden-Baden, Durlach, Pforzheim usw. zugesprochen. Ernst

Die badischen Territorien um 1535

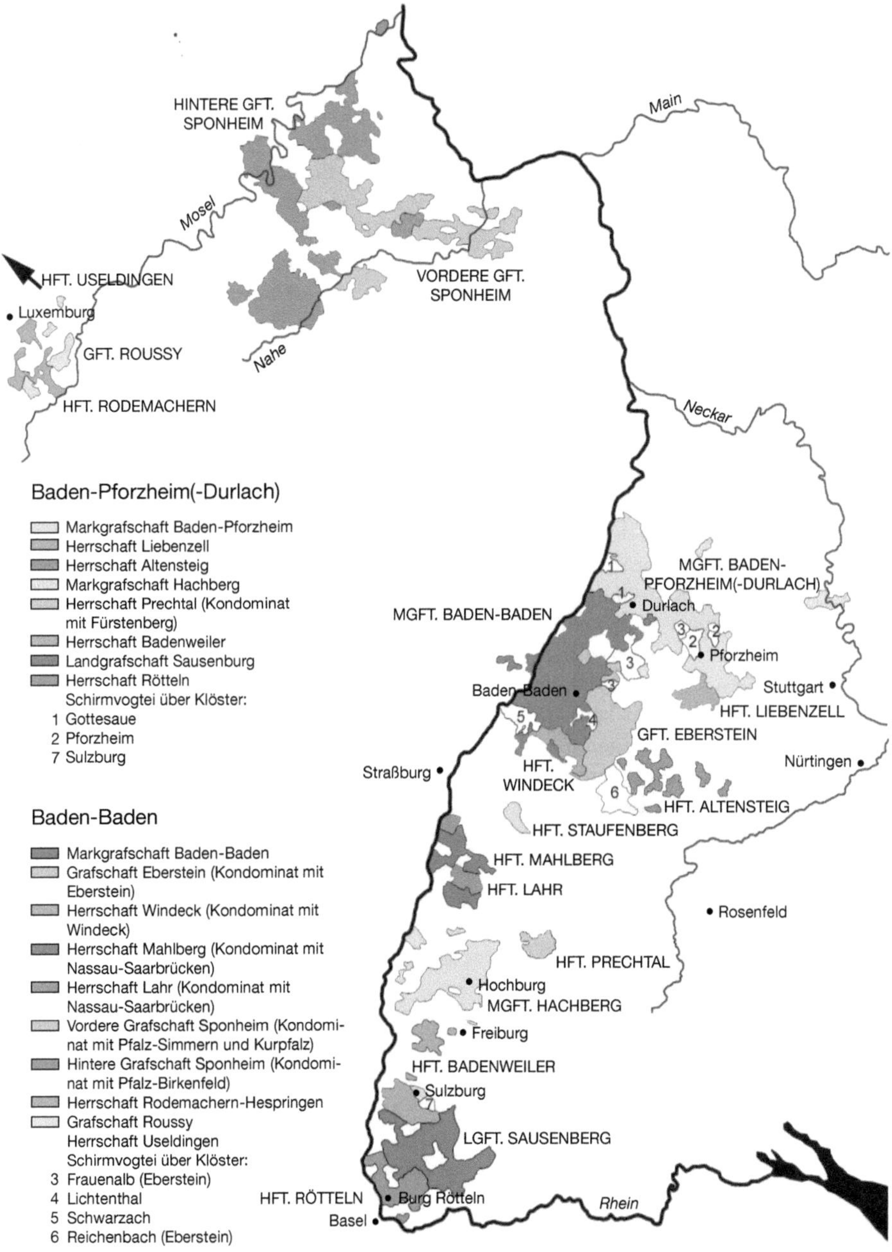

erhielt die „Oberen Gebiete", also die 1415 an Baden gelangte Herrschaft Hachberg mit Sulzburg und der Hochburg und die erst 1503 vom Vater aus dem Besitz der stammverwandten Markgrafen von Hachberg erworbenen Herrschaften Rötteln, Badenweiler und Sausenburg. Und Bernhard, den der Vater nach langen Streitigkeiten eine Urfehde hatte schwören lassen, wurde mit der linksrheinischen Grafschaft Sponheim und der luxemburgischen Statthalterschaft abgespeist. Da sich Bernhard mit dieser Teilung weiterhin unzufrieden zeigte, wurde er von den Brüdern aus seinem Herrschaftsbereich verdrängt und nach Brüssel in eine durchaus komfortable „Verbannung" abgeschoben. Unter den drei Brüdern kooperierten in den folgenden Jahren Philipp und Ernst offenkundig verhältnismäßig konfliktfrei miteinander,[45] während Bernhard als eine Art „Ausgebooteter" abseits stand. Markgraf Ernst entwickelte sich seit seinem Regierungsantritt im Jahr 1515/16 zu einem politisch aktiven Reichsfürsten, auch wenn Philipp durch seine Ernennung zum Statthalter des Reichsregiments 1524–28 die äußerlich dominantere Stellung einnahm. Insgesamt lässt sich jedoch beobachten, wie Ernst, der auf der „Markgrafentafel" noch ganz an den Rand gedrängt erschien, in den folgenden Jahren und Jahrzehnten sukzessive zur zentralen Figur der badischen Hauspolitik wurde.

Es gehört zu den geradezu theatralischen Aspekten dieser Entwicklung, dass die beiden Brüder Philipp und Ernst bald nach der Teilung von 1515 eng zusammenwirkten, um den angeblich fortschreitend geistig verfallenden Vater zu entmündigen. Tatsächlich scheint der alte Markgraf in den vergangenen Jahren zunehmend gesundheitliche Probleme gehabt zu haben – schon 1509 hatte er den Padua-Feldzug krankheitshalber abbrechen müssen. Man kann sich durchaus vorstellen, dass die familiären Auseinandersetzungen dieser Jahre für Markgraf Christoph psychisch belastend waren. Zu den potentiell traumatisierenden Momenten zählte die Enttäuschung über seine ungehorsamen Söhne, die seine fürstliche und väterliche Autorität untergraben und seine Erbschaftskonstruktion von 1503 zerstört hatten. Dass der Kaiser, Christophs Vetter und „Freund" (und Schuldner!), die Rebellion seiner Söhne unterstützte und sich auf diesem Wege in gewisser Weise für dessen politischen Schwenk von 1503 revanchierte, mag zusätzlich dazu beigetragen haben, Christoph in den „Wahnsinn" zu treiben.

Wenn wir fragen, warum sich Maximilian beim Entmündigungsverfahren gegen seinen alten Freund vor den Karren der aufbegehrenden Söhne spannen ließ, so mag auf der politischen Ebene erneut die Frage des Schwäbischen Bundes eine Rolle gespielt haben. Verschiedene süddeutsche Fürsten waren seit 1489/90 in dieses Bündnis eingebunden. Nur Markgraf Christoph, von Anfang an wenig überzeugtes Mitglied, ging seit 1500 mehr und mehr auf Distanz und trug sich mit dem Austritt. In seinem Nachbarn Herzog Ulrich von Württemberg fand er einen Gleichgesinn-

Die Einflussnahme Kaiser Maximilians I. auf die familiären Verhältnisse des Hauses Baden trug letztendlich zur Schwächung der Markgrafschaft bei.

ten, der sich ebenfalls seit 1511 von der Einbindung in die kaiserliche Politik absetzte. Markgraf Christoph und Herzog Ulrich stimmten sich im März 1511 im Umfeld von Ulrichs Stuttgarter Hochzeit über ein gemeinsames Vorgehen ab und gründeten mit anderen Fürsten einen „Kontrabund". Am Rande des Trierer Reichstags von 1512 besuchte Maximilian Markgraf Christoph im luxemburgischen Rodemachern, wohin dieser sich, der familiären Querelen überdrüssig, zurückgezogen hatte. Hier versuchte der Kaiser vergeblich, seinen alten Kampfgefährten vom Austritt aus dem Schwäbischen Bund abzuhalten. Christophs Weigerung und sein endgültiger Rückzug aus dem Bund dürften erheblich zur Entfremdung zwischen den beiden Vettern beigetragen haben.[46]

Einen weiteren Faktor dieser Entfremdung dürfte der Streit um die Herrschaft Rötteln gebildet haben. Hatte der Kaiser beim Erwerb Röttelns durch seinen Vetter 1490/1503 noch Pate gestanden,[47] so erklärte er später diese Herrschaft zum habsburgischen Lehen, in dem Vorderösterreich die Landeshoheit beanspruchte. Christoph fühlte sich in seinen Bemühungen um eine klare und ungehinderte Stellung in Rötteln vom Kaiser hintergangen und vom Schwäbischen Bund im Stich gelassen. Auch in der Rötteler Frage scheinen sich die beiden Vettern bei ihrer luxemburgischen Begegnung 1512 nicht nähergekommen zu sein. So ist es vielleicht kein Zufall, dass das Haus Österreich – und das war niemand anders als der Kaiser selbst – die Herrschaft Rötteln seit dem Jahr 1514 offensichtlich hinter dem Rücken des Markgrafen gewissen Interessenten zum Kauf anbot.[48] Dies war möglicherweise Maximilians erste Retourkutsche gegen Christophs Ausstieg aus dem Schwäbischen Bund, die zweite war seine Zustimmung zum Entmündigungsverfahren.

Wiesfleckers lapidare Bemerkung, Christoph habe sich 1515 „... unter dem Eindruck einer heraufziehenden Geisteskrankheit von der Herrschaft zurückziehen" müssen,[49] ist eine überaus euphemistische Umschreibung dessen, was wirklich geschah. Auch wenn der Markgraf damals – im „Zeitalter der Melancholie"[50] – Anzeichen körperlichen Zerfalls, geistiger Schwäche oder Schwermut (Depression) gezeigt haben mag, so kann man sich doch des Eindrucks nicht erwehren, dass seine angebliche Geisteskrankheit nur ein Vorwand war, um das Entmündigungsverfahren voranzutreiben und einen unliebsamen, vielleicht auch unberechenbarer und eigensinniger gewordenen Fürsten kaltzustellen. „Ob Christoph zuletzt, wie seine Söhne behaupteten, geisteskrank gewesen ist, lässt sich", wie Hansmartin Schwarzmaier zutreffend bemerkt, „schwer überprüfen."[51] Dennoch stimmte am 15. Januar 1516 Kaiser Maximilian I. einer Entmündigung zu wegen *Christophs blödigkeit sins libs ..., auch ander ungefelle an siner vernunft und schicklichkeit, damit er begabet gewesen,* und bevollmächtigte die Brüder, anstelle ihres geisteskranken Vaters zu regieren.[52] Vermutlich liegt Weber-Krebs mit seiner Einschätzung richtig, wonach die Geisteskrankheit ein vorgeschobener Grund war, denn es ist in der Tat schwer verständlich, warum Markgraf Christoph in Baden „wahnsinnig" gewesen sein soll, während er in Luxemburg bis zum Jahr 1519 anscheinend vernünftig genug war, um in eigener Person zu regieren. Zu den bitteren Aspekten dieses Familiendramas gehört schließlich, dass ausgerechnet Markgraf Philipp, der ursprünglich so bevorzugte Sohn, 1519 die Aufgabe übernahm, den in Luxemburg lebenden Vater in Gewahrsam zu nehmen. Nach seiner gewaltsamen Verschleppung auf die Burg Hohenbaden verstarb Markgraf Christoph dort nach langen Jahren des Siechtums, vereinsamt und von der Familie vergessen, im Jahr 1527.

Die „Herzogin von Nürtingen": Elisabeth von Brandenburg-Ansbach die Ältere

Wie erwähnt, heiratete Markgraf Ernst von Baden im September 1510 die junge Markgräfin Elisabeth von Brandenburg-Ansbach. In der Heiratsabrede vom 22. Mai 1510 und in verschiedenen Zusatzvereinbarungen zum Ehevertrag vom 7. Oktober 1510 treten sich aber nicht nur die beiden Schwiegerväter Markgraf Christoph von Baden und Markgraf Friedrich von Brandenburg als Vertragspartner gegenüber, auffälligerweise fungiert jeweils als dritte Beteiligte die Herzogin Elisabeth von Württemberg, geborene Markgräfin von Brandenburg. Welche Rolle spielte diese Frau „im Hintergrund" bei der Eheverabredung von 1510?

Elisabeth von Brandenburg-Ansbach (1451–1524) war die Halbschwester Markgraf Friedrichs V. von Brandenburg (1460–1536), des Brautvaters, und wie jener ein Kind des Markgrafen Albrecht Achilles von Brandenburg (1414–1486). Elisabeth war 1467 mit Graf Eberhard VI. von Württemberg verheiratet worden. Ihre Ehe mit dem gewalttätigen, verschwenderischen und unberechenbaren Grafen scheiterte früh und endete in einem unerquicklichen Belauerungszustand, aus dem Elisabeth von ihren Brüdern 1486 nach Ansbach zurückberufen wurde. Als Eberhard 1496 nach dem Tod seines älteren Namensvetters, Herzog Eberhard im Bart, zum zweiten Herzog Württembergs aufstieg, fanden Versöhnungsversuche zwischen den Eheleuten statt, die aber ebenfalls bald scheiterten. Elisabeth lebte seit 1496 wieder am Stuttgarter Hof. Nachdem der unfähige Herzog 1498 vom Landtag entmachtet und des Landes verwiesen worden war,[53] übernahm der Landtag Elisabeths Versorgung und wies ihr das Schloss Nürtingen als Wohnsitz an, das sie im November 1499 bezog.[54] In der Zimmerischen Chronik firmiert Elisabeth deshalb auch durchweg als „Herzogin von Nürtingen".[55] Herzogin Elisabeth mischte von dort aus kräftig in der Familien- und Hauspolitik des Hauses Brandenburg-Ansbach mit. Sie gilt als die Ehestifterin zwischen Markgraf Ernst von Baden und ihrer Nichte Elisabeth. Die Herzogin kannte beide von Kindesbeinen an, denn sie hatte sowohl Ernst als auch Elisabeth an ihrem Nürtinger Hof erzogen. Die 1494 geborene Elisabeth lebte seit 1500 in Nürtingen. Wann genau und wie lange Ernst an ihrem Hof war, entzieht sich unserer Kenntnis.[56]

In ihrem Testament bezeichnete die Herzogin die junge Elisabeth als ihre „erwählte Tochter", das heißt, die kinderlose Herzogin hatte an ihrer Nichte die Mutterschaft angenommen. Das erklärt ihre gleichrangige Stellung neben Markgraf Friedrich im Ehevertrag.

Sobald Elisabeth heiratsfähig war – 1508 erreichte sie das 14. Lebensjahr –, führte die Tante ihre Nichte zielstrebig ihrem Ziehsohn und Großcousin Ernst von Baden zu. Mitkonkurrenten um die Hand der schönen[57] Nichte wehrte sie konsequent ab. Pikant an dieser badisch-ansbachischen Ehestiftung war auch die Tatsache, dass die „Herzogin von Nürtingen" mehrere hochkarätige Mitbewerber elegant aus dem Felde schlug. Denn seit der Zeit um 1508 bewarben sich nicht nur der am Stuttgarter Hof weilende Herzog Heinrich von Braunschweig (1489–1568), sondern auch der junge Herzog Ulrich von Württemberg (1487–1550) selbst um die hübsche ansbachische Prinzessin. Die Zimmerische Chronik beschreibt das bunte Treiben der Fürstenkinder zwischen den Höfen von Stuttgart und Nürtingen anschaulich.[58] Demnach bot die alte Herzogin den jungen Adligen in einem recht dynamischen Wechselspiel zwischen Laissez-faire und Restriktion gewisse Begegnungsmöglichkeiten, behielt sich aber jederzeit die Lenkungshoheit vor. Als sich abzuzeichnen begann, dass die Herzogin ihre Nichte Elisabeth ihrem Vetter Ernst von Baden zuzuspielen beabsichtigte, gab es seitens der Mitbewerber offenkundig Störmanöver. So trieben Herzog Ulrich von Württemberg und der junge Herzog Heinrich von Braunschweig, der *ain sondere affection und liebe zu der jungen fürstin zu Nürtingen* hatte, ihren Schabernack mit dem Markgrafen Ernst von Baden, den sie nur – unklar warum – den „Schneiderknecht“[59] nannten. Sie verfassten Lieder und Sprüche *in despetto des markgrafen Ernsten* und versuchten, das sich anbahnende Verhältnis zwischen Ernst und Elisabeth durch Verächtlichmachen des badischen Prinzen zu vergiften.

Wie immer bei der Zimmerischen Chronik stellt sich die Frage, wie vertrauenswürdig diese Mitteilungen sind. Was die plastischen und detailreichen Schilderungen des Chronisten Froben Christoph von Zimmern (1519–1566) aus dem Umfeld des Nürtinger Hofes anbelangt, so ist aller-

Gottfried Werner von Zimmern lernte seine Frau Appolonia Gräfin von Henneberg am Hof der Herzogin Elisabeth von Württemberg kennen.

dings zu berücksichtigen, dass dieser in seiner Tante Appolonia von Henneberg († 1548) eine intime Kennerin dieser Verhältnisse als Gewährsfrau befragen konnte. Denn Appolonia war eine weitere Nichte der „Herzogin von Nürtingen“, nämlich die Tochter ihrer Schwester Anastasia und somit eine Cousine Elisabeths von Brandenburg, die gemeinsam mit dieser im Frauenzimmer der Tante erzogen wurde.[60] Sie war also eine direkte Beteiligte oder zumindest Augenzeugin dieser Ereignisse. Auch Details wie jenes, dass der junge Markgraf Ernst von Baden von der Gesellschaft um Herzog Ulrich nur der „Schneiderknecht“ genannt wurde, sprechen für recht intime Zeitzeugenkenntnisse. Appolonia von Henneberg heiratete übrigens später den Onkel des Chronisten, Gottfried Werner von Zimmern (1484–1554). Dieser zählte in jenen Jahren zur Entourage des Herzogs Ulrich und war somit ein weiterer Zeuge dieser Ereignisse. Der Onkel stand dem Neffen Froben Christoph trotz seines launischen Charakters recht nahe und machte ihn bekanntlich zu seinem Erben. Auch Gottfried Werner dürfte also neben seiner Frau Appolonia als Gewährsmann für die Überlieferung der Nürtinger Bukolika in Betracht kommen.[61] Gottfried Werner von Zimmern beteiligte sich nach Froben Christophs Darstellung übrigens nicht am „Mobbing“ des Markgrafen Ernst und erwarb sich deshalb dessen Vertrauen und Freundschaft.

Der Darstellung der Zimmerischen Chronik kann man also ein gewisses Vertrauen entgegenbringen. Wenn Froben Christoph von Zimmern allerdings nur den Herzog von Braunschweig als zusätzlichen Bewerber um die Hand der jungen Elisabeth auftreten lässt, der hierin von Herzog Ulrich selbstlos unterstützt wurde, so scheint er nicht in jeder Hinsicht gut unterrichtet gewesen zu sein. Denn nach anderer Überlieferung war der jugendliche Herzog, der seit 1503 in Würt-

Herzog Ulrich von Württemberg, hier auf einem Holzschnitt von Erhard Schön im Jahr 1520, warb in den Jahren 1508/10 vergeblich um Markgräfin Elisabeth von Brandenburg.

temberg regierte, selbst an der schönen Brandenburgerin leidenschaftlich interessiert. Von Herzog Ulrich geht die Rede, dass er in den Jahren um 1508/09 zur Sommerszeit öfters mit einem Trompeter nach Nürtingen geritten sei, um Markgraf Friedrichs Tochter den Hof zu machen. Elisabeth war offenkundig das „Fräulein von Brandenburg", dem der junge Herzog Dichtungen und Lieder gewidmet haben soll.[62] Dennoch: Zum Zug kam letztlich sein Konkurrent, der badische „Schneiderknecht". Herzog Ulrich musste sich hingegen der Staatsraison fügen: Die Herzogin von Nürtingen unterband Ulrichs Werbungen nicht zuletzt deshalb, weil sie natürlich wusste, dass für den jungen württembergischen Regenten von Kaiser Maximilian die Herzogstochter Sabina von Bayern als Gattin vorgesehen war. Deren Hochzeit wurde nur ein halbes Jahr nach der Pforzheimer Hochzeit im März 1511 – natürlich in Anwesenheit des badischen Hofes – mit großem Pomp in Stuttgart gefeiert. Für den Freund Heinrich von Braunschweig hatte Herzog Ulrich übrigens einen Trost parat: Er versprach ihm mit Vertrag vom 24. August 1510 seine Schwester Maria (1496–1541) zur Ehe, Hochzeit wurde allerdings erst im Januar 1515 in Urach gehalten.[63] Damit waren dann alle Beteiligten an den Nürtinger Schäferstunden der Jahre 1508–10 unter der Haube.

Die Abwehr von Herzog Ulrichs Werbungen um Elisabeth von Brandenburg war nicht der einzige Affront der Herzogin Elisabeth gegen ihren Neffen Ulrich. Als dessen Frau, Herzogin Sabina, nach vier quälenden Ehejahren mit dem jähzornigen und zu Gewalttätigkeiten neigenden Herzog Ulrich im November 1515 den Hof ihres Mannes floh, gewährte ihr Elisabeth, die selbst jahrzehntelang unter einem unberechenbaren Mann aus dem Haus Württemberg gelitten hatte, acht Tage Asyl in Nürtingen, wo sie eine Krankheit auskurierte. Ihre nächtliche Flucht am 24. November Richtung Bayern geschah allerdings wohl ohne Wissen Elisabeths.[64] Allein diese Episode belegt eindrücklich, dass die „Herzogin von Nürtingen" in Württemberg eine nahezu unantastbare Position und eine enorme Autorität besaß.

Die badisch-ansbachische Allianz

Mit der Eheanbahnung zwischen ihrer Nichte und Markgraf Ernst knüpfte Elisabeth von Brandenburg-Ansbach an alte politische Verbindungen zwischen den Häusern Baden und Ansbach an, denn ihre eigene Mutter Margarethe (1431–1457) war eine geborene Markgräfin von Baden gewesen.[65] Dieses Bündnis zwischen den Häusern Baden und Ansbach war nicht zuletzt gegen die Wittelsbacher gerichtet, die sowohl über das Herzogtum

Bayern als auch über die Kurpfalz verfügten und damit in Süddeutschland ein deutliches politisches Übergewicht erlangt hatten. „Der Gegensatz zwischen Zollern [= Brandenburgern] und Wittelsbachern durchzieht wie ein roter Faden das 15. Jahrhundert."[66] Dieser anti-wittelsbachischen Politik diente bereits das Heiratsprojekt des Hauses Ansbach mit dem Haus Württemberg in Gestalt der Ehe zwischen Graf Eberhard d. J. von Württemberg mit Elisabeth, der späteren „Herzogin von Nürtingen". Auch wenn diese Ehe an den charakterlichen Defiziten des Württembergers tragisch scheiterte,[67] so verband doch die beiden Schwiegerväter Albrecht Achilles von Brandenburg und Ulrich („der Vielgeliebte") von Württemberg zeitlebens eine enge Freundschaft. Betrachten wir diese familienpolitische Konstellation, so erklärt sich übrigens der Widerstand des Pfalzgrafen Friedrich gegen die 1469 geplante Ehe des Markgrafen Christoph von Baden mit einer Gräfin von Württemberg auf Anhieb: Der Pfalzgraf vereitelte damit ein allzu enges familiäres Geflecht zwischen den Häusern Brandenburg-Ansbach, Württemberg und Baden, die damit auch politisch ein ernst zu nehmendes Gegengewicht gegen die wittelsbachische Partei gebildet hätten.

Mit seinem politischen Schwenk in Richtung Pfalz und der Ehestiftung zwischen seinem Sohn Philipp und der Pfalzgräfin Elisabeth vom Jahr 1503 verließ Markgraf Christoph die traditionelle Linie seines Hauses. Dies hatte, wie angedeutet, nicht zuletzt den Sinn, den Gegensatz zwischen Baden und der Pfalz zu überwinden und der badischen Hauspolitik neue Perspektiven zu eröffnen. Der Preis, den die Pfalz für diese neue Allianz forderte, die ungeteilte Markgrafschaft als Mitgift für Erbprinz Philipp, barg gewisse Risiken, denn Markgraf Christoph musste im Interesse seiner neuen Politik alle übrigen Söhne von der politischen Macht ausschließen. Mit der Absicht, sein Land ungeteilt an einen einzigen Sohn weiterzugeben, verfolgte der Markgraf allerdings das Ideal der Individualsukzession, ein Kriterium frühmoderner Staatlichkeit. Dieses Prinzip war zwar nicht explizit Bestandteil des badischen Hausrechts, es wurde aber im 15. Jahrhundert in jeder Generation des markgräflichen Hauses freiwillig befolgt. Immer waren die nachgeborenen Söhne des Hauses bereit, auf Herrschaft zu verzichten und sich auf andere Weise, in der Regel durch geistliche Karrieren, für das Wohl des Hauses zu engagieren, auch wenn, wie im Jahr 1453, eigentlich eine Teilung vorgesehen war.[68] Hansmartin Schwarzmaier erkannte deshalb im Haus Baden während des 15. Jahrhunderts eine unbedingte „Einigkeit und [einen] Wille(n) zur Unteilbarkeit". Die Ehe Philipps mit der Pfälzerin Elisabeth 1503 unter der Prämisse der ungeteilten Herrschaftsweitergabe bildet für ihn insofern den „Höhepunkt des dynastischen Familienprinzips".[69]

Die Frage, warum ausgerechnet die Generation von Markgraf Christophs Kindern diese stillschweigende Übereinkunft des Hauses nicht mehr akzeptierte, werden wir unten wieder aufgreifen. Hier sei nur soviel vorweg genommen, dass die Gründe dafür sowohl in Christophs Politikwechsel wie auch in gravierenden Störungen der familiären Beziehungen gelegen haben dürften. Seine Erbdispositionen stießen nicht nur seine zurückgesetzten Söhne vor den Kopf, sie unterliefen darüber hinaus sowohl die Interessen des Hauses Brandenburg-Ansbach wie diejenigen des Kaisers. Mit der Eheanbahnung zwischen ihrer Nichte und dem badischen Prinzen Ernst kam Herzogin Elisabeth von Württemberg sowohl dessen persönlichen Bedürfnissen entgegen, wie sie die Politik des Markgrafen Christoph, ihres Cousins, torpedierte.[70] Diese offenkundig mit ihrem Bruder Friedrich von Brandenburg wie mit Kaiser Maximilian abgestimmte ansbachische Intervention in die badische Hauspolitik trug erheblich dazu bei, die Achse Baden-Pfalz zu schwächen und den Markgrafen Ernst als Garanten der baden-ansbachischen Allianz aufzubauen. Das bedeutet aber auch, dass Markgraf Ernst in dieser Situation von der Herzogin von Württemberg und vom Kaiser politisch funktionalisiert wurde.

Es ist an dieser Stelle angebracht, auf die familiäre Entwicklung des Hauses Brandenburg-Ansbach als „ein frappierendes Parallelbeispiel" zur Familientragödie des Hauses Baden hinzuweisen.[71] In den ansbach-badischen Heiratsabreden vom Jahr 1510 saßen sich im Grunde zwei angeschlagene Fürsten gegenüber. Markgraf Christophs Autorität als „Hausvater" wie als Reichsfürst war nicht zuletzt durch die ihm aufgezwungene Verheiratung seines Sohnes Ernst in Frage gestellt. Aber auch sein Gegenschweher, Markgraf Friedrich V. von Brandenburg-Ansbach, erschien um diese Zeit politisch erheblich geschwächt. Seit Jahren stand seine Regierung in der Kritik der Landstände, insbesondere wegen des wachsenden Schuldenstandes, der sich im Jahr 1515 auf gewaltige 186.314 Gulden belief.[72] Im Grunde konnte sich Markgraf Friedrich die 20.000 Gulden Heimsteuer, die er seiner Tochter Elisabeth am 22. Mai 1510 versprach, gar nicht leisten, zumal diese Summe doppelt so hoch war wie sonst für Töchter des Hauses üblich.[73] Wir werden noch genauer betrachten, welche Folgen sich daraus ergaben. Friedrichs Verschuldung verdankte sich allerdings nicht allein seinem haushälterischen Unvermögen, sie rührte unter anderem auch aus der Tatsache, dass er seinerseits immer noch auf die Ausbezahlung des Heiratsgutes seiner Gattin Sophia, einer polnischen Königstochter, wartete. Dies verweist übrigens darauf, in welcher Weise Außenstände aus nicht bezahlten Heimsteuern zwischen verschwägerten Fürstenhäusern zu einer Art Dominoeffekt mangelnder Liquidität führen konnten.[74]

Um den schuldenbeladenen Fürstenhaushalt Markgraf Friedrichs, der wie der badische mit 15 Kindern gesegnet war, zu entlasten, hatte seine Schwester Elisabeth, sobald sie den Witwensitz Nürtingen bezogen hatte, drei Kinder ihres Bruders an ihren Hof geholt, um sie auf eigene Kosten zu erziehen: im Jahr 1500 zunächst, wie gehört, die Tochter Elisabeth (geb.

1494), ein Jahr später dann noch die Söhne Johann (geb. 1493) und Friedrich (geb. 1497). Die Tante Elisabeth sorgte auch für deren Schulausbildung.[75] Mittlerweile erwuchs dem Vater Friedrich in seinem ältesten Sohn Markgraf Casimir (1481–1527; so genannt nach dem polnischen Großvater mütterlicherseits) ein Rivale um die Herrschaft. Ähnlich wie sein Vetter und Standesgenosse Christoph von Baden hatte Markgraf Friedrich seine weltlich gebliebenen Söhne lange Zeit im Unklaren gelassen, wann und in welcher Form sie an der Herrschaft beteiligt werden sollten. 1507 sah er sich schließlich gezwungen, in einem Vertrag mit den sieben Söhnen deren Versorgung zu regeln. Dass der Sohn Albrecht (1490–1568) inzwischen beim Deutschen Orden Karriere machte, entlastete die Familienökonomie beträchtlich. Albrecht sollte 1511 zum letzten Hochmeister des Ordensstaates und nach der Reformation 1525 zum ersten Herzog von Preußen aufsteigen. Die Söhne Casimir und Georg wurden zur Nachfolge des Vaters bestimmt. Da aber auch Georg zwischenzeitlich in ungarischen Diensten stand, wurde Casimir zum alleinigen Anwärter auf die Markgraftümer. Wie der Familienkonflikt im Haus Baden um 1509/10 durch den symbolischen Akt der „Markgrafentafel" demonstrativ beigelegt werden sollte, so stiftete auch das Haus Brandenburg-Ansbach 1512 nach Entwürfen von Hans Süß von Kulmbach ein „Markgrafenfenster" in den Chor der Sebalds-Kirche in Nürnberg als eine Art öffentliche Beschwörung der familiären Eintracht.[76]

Trotz allem kulminierte der schwelende Generationenkonflikt im Haus Ansbach – eine weitere Parallele zum Haus Baden –, als die Söhne im Jahr 1515 den Vater in einer Art „Staatsstreich" (Seyboth) absetzten und arrestierten.[77] Als Begründung diente wie bei Christoph von Baden seine angebliche Geisteskrankheit. Markgraf Casimir spielte bei der Entmachtung seines Vaters eine vergleichbare Rolle wie sein Schwager Ernst bei der Absetzung von dessen Vater Christoph. Anders als bei Christoph von Baden gab es indes in Bezug auf Markgraf Friedrich jahrelange Bemühungen um seine Freilassung, in die auch Kaiser Maximilian eingeschaltet war. Da dieser aber 1519 unverhofft verstarb, musste Friedrich, der auf der Plassenburg bei Kulmbach unter Hausarrest stand, noch jahrelang auf seine Befreiung warten. Erst der frühe Tod des Sohnes Casimir 1527 führte im Jahr darauf zu seiner Entlassung. Dies war immerhin ein kleiner Unterschied zur badischen Tragödie, wo der alte Markgraf gerade im Jahr 1527 in seinem Kerker verstarb.

Auch wenn Markgraf Friedrich als Brautvater 1510 noch offiziell seine Tochter Elisabeth verheiratet hatte, so übernahm doch praktisch schon von dieser Zeit an Casimir von Brandenburg-Ansbach die Sorge für seine Schwester.[78] Er war es folgerichtig auch, der in den folgenden Jahren die Korrespondenz mit dem Schwager Ernst von Baden führte. Aber auch Casimir sollte es nicht gelingen, den Schuldenberg seines Hauses zu verringern. Vielmehr musste er unmittelbar nach der Absetzung des Vaters 1515 auf Druck der Landstände einwilligen, die allzu teure fürstliche Hofhaltung für drei Jahre aufzulösen, um die Staatsfinanzen zu sanieren. Eine Statthalterschaft führte während dieser Zeit das Regiment. Die jungen Markgrafen sollten sich derweil in auswärtigen Diensten selbst ernähren. Casimir trat in die Dienste Kaiser Maximilians, ohne allerdings jemals angemessen honoriert zu werden. Immerhin vermittelte der Kaiser seinem Schützling eine gute Partie, indem er ihm die bayerische Herzogstochter Susanne, eine Schwester der unglücklichen Herzogin Sabina von Württemberg, als Gattin antrug. Die Hochzeit fand im August 1518 auf dem Augsburger Reichstag statt. Erst 1519 trat Casimir in Ansbach die Regentschaft an.[79] Die Bemühungen der Landstände um die Sanierung des ansbachischen Staatshaushalts unterlief er fortan massiv: Bis zu seinem Tod sollte er die Schuldenlast der Markgraftümer weit mehr als verdoppeln (551.412 Gulden im Jahr 1528).[80]

Die Ehe Markgraf Ernsts mit Elisabeth von Brandenburg

Dies waren also die familiären und politischen Rahmenbedingungen, unter denen die beiden Fürstenkinder Ernst von Baden und Elisabeth von Brandenburg einander angetraut wurden. Beide entstammten schuldenbelasteten Fürstenhäusern, die ihren Rang am unteren Rand des Fürstenstandes mühsam aufrechterhielten und die in auffälliger Parallele zueinander ihren jeweiligen Generationenwechsel unter großen persönlichen Verwerfungen in Form einer Palastrevolution vollzogen. Wie mochte sich die Ehe des jungen Fürstenpaares unter diesen Voraussetzungen entwickeln?

Die Ehe von Ernst und Elisabeth ist mit einer Reihe von Unklarheiten befrachtet, die es zu klären gilt. Das beginnt schon mit der Frage, wo denn das junge Fürstenpaar in seinen ersten fünf Ehejahren lebte. Markgraf Ernst war ja im ersten Teilungsvertrag die Herrschaft Lahr-Mahlberg in der Ortenau zugesprochen worden. Die Markgräfin Elisabeth wurde in der Tat am 7. Oktober 1510 mit eben dieser Herrschaft bewidmet, und das Schloss Lahr war als ihr künftiger Witwensitz vorgesehen. Es spricht aber nichts dafür, dass das junge Paar damals etwa in Lahr aufgezogen wäre. Die Herrschaft diente bestenfalls als „Rentenquelle" (Wielandt).[81] Eine gewisse Wahrscheinlichkeit spricht stattdessen für Pforzheim als Wohnsitz, denn Pforzheim war nicht allein der Hochzeitsort des Paares; in einem ebendort verfassten Zusatzdokument zur Heiratsabrede vom 7. Oktober 1510 wurde vereinbart, dass der badische Landschreiber ein

Jahr nach der Hochzeit des Markgrafen die Morgengabe in Höhe von 3000 Gulden in Pforzheim an Elisabeth zu verabfolgen habe – diese Bestimmung scheint nur Sinn zu machen, wenn Elisabeth an diesem Ort auch anzutreffen war.[82]

Die Suche nach der Residenz des jungen Fürstenpaares erfährt schließlich eine überraschende Wendung. Cordula Nolte verweist in ihrer grundlegenden Studie über die familiären Strukturen des Hauses Brandenburg auf ein weiteres Dokument vom 7. Oktober 1510, das im Geheimen Staatsarchiv Berlin überliefert ist, aus dem unzweifelhaft hervorgeht, dass Ernst und Elisabeth bei der Herzogin Elisabeth im Schloss Nürtingen leben sollten: ... *das Wir Elisabetha Hertzogin Zu Wirtemberg witwe etc. vnns bewilligt haben, Marggraf Ernsten vnd Elisabeth sin Eeliche gemahel die Zyt vnnser lebenlang Inn vnnser Costung vnd verlegung*[83] *mit zimlicher anzale, Dieweyl sie beyde Eeleut sich vnnsers willens vnd gefallens halten, zuerhalten.* Die Tante Elisabeth sollte hierfür ein jährliches Kostgeld in Höhe von 1150 Gulden erhalten, das aus den Zinsen der badischen und der brandenburgischen Mitgift in Höhe von jeweils 20.000 Gulden erwachsen sollte.[84]

Dieser überraschende Befund ist geeignet, einige Ungereimtheiten im bisherigen Bild von dem jungen Ehepaar zu klären. Zunächst einmal deutet die „Verpfründung" des Paares bei der Tante in Nürtingen an, dass Ernst und Elisabeth keinen „eigenen" Hausstand gründeten, sondern sozusagen zur Untermiete bei der Tante wohnten. Diese Versorgungslösung kann als Teil einer Kompromissformel verstanden werden, wonach Markgraf Christoph, der durch das Heiratsprojekt überrumpelt worden war, den unbotmäßigen Sohn eine Zeitlang vom badischen Territorium fernzuhalten und bei der Base unterzubringen verstand, etwa mit dem Argument: „Wenn Du schon unsere Kinder verheiraten willst, so sorge auch gefälligst für ihre Unterkunft." Die Versorgung bei der Herzogin in Nürtingen war für beide Fürstenhäuser eine kostengünstige Lösung. Ernst und Elisabeth mussten ja weder für den Unterhalt des Schlosses aufkommen noch benötigten sie einen üppigen „Hofstaat", da sie zumindest teilweise von der Personalstruktur am Nürtinger Hof profitierten. Herzogin Elisabeth, die ohnehin in Nürtingen seit dem Jahr 1500 eine Art „Spital" für das Haus Brandenburg unterhielt, erweiterte diese Funktion im Jahr 1510 auf das Haus Baden. Wenn Nolte davon spricht, dass das Schloss Nürtingen in diesen Jahren „zu einer Art markgräflichen [= brandenburgischen] Dependance"[85] geworden sei, so wäre zu ergänzen: *und* zu einer Außenstelle des badischen Hofes. In ihrer Asylgewährung für das junge Fürstenpaar wird noch einmal sinnfällig, dass die „Herzogin von Nürtingen" die treibende Kraft hinter der badisch-ansbachischen Eheanbahnung war. In der Folge wurde ihr Hof zur Drehscheibe im diplomatischen Verkehr zwischen den verwandten Häusern Brandenburg, Württemberg und Baden.

Mit der neu gewonnenen Erkenntnis, dass das badische Fürstenpaar in Nürtingen residierte, lässt sich ein bislang irritierender Aspekt in Elisabeths Leben ganz organisch aufklären. Aus der älteren Literatur war immer schon bekannt, dass Markgräfin Elisabeth ihre Tante in Nürtingen offenkundig sehr oft „besucht" hat und dass sie dort auch gestorben ist.[86] Dies war aber nur deshalb irritierend, weil man bei der stillschweigenden Annahme, das Paar habe selbstverständlich in Pforzheim (oder anderswo in Baden) residiert, davon ausgehen musste, ihre Ehe sei sehr früh zerrüttet gewesen und Elisabeth habe sich deshalb oft und lange in die Obhut ihrer Tante begeben. Die Aufenthalte Elisabeths in Nürtingen konnten deshalb gelesen werden als eine Flucht vor ihrem Ehemann und damit als Konkretisierung und Erläuterung jener Notiz in der Zimmerischen Chronik, wonach die beiden *wenig ainigkeit oder rechts vertrawen mehr zusamen gehapt* hätten.

So aber verliert diese Notiz ihren skandalösen Beigeschmack und löst sich in profaner Erklärung auf. Elisabeth, die seit 1500 bei ihrer Tante in Nürtingen lebte, hat nach unserer neuen Erkenntnis ihre Tante Elisabeth nie verlassen. Sie hat vielmehr nach ihrer Hochzeit im Herbst 1510 ihren Mann Ernst von Baden zu sich geholt, um mit ihm unter dem Dach des Nürtinger Schlosses einen eigenen Hausstand zu gründen. Damit erklären sich auch die zahlreichen Nürtinger „Aufenthalte" im Itinerar des Markgrafen ganz organisch: Dies waren keine „Verwandtenbesuche" bei der Tante, sondern der Markgraf hielt sich zwischen 1510 und 1515/18 wohl überwiegend in Nürtingen auf, denn er hatte dort seine „Residenz".

Schon im Vorfeld der Hochzeit von Ernst und Elisabeth war Nürtingen Drehscheibe im diplomatischen Verkehr zwischen Brandenburg und Baden gewesen. In der überlieferten Korrespondenz findet sich ein Schreiben des Markgrafen Christoph von Baden, wonach er für Sonntag nach Pfingsten (19. Mai) 1510 seinen Besuch in Nürtingen ankündigte.[87] Von Kaiser Maximilian I. traf hingegen am 11. Mai aus Augsburg eine Absage ein, dass er an dem geplanten Treffen nicht teilnehmen könne.[88] Ob dieses Treffen, das offensichtlich der Vorbereitung der Heiratsabrede in Liebenzell vom 22. Mai des Jahres dienen sollte, dann trotzdem stattfand, ist nicht zu erkennen. Diese Korrespondenz belegt dennoch hinreichend, dass die Ehe zwischen Ernst und Elisabeth in Nürtingen eingefädelt wurde. Der Kaiser war in die Pläne nicht nur eingeweiht, er hatte dieses Heiratsprojekt zur „Chefsache" gemacht, auch wenn er sich dann in Liebenzell (und später auf der Pforzheimer Hochzeit) durch seinen Statthalter in den vorderen Landen, Graf Rudolf von Sulz, vertreten ließ.

Bald nach der Hochzeit zwischen Ernst und Elisabeth stellte sich heraus, dass das Haus Brandenburg nicht in der Lage war, das im Ehevertrag vereinbarte Heiratsgut in Höhe von 20.000 Gulden zu verabfolgen. Um diese Schuld gab es eine jahrelange Korrespondenz zwischen Markgraf Ernst und seinem Schwager Casimir von Brandenburg-Ansbach. Markgraf Casimir war erkennbar um Ausgleich bemüht, auch wenn ihm die desolate Finanzsituation seines Hauses Grenzen setzte. Die Tante Elisabeth in Nürtingen vermittelte, über ihre Person liefen die Kontakte, an ihrem Hof wurde verhandelt und gelegentlich Geld übergeben. Im Jahr 1513 brachten die Brandenburger mit 5400 Gulden erstmals einen Teil des Heiratsgutes auf. Im April dieses Jahres überbrachte Markgraf Casimirs Sekretär Hans Ochsenbach ein Schreiben für Markgraf Ernst in Nürtingen. Wiederholt (so im Oktober 1513) machte Markgraf Casimir seinem Schwager hochnotpeinliche Kompromissvorschläge und bat ihn, statt weiterer Tranchen des Heiratsguts sich vorerst mit den aufgelaufenen Zinsen zu begnügen. Eine solche Zinszahlung quittierte Ernst im Dezember 1515. Am 25. November 1516 bestätigten Ernst und Elisabeth gemeinsam in Nürtingen dem Schwager beziehungsweise Bruder den Empfang von 770 Gulden Zinsen. Eine weitere Quittung Ernsts und Elisabeths über einen Betrag von 1000 Gulden stammt aus dem folgenden Jahr. In einem undatierten Brief (vermutlich Frühjahr 1517) aus Nürtingen nach Ansbach bat Markgräfin Elisabeth um Aushändigung einer Schaube (Überkleid) mit Zobelfutter, die ihrer 1512 verstorbenen Mutter gehört hatte. Ein schwer lesbares und undatiertes Schreiben Markgraf Casimirs aus Nürtingen an seinen Schwager (wohl Frühjahr 1518) bezieht sich erneut auf die ausstehenden Zinsen. Es hat den Anschein, als habe sich Casimir damals in Nürtingen befunden, während Ernst auswärts unterwegs war. Vom Zeitpunkt her erscheint es denkbar, dass sich Casimir damals am Krankenbett seiner Schwester aufhielt, die am 27. März 1518 ihr Testament errichtete. Der Schriftwechsel zwischen den Schwägern um die leidigen Zinsleistungen endet an Allerheiligen 1518, da war Elisabeth seit fünf Monaten tot, Markgraf Casimir seit zwei Monaten verheiratet und auch Ernst mutmaßlich seit wenigen Wochen wieder ver-

Porträt des Markgrafen Casimir von Brandenburg-Ansbach von Hans Süß von Kulmbach 1511.

mählt. Das brandenburgische Heiratsgut an den Markgrafen Ernst war zu diesem Zeitpunkt, soweit erkennbar, bei weitem nicht erlegt.[89]

Was erfahren wir aus den erhaltenen Quellen über Ernsts Ehe mit Elisabeth? Zunächst einmal wird deutlich, dass Elisabeth ihren Mann nicht floh, sondern dass beide gemeinsam in Nürtingen ihren Lebensmittelpunkt hatten. Bis ins Jahr 1517 sehen wir beide um das brandenburgische Heiratsgut ringen. Denkbar erscheint zwar, dass dieser ewige Streit um die Heimsteuer seiner Frau sich letztendlich negativ auf Ernsts Verhältnis zu Elisabeth ausgewirkt haben könnte. Einen vergleichbaren Fall haben wir ja beispielsweise in der Ehe des Herzogs Heinrich von Braunschweig mit Maria von Württemberg, wo das Ausbleiben der württembergischen Zahlungen nach vielen Jahren einer liebevollen Beziehung spürbar zur Abkühlung des Verhältnisses beitrug.[90] Von vollständiger Zerrüttung oder emotionaler Entfremdung kann allerdings bei Ernst und Elisabeth nicht die Rede sein – dagegen sprechen allein schon die im Jahresrhythmus gezeugten Kinder.

Spätestens Anfang 1518 befürchtete man den Tod der jungen Markgräfin. Es scheint so, als habe sie ihr Bruder Casimir in den letzten Wochen ihres Lebens noch einmal in Nürtingen besucht. Dieser Besuch könnte im Zusammenhang mit der Niederschrift ihres Testaments am 27. März gestanden haben. Zum fraglichen Zeitpunkt weilte Markgraf Ernst nicht in Nürtingen, denn sein Schwager richtete von dort aus ein Schreiben an ihn an einen unbekannten Ort. Aus anderem Zusammenhang lässt sich dieser Aufenthaltsort mit hoher Wahrscheinlichkeit bestimmen. Denn mit Datum vom 16. März 1518 schickte Markgraf Ernst von der Hochburg im Breisgau aus einen Brief an seinen Bruder Philipp nach Baden-Baden. Ernst befand sich also wohl Mitte bis Ende März 1518 auf der Hochburg, um sich dann von dort aus nach Nürtingen zu begeben. Man wird davon ausgehen können, dass er spätestens am 27. März bei Abfassung des Testaments seiner Gemahlin dort anwesend war. Sicher nachweisen lässt sich Ernst in Nürtingen am 1. April (Mittwoch der Karwoche). Er feierte dort das Osterfest und auch Pfingsten (17. Mai) und verbrachte wohl die gesamte Zeit in Nürtingen, denn er befahl seinen Kanzler Philipp von Ehingen und seine Räte dorthin.[91]

Diese Wochen standen vermutlich ganz im Zeichen des Siechtums der sterbenden Markgräfin. Dennoch lässt sich von dieser gedrückten Atmosphäre im umfangreichen Briefwechsel des Markgrafen nichts nachweisen. Bemerkenswerterweise führte Markgraf Ernst gerade in diesen Wochen und Monaten einen intensiven Schriftverkehr mit dem Hof seines Bruders in Baden-Baden um den gerechten Ausgleich der Einkünfte in den zwischen den Brüdern geteilten Markgrafschaften. Markgraf Ernst kämpfte in dieser Zeit nicht nur um die brandenburgische Mitgift seiner Frau, sondern auch um seine landesherrlichen Existenzgrundlagen. In dramatischer Weise tat sich ausgerechnet in diesen Tagen eine weitere Front existenzieller Bedrohung auf. Noch am Vortag von Elisabeths Tod, am 30. Mai 1518, teilte er seinem Bruder seine Besorgnis um den drohenden Verlust der Herrschaft Rötteln mit. Der Brief enthält jedoch keine Silbe der Sorge um seine sterbende Gattin. Immerhin legt das Datum dieses Schreibens nahe, dass Markgraf Ernst anderntags mit hoher Wahrscheinlichkeit am Sterbebett Elisabeths stand.[92] Ob Elisabeth, wie die Zimmerische Chronik will, im Kindbett, also an den Folgen einer schweren Geburt verstarb, lässt sich nicht klären.[93] Sie war erst 24 Jahre alt.

Es mag aus heutiger Sicht befremdlich erscheinen, dass die badische Markgräfin Elisabeth anscheinend nie oder jedenfalls nie für längere Zeit im Land Baden gelebt hat. Hierzu gehört auch, dass Elisabeth nach ihrem Tod am 31. Mai 1518 nicht in badischer Erde bestattet wurde. Dass Markgraf Ernst nach ihrem Tod nichts unternommen hat, seine Gemahlin „heimzuholen" und in einer badischen Familiengruft zu bestatten, wirkt jedoch nur auf den ersten Blick verstörend. Die Erklärung hierfür findet sich in Elisabeths Testament vom 27. März 1518: Darin formulierte sie ihren letzten Wunsch, man möge sie dort bestatten, wo ihre geliebte Tante einst zur letzten Ruhe gebettet würde. Und jene plante für sich eine Bestattung in der Stuttgarter Stiftskirche.[94] So kommt es, dass das „Fräulein von Brandenburg", das auszog, einen Markgrafen von Baden zu heiraten, ihre letzte

Bronzeepitaph der Markgräfin Elisabeth von Baden geb. Markgräfin von Brandenburg von 1518 in der Stuttgarter Stiftskirche.

Ruhe in württembergischer Erde fand. Elisabeth ruht in der Stuttgarter Stiftskirche, wo bis heute ihr bemerkenswertes Bronzeepitaph in der Westwand der Stifterkapelle vermauert ist.[95] Die am Rand umlaufende Inschrift in gotischen Minuskeln lautet: *Elisabeth von gottes / gnaden margrefin zu(o) baden vnd hochberg etc. Geborne marg / grefin zu(o) Branden- / burg . Ist gestorben m . cccc . xviii an dem xxxi tag des mayen der got gnad.* Das Epitaph zeigt einen Engel als Wappenhalter des brandenburgisch-badischen Allianzwappens. Das ungewöhnliche Motiv mit dem Engel, der den Platz einnimmt, wo man gemeinhin ein Relief der Verstorbenen erwartet, dürfte auf den Gestaltungswillen der Tante Elisabeth zurückgehen, die somit ihre „erwählte Tochter" in Gestalt eines Engels in Erinnerung behalten wollte.

Mit ihrem Tod war aber das von der älteren Elisabeth eingefädelte Projekt einer badisch-ansbachischen Allianz erledigt, bevor es politisch zum Tragen kam. Markgraf Ernst ersetzte noch im Sterbejahr Elisabeths diese fürstliche Allianz zum Erstaunen – oder zum Entsetzen? – seiner Umgebung durch die niederadlige „Rosenfeld-Verbindung". Doch hierzu später.

Ein „Badischer Hof" im württembergischen Nürtingen

Wie muss man sich diese badische „Exilresidenz" in Nürtingen vorstellen? Wir haben vermutet, dass diese Konstruktion nicht zuletzt als Sparmaßnahme zu verstehen war, weil das „arme" Fürstenpaar auf diese Weise von der Infrastruktur des Nürtinger Hofes profitieren konnte. Es bedurfte keines vollständig getrennten Hofstaats für Ernst und Elisabeth. Ihr Haushalt bildete vermutlich so etwas wie einen „court en miniature" am Hof ihrer Tante. Wie kann man sich das Schloss Nürtingen, das zwischen 1421 und 1698 als Witwensitz württembergischer Herzoginnen diente, im frühen 16. Jahrhundert vorstellen? Da das mitten in der Stadt gelegene Schloss nach 1770 bis auf Reste der Stützmauern und den Schlossbrunnen abgetragen wurde, lässt sich das Gebäude selbst als Zeuge nicht mehr befragen.[96] Wir besitzen lediglich eine einfache Grundrisszeichnung des Schlosses aus der Hand des berühmten württembergischen Baumeisters Heinrich Schickhardt von 1626.[97] Man kann davon ausgehen, dass diese Planskizze in groben Zügen noch die Grundstückssituation des 16. Jahrhunderts widerspiegelt. Demnach betrug die Gesamtfläche des Schlossareals mit Park ca. 9500 qm.[98] Das ganze Terrain war von einer Schlossmauer umgeben und grenzte an drei Seiten an eine *Gaß*. Das Schloss selbst bestand aus einem Hauptgebäude und davon abgesetzten Nebengebäuden *(der Viehhof, das New Viehhaus, gertnery Haus)*, die sich L-förmig an einen Hof mit Park *(Schloß Gart)* anlehnten. Das Wohngebäude dürfen wir in jenem unregelmäßigen, an der

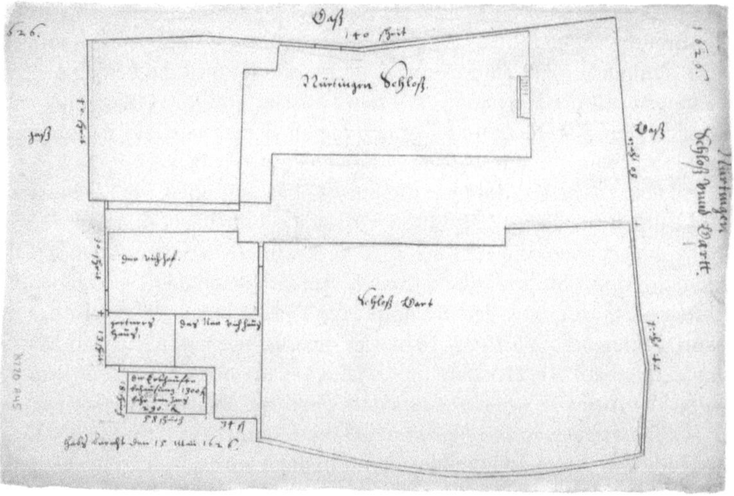

Einfacher Grundrissplan von Schloss und Schlossgarten in Nürtingen 1626 aus der Feder des württembergischen Baumeisters Heinrich Schickhardt.

Außenseite leicht abgeknickten Rechteck erkennen, das Schickhardt mit den Worten *Nürtingen Schloß* gekennzeichnet hat. Dieses maß ca. 70 x 32 Schritt (= ca. 50 x 23 m) und umfasste damit eine beachtliche Grundfläche von ca. 1150 qm. Dies beschreibt aber den Zustand von 1626.

Nach Einschätzung von Reinhard Tietzen entspricht die hier ermittelte Fläche des gesamten Schlossareals in etwa der realen topographischen Situation.[99] Er bezweifelt aber, dass das Schlossgebäude des frühen 16. Jahrhunderts bereits die Dimensionen aufwies, die Schickhardt hundert Jahre später aufnahm. Erst nach dem Tod der Herzogin Elisabeth, im zweiten Drittel des 16. Jahrhunderts, fanden jene Baumaßnahmen statt, die das Schloss auf die von Schickhardt festgestellte Größe erweiterten. Das bedeutet aber, das Schloss der Herzogin Elisabeth war kleiner als hier gezeichnet, die Grundfläche betrug wahrscheinlich deutlich weniger als 1000 qm. Wir besitzen also weder einen verlässlichen Grundriss noch irgendwelche Aussagen über die funktionale Raumgliederung noch über einen Aufriss, der eine Vorstellung von der Anzahl der Stockwerke vermitteln könnte. Wenn wir dennoch einmal hypothetisch von einem dreigeschossigen Gebäudekomplex ausgehen (was bei vielen Vergleichsbeispielen die Norm war) bei 600 qm Grundfläche pro Ebene, so verfügte das Nürtinger Schloss über etwa 1800 qm Wohnfläche (von denen allerdings Erschließungszonen wie Flure und Treppenhäuser abzuziehen wären). Die Funktions- und Nutzungsbereiche könnte man vermutungsweise (analog anderen Adelswohnsitzen) so verteilen, dass das Erdgeschoss (und der darunter zu erwartende Keller[100]) den Versorgungstrakt enthielt (Küche, Vorratsräume, eventuell Wohnungen und Kammern für Küchenpersonal und Gesinde) und die beiden oberen Geschosse auf die Herzogin mit ihrem Hofstaat und ihre Gastfamilie aufgeteilt waren. Kammern und Wohnräume für Bedienstete mag es zusätzlich im Dachgeschoss und in Nebengebäuden gegeben haben.

Analog zu besser dokumentierten Wohnsituationen von Schlössern und Burgen aus dieser Zeit dürfen wir auch in Nürtingen mit Wohnungseinheiten rechnen, die regelmäßig aus „Kammern" (unbeheizten Schlafräumen) und „Stuben" (beheizbaren Aufenthaltsräumen) bestanden.[101] Durch die Gunst der Überlieferung lassen sich im Jahr 1518 einzelne markante Räume des Nürtinger Schlosses archivalisch fassen. So gab Markgräfin Elisabeth am 27. März dieses Jahres *In der dritten stund nachmittag Zu(o) Nürtingen In der statt Costantzer Bystumbs Mentzer prouintz vnd da In der Junckfrowen stuben In dem schloß* ihr Testament zu Protokoll.[102] Und als bald nach ihrem Tod die Herzogin Elisabeth am 16. Juli 1518 ebenfalls im Schloss Nürtingen ihr Testament aufrichtete, tat sie dies nachmittags zwischen 4 und 5 Uhr in *Ir gnaden stuben in einem sessel* sitzend.[103] Es ist davon auszugehen, dass *Ir gnaden stuben* und die *Junckfrowen stuben* verschiedene Räume in verschiedenen Trakten des Hauses, vielleicht sogar auf verschiedenen Stockwerken waren. Ferner werden anlässlich der Inventarisierung der Hinterlassenschaften von Herzogin Elisabeth 1524 ein (Archiv-)Gewölbe *(gwelb)* mit verschiedenen Truhen für Briefschaften und Bargeld und eine Silberkammer zur sicheren Aufbewahrung des umfangreichen Silbergeschirrs fassbar.[104] Dies sind allerdings, soweit ich sehe, die einzigen konkreten Quellenauskünfte zur architektonischen Gliederung, Wohnsituation und Möblierung des Nürtinger Schlosses in dieser Zeit.

Das badische Fürstenpaar bewohnte also möglicherweise ein gesamtes Stockwerk des Nürtinger Schlosses mit geschätzten 600 qm. Das bot sicherlich Raum für ein „Frauenzimmer" mit der genannten *Junckfrowen stuben* und verschiedenen Kammern für Bedienstete und Edelfräulein. Aus den Zusatzdokumenten zur Heiratsabrede zwischen Ernst und Elisabeth vom 7. Oktober 1510 geht jedenfalls hervor, dass zur persönlichen Umgebung der jungen Markgräfin von Anfang an ein solches „Frauenzimmer" gehörte. Für den Fall ihrer Verwitwung wurde nämlich vereinbart, dass die Betten und das Bettgewand, die *sie vnnd Ir Jungfrawen by leben Marggraff Ernsts in Irem Frawen Zimer gewonlich geprucht haben*, in ihrem Besitz verbleiben sollten.[105] Hier wird also tatsächlich quellenmäßig jenes „Frauenzimmer" fassbar, von dem wir bisher nur durch die Zimmerische Chronik wussten und dem Ursula von Rosenfeld angehört haben soll.

Ein solches „Frauenzimmer" muss man sich architektonisch als räumlich gesonderten Wohntrakt eines fürstlichen Schlosses vorstellen, in dem die Fürstin mit ihrem Personal logierte.[106] Losgelöst von seiner räumlichtopographischen Bedeutung bezeichnete das „Frauenzimmer" jedoch einen Personenverband von Frauen und Mädchen, aber auch Männern und jungen Herren („Junkern"), die als Bedienstete in unterschiedlichen Funktionen und auf verschiedenen hierarchischen Ebenen das Leben der Markgräfin erst „fürstlich" gestalteten. Das Frauenzimmer umfasste in

Erste Seite des Testaments der Herzogin Elisabeth von Württemberg geb. Markgräfin von Brandenburg, das sie am 16. Juli 1518 in der Stube ihres Schlosses Nürtingen ihrem Hofmeister und Beichtvater Hans von Neuhausen in die Feder diktierte.

seinem erweiterten Sinn alle Personen von der Hofmeisterin (oder dem Hofmeister) über die Köchin und den Schneider bis hin zum Türwächter und Heizer, im engeren Sinn die Damen und Jungfrauen, die Zugang zur intimen Umgebung der Fürstin hatten, die ihr beim Ankleiden halfen, zu ihrer Unterhaltung beitrugen und mit ihr deren persönliche Sorgen und Probleme teilten. Die als „Edeljungfrauen" in einem Frauenzimmer tätigen Mädchen wurden oft schon in jungen Jahren diesem Milieu zugeführt. Sie entstammten in der Regel dem jeweiligen Landadel. Die Mädchen wurden hier erzogen und in die Regeln und Gepflogenheiten des höfischen Lebens und Zeremoniells eingeführt, um später selbst zu Erzieherinnen nachrückender „Fräulein" zu werden. Bei guter Führung hatten solche jungen Frauen mit fortschreitendem Alter die Chance, zur intimen Vertrauten der Fürstin heranzuwachsen.

Um eine ungefähre Vorstellung von der personellen Größenordnung eines fürstlichen „Frauenzimmers" zu vermitteln, so umfasste dieses am kurfürstlich brandenburgischen Hof in Berlin im 16. Jahrhundert 15 Personen. Am markgräflich brandenburgischen Hof in Ansbach zählten um 1509 zur engeren Entourage der Markgräfin Sophia 20 Personen, aber zusätzlich 24 Männer und Frauen zu ihrem erweiterten Umfeld. Hierzu ist zu sagen, dass Markgräfin Sophia – die Schwägerin der Herzogin Elisabeth in Nürtingen und Mutter der Markgräfin Elisabeth – als polnische Königstochter einen hohen Repräsentationsaufwand beanspruchen konnte. Ähnliches gilt für das Frauenzimmer am Innsbrucker Hof, das im Jahr 1519 für zwei Fürstinnen und mehrere Prinzessinnen immerhin 48 Personen umfasste. In dieser königlichen Residenz treffen wir neben den üblichen Bediensteten zum Beispiel eine achtjährige Mohrin und einen Jungen an, der eigens für das Halten eines Affen zuständig war.[107]

Der Hofstaat des Markgrafen Christoph von Baden umfasste im Jahr 1511 insgesamt 50 Bedienstete, davon gehörten 23 ins Frauenzimmer der Markgräfin Ottilia. Zu ihrem Personal zählten beispielsweise die Hofmeisterin, aber auch ein männlicher Hofmeister, ein Kaplan, vier Edeljungfrauen, drei Edelknaben, ein Schneider, ein Koch samt Küchenknabe, zwei Wagenknechte und zwei Narren. Ähnlich strukturiert war im selben Jahr der Hofstaat des jungen Markgrafen Philipp, Ernsts Bruder, der den Personalstand seines Vaters mit insgesamt 72 Bediensteten erheblich übertraf. Seine Gemahlin Elisabeth von der Pfalz verfügte über ein Frauenzimmer mit 20 Personen, darunter wieder eine Hofmeisterin, ein Kaplan, vier Edeljungfrauen, drei Edelknaben, ein Schneider und ein Zwerg.[108]

Auch die Herzoginwitwe Elisabeth unterhielt an ihrem Nürtinger Hof ein Frauenzimmer, denn sie vermachte in ihrem Testament von 1518 *allen meynen Jungkfrawen wie vil zu der zeit an meynem hoff seind ir yeglicher in sunderhait funffzig gulden.* Im weiteren Verlauf ist von *meynen dienern und dienerin, die vff die zeit an meynem hoff seind,* die Rede, ohne dass diese im Einzelnen aufgezählt würden. Nur dem *alten Berbelin*, möglicherweise einer langjährigen Haushälterin, verschaffte sie im Testament eine besondere Zuwendung. Im Übrigen wissen wir, dass Herzogin Elisabeth einen Hofmeister hatte, das war im Jahr 1518 Dr. Hans von Neuhausen, der als Pfarrer und Dekan in Personalunion zugleich ihr Hauskaplan und Beichtvater gewesen zu sein scheint.[109] Was den Personalstand des getrennten Frauenzimmers ihrer Nichte, der Markgräfin Elisabeth angeht, so dürfte sich dieser vermutlich am unteren Rand der genannten Beispiele bewegt haben, also schätzungsweise bei maximal 10 bis 15 Personen.

Ob man in Nürtingen zur Zerstreuung der Haushaltsmitglieder einen Hofnarren, Zwerge, Mohren oder Affen hielt, wie dies an den größeren Fürstenhöfen der Renaissance gang und gäbe war, erscheint zweifelhaft. Es sei aber am Rande angemerkt, dass Elisabeths Schwager Markgraf Philipp von Baden einen berühmten Hofnarren Hans von Singen (Singen bei Pforzheim) hielt, den er in seinem Testament von 1533 der Fürsorge seines Bruders Ernst anvertraute, der damals seinerseits den Hofnarren Kunz um sich hatte. Henslin von Singen wurde damals die Ehre zuteil, auf einer Gedenkmünze verewigt zu werden. 1547 wurde er sogar zum Gegenstand einer Brunnenfigur in Ettlingen.[110] Das bedeutet aber – um unserer Geschichte vorzugreifen –, Ursula von Rosenfeld hatte später als Markgräfin von Baden zwei Hofnarren in ihrer Umgebung.

Um auf Ursula von Rosenfeld zurückzukommen, so kann diese theoretisch seit der Verehelichung Ernsts im September/Oktober 1510 in Elisabeths Frauenzimmer gedient haben. Es ist nicht einmal ausgeschlossen, dass sie bereits vorher ins Frauenzimmer der Herzogin aufgenommen worden war und dann deren Nichte überlassen wurde. Der jetzt ermittelte Residenzort des jungen Fürstenpaares, Nürtingen, trägt sogar in gewisser Weise zum besseren Verständnis von Ursulas Hofkarriere bei. Denn eingangs war es uns ja eher erklärungsbedürftig erschienen, warum Ursula, deren Familie traditionell dem Haus Württemberg verbunden gewesen war,

Schaumedaille mit dem Porträt des badischen Hofnarren Hans von Singen aus dem Jahr 1533. Der Narr trägt eine Krone aus Eselsohren.

unvermittelt an einem badischen Hof „Edeljungfrau“ geworden war. Wenn wir aber wissen, dass sich dieser „badische Hof“ auf württembergischem Boden befand und Ursulas Karriere unter dem Dach der württembergischen Witwenresidenz zu Nürtingen begann, dann entspräche dies dem traditionellen Beziehungsmuster der Familie von Rosenfeld. Da Ursulas Tante Anna Schilling von Cannstatt vor 1500 am Stuttgarter Hof gedient hatte und somit die Herzogin Elisabeth kannte, könnte sie bei der Vermittlung ihrer Nichte eine Rolle gespielt haben.[111] Es zeichnet sich also die realistische Möglichkeit ab, dass Ursula von Rosenfeld seit dem Jahr 1510 als „Edeljungfrau“ in Elisabeths Frauenzimmer diente, um dort bald in qualifiziertere Funktionen aufzusteigen. Denn dass sie bis zum Jahr 1518 bei der badischen Markgräfin Elisabeth eine besondere Vertrauensstellung erwarb, werden wir unten noch sehen.

Mit dem Jahr 1510 veränderte der Nürtinger Witwensitz der Herzogin Elisabeth seinen Charakter. War das Schloss in der Zeit zwischen 1499 und 1510 die Kinderstube für eine Reihe von Verwandten der Herzogin gewesen, die allmählich heranwuchsen und verheiratet wurden, so bildete es seit 1510 einen Drei-Generationen-Haushalt, dem die Herzogin gewissermaßen als „Großmutter“ vorstand. In Gestalt der Kinder von Ernst und Elisabeth wuchs seit der Geburt Albrechts 1511 die dritte Generation heran. Man empfing in den folgenden Jahren regelmäßig Besuch von Seiten der brandenburgischen Verwandten, man reiste gemeinsam zu auswärtigen Festen wie beispielsweise 1511 zur Stuttgarter Hochzeit des Herzogs Ulrich. Langweilig scheint es auch sonst in Nürtingen nie gewesen zu sein. Im Jahr 1512 kam es wegen der drohenden Intervention des übertölpelten Brautvaters Graf Hermann von Henneberg, der über die Gattenwahl seiner Tochter wenig „amused“ war, zur Entführung Apollonias von Henneberg, der Nichte der Herzogin, die ihrem Frauenzimmer angehörte, durch Graf Gottfried Werner von Zimmern.[112] Möglicherweise reiste dann der gesamte Nürtinger Hof im Jahr 1513 zur Hochzeit Appolonias nach Meßkirch. Das Meßkircher Paar verkehrte jedenfalls in den folgenden Jahren häufig in Nürtingen, und Appolonia lebte dort nach Auskunft der Zimmerischen Chronik immer wieder für längere Zeit. Ihre Tochter Anna wurde in Nürtingen zur Spielgefährtin der Kinder von Ernst und Elisabeth.

Dass der Nürtinger Hof im Januar 1515 ins benachbarte Urach zur Hochzeit Herzog Heinrichs von Braunschweig mit Maria von Württemberg geladen worden wäre, liegt nahe, lässt sich aber nicht belegen. Einen dramatischen Höhepunkt dieser Jahre bildete der Besuch der Herzogin Sabina von Württemberg im November 1515, die damals am Hof der Herzogin Elisabeth eine Krankheit auskurierte, bevor sie in der Nacht des 24. November aus Württemberg floh. Ihr Mann, Herzog Ulrich, hatte sie noch wenige Tage zuvor in Nürtingen besucht, um sie zur Rückkehr nach Stuttgart zu bewegen. Herzogin Sabina ließ ihre beiden kleinen Kinder,

Anna und Christoph, am Nürtinger Hof zurück, und auch ihre Schwester Susanne, die später (1518) Markgraf Casimir, den Bruder Elisabeths heiraten sollte, blieb für längere Zeit in Nürtingen.[113] Dass das Nürtinger Schloss ein überaus gastfreundlicher Hof war, zeigt sich auch darin, dass die Herzogin alljährlich den ganzen Konvent des Klosters Hirsau mit Wagen herankarren ließ und die Mönche zu einem Gastmahl einlud.[114] Es ist davon auszugehen, dass das Hoffräulein Ursula von Rosenfeld während all dieser Jahre in dieses gesellschaftliche Geschehen samt seinen dramatischen Höhepunkten einbezogen war.

Markgraf Ernst hingegen war in diesen Jahren viel unterwegs und bisweilen längere Zeit abwesend, denn er war als „armer" Fürst ohne Land und Herrschaft gezwungen, Geld zu verdienen.[115] So versah er im Jahr 1512/13 in habsburgischen Diensten ein Jahr lang das Amt des Landhofmeisters in Niederösterreich.[116] Warum er dieses einflussreiche und lukrative Amt nur ein Jahr lang ausübte, entzieht sich unserer Kenntnis. Aber es gibt Indizien dafür, dass er als „Landfremder" in Niederösterreich möglicherweise keinen leichten Stand hatte.[117] Ende 1512 finden wir ihn auf dem Reichstag von Speyer, wobei nicht klar ist, ob er dort in seiner Funktion als österreichischer Spitzenbeamter oder als künftig regierender Reichsfürst anwesend war. Noch immer führte er die Auseinandersetzung mit dem Vater und den Brüdern Philipp und Bernhard um die endgültige Herrschaftsteilung. Dies erforderte Besuche in Baden-Baden, Pforzheim und Luxemburg, wo der Vater seit 1511 dauerhaft residierte. Nach der endgültigen Erbteilung Markgraf Christophs vom 25. Juli 1515 eröffnete sich für Markgraf Ernst endlich die Aussicht auf den Antritt seiner Herrschaft in der „Oberen Markgrafschaft". Allerdings konnte die faktische Regierungsübernahme wohl erst nach der Unmündigkeitserklärung des Vaters im Januar 1516 erfolgen. Ernst dürfte dann in den folgenden Monaten mit dem Regierungsantritt, mit dem Umritt in seinen Herrschaften und der Huldigung seiner Untertanen beschäftigt gewesen sein. Das bedeutet, der Herbst des Jahres 1515, während Ernst gemeinsam mit seinem Bruder Philipp das Entmündigungsverfahren für den Vater betrieb, und die Regierungsübernahme im Frühjahr 1516 waren für den Markgrafen eine bewegte Lebensphase. Er wird deshalb in diesen Monaten, gerade um die Zeit der Flucht von Herzogin Sabina, nicht viel in Nürtingen, sondern vorwiegend im Badischen gewesen sein. Die Frage ist, wo.

Probleme um die Anfänge der Sulzburger Residenz

Mit der endgültigen erbrechtlichen Verfügung Markgraf Christophs I. von Baden vom 25. Juli 1515 entstand eine neue Situation für das in Nürtingen residierende Fürstenpaar. Fünf Jahre nach seiner Verehelichung mit Markgräfin Elisabeth von Brandenburg konnte sich Markgraf Ernst endlich auf die Regierungsübernahme in der „Oberen Markgrafschaft" vorbereiten. Er hatte sich mit der Zuteilung der „südbadischen" Herrschaften Hachberg, Sausenburg, Badenweiler und Rötteln zufriedengegeben, nachdem er sich mit seinem Anspruch auf einen Teil der Stammlande nicht hatte durchsetzen können. Außer den Kleinstädten Schopfheim und Sulzburg gab es im (später so genannten) „Markgräfler Land" keine Orte, die auch nur im Entferntesten den Hauch einer potentiellen „Hauptstadt" vermittelten. Da die Herrschaft Rötteln von Österreich zu Lehen ging, erschien eine Residenz in diesem Herrschaftsbereich wenig günstig, zumal es seit 1514 mit der österreichischen Regierung in Ensisheim Streit um die Landeshoheit in Rötteln gab. Spätestens 1518 kursierten Gerüchte, wonach Österreich die Herrschaft Rötteln interessierten Adligen zu verkaufen beabsichtigte. Damals trat sogar die Stadt Basel als nächster Nachbar auf den Plan und bot Österreich einen überhöhten Preis an, um sich in den Besitz dieses rechtsrheinischen Territoriums zu bringen.[118] Die alarmierende Nachricht von der Ablösung des österreichischen Lehens Rötteln scheint ausgerechnet im Mai 1518, den letzten Lebenswochen der Markgräfin Elisabeth, Markgraf Ernst und seine in Nürtingen versammelten Räte erreicht zu haben. Noch am Vortag von Elisabeths Tod, am 30. Mai, beklagte sich Ernst bei seinem Bruder über die besorgniserregende Entwicklung.[119] In dieser Situation, da gar nicht abzusehen war, ob die Herrschaft Rötteln für das Haus Baden überhaupt zu halten war, machte es für Markgraf Ernst gar keinen Sinn, sich dort niederzulassen.[120] Die zur Herrschaft Hachberg gehörige Stadt Sulzburg hingegen gehörte dem Markgrafen zu eigen und lag überdies in Bezug auf seine weit gestreuten Herrschaften einigermaßen zentral. Die ältere Forschung ging deshalb selbstverständlich davon aus, dass sich der Markgraf im Jahr 1515 in Sulzburg niederließ, und die aktuelle Sulzburger Geschichtsschreibung ist dieser Anschauung unkritisch gefolgt: „Zu einer fürstlichen Residenz aber wurde unsere Stadt [= Sulzburg] im J. 1515. [...] Markgraf Ernst wohnte bis 1535, wo sein Bruder Philipp starb und ihm das Erbe Pforzheim-Durlach zufiel, fast beständig hier."[121] Im Licht der neueren Erkenntnisse erscheint diese apodiktische Feststellung jedoch mehr als fraglich.

Die Stadt Sulzburg hatte um das Jahr 1515 wegen ihres Silberbergbaus einige wirtschaftliche Bedeutung. Zudem bestand dort ein Benediktinerinnenkloster, was für die geistliche Versorgung einer fürstlichen Familie ein wichtiges Argument sein konnte. Allerdings stand es um diesen Konvent nicht zum Besten, so dass er von Markgraf Ernst schon im Jahr 1521 aufgelöst wurde. Vor allem aber: Es gab um 1515 vermutlich keinerlei standesgemäßes Domizil für die markgräfliche Familie. Man könnte zwar einwenden, dass Ernst und Elisabeth in Nürtingen auch nicht gerade „fürstlich" residierten und alles andere somit besser erscheinen mochte als die „Untermiete" im Nürtinger Schloss. Die Frage bleibt dennoch, was dem Markgrafen im Jahr 1515 in Sulzburg als mögliche Fürstenwohnung zur Verfügung gestanden hätte.

In den Quellen ist die Rede von einem „Haus", das die Markgrafen in Sulzburg besaßen. Nun besitzt das mittelhochdeutsche Wort *hus* zunächst einmal einen recht weiten Bedeutungshorizont: Von der Bauernhütte über das städtische Bürgerhaus bis hin zum festen Bergschloss konnte jede Behausung so bezeichnet werden. Das Sulzburger *hus* der Markgrafen lässt also durchaus Vorstellungen in Richtung eines repräsentativen Wohnsitzes zu, die Frage ist nur, ob sich dies anhand der erhaltenen Quellen verifizieren lässt. Bei dem genannten Haus dürfte es sich um jenes Anwesen gehandelt haben, das Markgraf Karl I., also Ernsts Großvater, am 23. Oktober 1471 dem Adligen Jakob von Rüsseck (Reußeck im Aargau) zu Mannlehen überließ.[122] In dieser Urkunde bekennt Jakob von Rüsseck, dass Markgraf Karl ihm *gegœnnet hat, vff siner gnaden hoffstatt zu Sultzberg Innwendig an der Stattmuwern daselber ein huß zu buwen Vnd darInn myn wonunge zu haben.* Dieses Lehen erhielt Rüsseck für seine *getruwe willige dienste, die ich sinen gnaden bißheer getan han Vnd furbasser Ime vnd sinen erben tun mag.* Der Adlige versprach dem Markgrafen in der Markgrafschaft Hachberg zu dienen, insbesondere *sine Rechte mit anndern sinen mannen zu(o) sprechen.* Das heißt, Rüsseck fungierte damals als eine Art Landrichter in der Herrschaft Hachberg. Das Sulzburger Lehen war ein sogenanntes Mannlehen, das heißt, es konnte nur in männlicher Linie weitergegeben werden. Rüsseck ließ sich allerdings für den Fall, dass er keine ehelichen Söhne haben würde, verbriefen, dass seine Witwe und seine Töchter *Ir aller leptage vnd nit lenger Iren bysitz auch haben In dem obgenannten lehen.*

Jakob von Rüsseck war also um das Jahr 1471 ein badischer Beamter. Die weitere Durchsicht der Quellen klärt uns auch darüber auf, woher die Beziehung des thurgauischen Adligen zum Markgrafen Karl I. rührte. Wie eine Urkunde vom 9. August 1462 bestätigt, gehörte Jakob von Rüsseck zu jenen Gefangenen der Schlacht von Seckenheim, die damals auf eine Urfehde hin im Rahmen eines Gefangenenaustauschs entlassen wurden: ... *und besunder Jacob von Rüssegk mitsampt sinen knechten, der doch nit uber sieben in marggrave Karls hilf, doch in unsers herren und frunts von Spire dienste gewesen sint* ... Er diente also in einem Kontingent des Bischofs von Speyer, das zu des Markgrafen Hilfe aufgeboten war, mit sieben Knechten.[123] Jakob von Rüsseck war somit ein alter Kampfgefährte des Markgrafen, der mit diesem das Schicksal der Niederlage und Gefangenschaft nach der Schlacht von Seckenheim geteilt hatte. Dankbarkeit für diesen Dienst könnte also das Motiv dafür gewesen sein, dass der Markgraf ihm später Dienst und Niederlassung in Sulzburg anbot.

Nach dem Urkundentext waren die Dienste Rüssecks für den Markgrafen auf größere Zukunft angelegt, doch schon im Jahr 1472 finden wir den Adligen im Dienst Erzherzog Sigmunds von Österreich, wo er eine steile Beamtenkarriere durchlief. Vom Rat und Hofgerichtsmitglied stieg er 1480 ins Marschallamt am Innsbrucker Hof auf, wo er dann einige Zeit residierte.[124] Allein daraus ergibt sich die Frage, ob Jakob von Rüsseck sein Sulzburger Haus dauerhaft bewohnt haben kann, zumal der österreichische Beamte 1479 mit einem Hof in der Stadt Stein am Rhein und 1483 mit der Feste Weinfelden belehnt wurde. Da seine Familie im Thurgau gesellschaftlich verankert war, könnte sie aufgrund der größeren Nähe zum Dienstort des Familienoberhaupts zeitweilig eher in Stein oder in Weinfelden gelebt haben. Sein Anwesen in Sulzburg machte dennoch weiterhin Sinn, denn Rüsseck war seit 1468 Mitglied des breisgauischen Adels, und seine Zugehörigkeit zur dortigen Ritterschaft setzte „Haushäblichkeit" in diesem Ritterkanton voraus.[125] Alles weist jedoch darauf hin, dass das Sulzburger Haus Jakob von Rüsseck nicht als ständiger Wohnsitz diente, sondern als Nebenresidenz, die es ihm erlaubte, seine österreichischen Lehen im Breisgau (zum Beispiel in Krozingen und Opfingen) zu verwalten.

Nach 1494 verlieren sich die Spuren des Jakob von Rüsseck. Da er aus zwei Ehen nur drei Töchter hinterließ, ist nicht damit zu rechnen, dass das Lehen in der Familie weitergegeben wurde, sondern irgendwann an das markgräfliche Haus zurückfiel. Da zwei seiner Töchter vor 1500 verheiratet waren und eine dritte ins Kloster ging, erlosch deren Sulzburger Wohnrecht früh. Wer dieses Haus nach 1500 bewohnte, ist unklar.[126] Dennoch blieb das markante Gebäude an der Stadtmauer (etwa an der Stelle des heutigen Rathauses), das wir uns wegen seines adligen Bauherrn größer und repräsentativer als ein gewöhnliches Bürgerhaus vorstellen dürfen, im frühen 16. Jahrhundert mit dem Namen des adligen Vorbesitzers assoziiert. Wohl in Vorbereitung der Erbteilung von 1515 wurde im Jahr 1514/15 ein Abgabenverzeichnis der Markgrafschaft Hachberg angelegt. Unter der Rubrik Sulzburg erscheint erneut dieses Haus mit der Bemerkung: *Nota vom Badhuß, deßglichen von des von Russecks huß nichts angeslagen, dieweil ettwan mer daran verbuwen, dan dauon gefelt.*[127] Das Gebäude galt noch immer als „des von Russecks Haus", obwohl dieser wohl annähernd 20 Jahre tot war. Jedenfalls geht aus dem Zitat klar hervor, dass an dem Haus damals gebaut wurde und dass deshalb daraus keine herrschaftlichen Einnahmen erwirtschaftet wurden. Soweit würde die Quelle gut zu der Annahme passen, dass in diesem Jahr Bedarf an einem markgräflichen Domizil in Sulzburg bestand.

Dennoch ist damit die Frage noch nicht beantwortet, ob Markgraf Ernst samt seiner Gattin und deren Frauenzimmer tatsächlich im Jahr

1515 oder bald danach seinen Wohnsitz von Nürtingen nach Sulzburg verlegt hätte. Auffällig ist zunächst einmal, dass in den Quellen bislang kein einziges Schriftstück des Markgrafen Ernst mit Actum-Vermerk „zu Sulzburg" namhaft gemacht werden kann.[128] Auch als Aufenthaltsort tritt Sulzburg nie in Erscheinung, mehrfach hingegen immer noch Nürtingen (Dezember 1515, November 1516, Frühjahr 1517, April bis Juni 1518).[129] Dies ist doch ein merkwürdiger Befund, wenn Sulzburg in diesen Jahren tatsächlich die Residenz der markgräflichen Familie gewesen wäre. Es hat den Anschein, dass Ernst in den ersten Jahren seiner Herrschaft im Stil eines „Reiseherrschers" viel unterwegs war und dabei sein Quartier häufig wechselte, ohne im Markgräflerland eine eigentliche feste Residenz zu besitzen. Unter den gelegentlich aufgesuchten Quartieren mag sich durchaus das Haus in Sulzburg befunden haben, das 1514/15 wohl zu diesem Zweck hergerichtet wurde – dass Sulzburg in dieser Zeit administratives Zentrum und Fürstenresidenz gewesen wäre, ist nicht auszumachen.

Das Itinerar des Markgrafen Ernst spricht vielmehr dafür, dass er bis zum Tod seiner Frau Elisabeth seinen „Haushalt" in Nürtingen hatte.[130] Es ist auch kaum zu erwarten, dass die Fürstentochter Elisabeth von Brandenburg-Ansbach das Sulzburger Adelsdomizil als standesgemäßen Fürstensitz und die Stadt Sulzburg als angemessene Residenz wahrgenommen hätte. Da ein Ausbau des Adelssitzes zur Residenz, wie er zwölf Jahre später realisiert wurde, kurzfristig – nicht zuletzt aus finanziellen Gründen – nicht möglich war, muss man davon ausgehen, dass Elisabeth vorerst lieber in Nürtingen in der Nähe ihrer Tante blieb, als ein Provisorium im Breisgau zu beziehen. Ernst hingegen, der nach seinem Regierungsantritt 1516 aus administrativen wie aus repräsentativen Gründen Präsenz zeigen musste, mag sich durchaus in dem Sulzburger Haus (wie auch auf der Hochburg und auf der Burg Rötteln) ein Absteigequartier eingerichtet haben.

Aus Gründen der Herrschaftslegitimation wird man indes davon ausgehen können, dass Markgräfin Elisabeth gemeinsam mit ihrem Mann spätestens ab Frühjahr 1516 die Huldigung ihrer Untertanen im Markgräflerland entgegengenommen hat und in diesem Zusammenhang auch einige Zeit im Markgräflerland verbrachte. Da sich das Frauenzimmer in der Regel mit der Fürstin bewegte, könnte auch Ursula von Rosenfeld bei dieser Gelegenheit ihr künftiges Domizil Sulzburg erstmals kennengelernt haben. Ob die Markgräfin Ende Februar 1517 beim Antrittsbesuch des Markgrafen Ernst in Basel dem „ungewöhnlich prunkvolle[n] Bankett im Rathause" beiwohnte, „bei dem Basel den Fürsten bewirtete", lässt sich leider nicht verifizieren.[131] Das Gastmahl um die Fastnachtszeit, zu dem neben dem Markgrafen auch der Bischof von Basel geladen war, lässt sich nur aus den städtischen Ausgabenbüchern rekonstruieren.[132] Sowohl der Bischof wie Markgraf Ernst steuerten durch ihre Jäger Wildbret zu dem Festessen bei. Der bischöfliche Koch und zwei Köche des Spitals empfingen für ihre Kochkünste Honorar. Dem Markgrafen wurde überdies ein Fass Wein im Wert von 10 Pfund 4 Schilling verehrt.

Wenn die Einträge über drei Wochen zwischen Mitte Februar und Anfang März nicht täuschen, ist Markgraf Ernst in dieser Zeit mehr als dieses eine Mal von der Stadt zum Essen geladen worden. Mehrfach ist die Rede davon, dass eine Abordnung von sechs Zunftmeistern und Ratsherren dem Markgrafen vor die Stadt entgegengeritten sei, um ihn zu empfangen. Das lässt daran denken, dass der Markgraf damals auf seiner nahe gelegenen Burg Rötteln weilte. Wenn dieses diplomatische Ereignis als „Staatsbesuch" zu werten ist – und sowohl die Dimensionen der Gastmähler wie das erkennbare diplomatische Protokoll sprechen dafür –, dann wäre eigentlich davon auszugehen, dass Markgräfin Elisabeth und ihr Gefolge damals mit in Basel waren. Für ihre Anwesenheit gibt es aber bislang nur das Indiz, dass im Umfeld dieser Ereignisse einmal ein markgräflich brandenburgischer Herold von der Stadt ein Geldgeschenk erhielt. Die Frage wäre zu klären, ob dieser brandenburgische Herold als Begleiter der Markgräfin aufzufassen ist. Es gibt aber möglicherweise ein gewichtiges Argument gegen die Anwesenheit von Markgräfin Elisabeth beim Basler Bankett: die Tatsache, dass sie zum fraglichen Zeitpunkt hochschwanger war und ausgerechnet Ende Februar 1517 mit ihrem Sohn Bernhard niederkam. Doch selbst dies müsste kein Hinderungsgrund gewesen sein: Der Schwangeren stand vermutlich nirgends bessere ärztliche Betreuung zur Verfügung als in der Universitätsstadt, wo Markgraf Ernst sogar über ein eigenes Stadthaus verfügte.[133]

Der Kleine Markgräfler Hof in der Augustinergasse diente bis 1522 als Absteigequartier des Markgrafen Ernst in der Stadt Basel.

Ernst und Ursula – ein ungleiches Fürstenpaar

Kabale und Liebe im Frauenzimmer?

Die Edeljungfrauen bei Hof dienten intern nicht nur als Aufwärterinnen, Gesprächspartnerinnen oder Ankleidehelferinnen der Fürstin, sie erfüllten nach außen auch höfische Repräsentationsaufgaben. Der Hof beeindruckte bei öffentlichen Anlässen wie bei Hochzeiten, bei Turnieren und auf Reisen durch seine „corporate identity", das einheitliche Auftreten des Hofstaats in den jeweiligen Wappenfarben des Adelshauses, nicht zuletzt aber auch durch die zur Schau gestellte Anmut und Schönheit seiner Jungfrauen.[134] Deshalb gehörten die adligen Mädchen bei auswärtigen Besuchen zur dekorativen Entourage der reisenden Fürstin. In dieser korporativen Form trat der badische Hof – trotz der damals im Hintergrund schwelenden Konflikte – unter Führung Markgraf Christophs und seiner Söhne Philipp und Ernst beispielsweise bei der Hochzeit Herzog Ulrichs von Württemberg im März 1511 in Stuttgart auf.[135] Nicht weniger als 350 Edelfräulein aus allen fürstlichen Gesandtschaften liefen damals in Stuttgart auf. Und wenn nicht alles täuscht, hat sich in diesem Heer adliger Mädchen auch Ursula von Rosenfeld aus dem Frauenzimmer der Markgräfin Elisabeth von Baden befunden. Den 350 Edelfräulein stand eine vermutlich ebenso große Zahl an jungen Adelssöhnen gegenüber, die an den verschiedenen Fürsten- und Adelshöfen als Edelknaben dienten. Für die adligen Fräulein bedeutete der Dienst in einem fürstlichen Frauenzimmer insofern auch die Teilhabe an einem gigantischen Heiratsmarkt.

Es existierten im Netzwerk befreundeter Fürstenhöfe drei tendenziell exklusive Heiratskreise, einer für die fürstliche, einer für die hochadlige und einer für die niederadlige Jugend. Wir haben oben schon beschrieben, wie der Hof der Herzogin Elisabeth in Nürtingen in den Jahren um 1508/10 Fürstensöhnen und hochadligen jungen Leuten als Begegnungsforum diente und wie dort mehrere Ehen angebahnt wurden. Dort lebten zu Beginn des 16. Jahrhunderts eine ganze Reihe Mädchen fürstlicher Abstammung wie Appolonia von Henneberg und Elisabeth von Brandenburg. Diese fanden potentielle Ehepartner nur unter ihresgleichen. Als „legitime" Bewerber um die Hand der jungen Elisabeth von Brandenburg gaben Herzog Ulrich von Württemberg, Herzog Heinrich von Braunschweig und Markgraf Ernst von Baden ihre „Visitenkarten" ab. Nur ausnahmsweise gelang es einem niederrangigeren Adligen wie dem Freiherrn Gottfried Werner von Zimmern, eine ständisch Höherrangige wie Gräfin Appolonia von Henneberg als Braut zu gewinnen. Diese Liaison verbreitete sich in

Süddeutschand auch umgehend als Skandalon und verursachte dem Freier postwendend erheblichen Stress mit dem hintergangenen Schwiegervater. Gottfried Werner von Zimmern rang sich damals zu der gewagten Lösung durch, seine Braut, um sie dem väterlichen Zugriff zu entziehen, in einer spektakulären Nacht-und-Nebel-Aktion aus Nürtingen zu entführen.[136]

Ganz analog funktionierte der Hof auch für die niederadligen Hoffräulein und ihre männlichen Pendants benachbarter Höfe. Begegnungsmöglichkeiten ergaben sich bei Hochzeiten, Leichenbegängnissen, Verwandtenbesuchen, Jagdveranstaltungen, Turnieren und anderen höfischen Festivitäten. In einem Frauenzimmer lebten regelmäßig drei oder vier Edelfräulein unterschiedlichen Alters, die, sobald sie als heiratsfähig galten (in der Regel mit 14 bis 16 Jahren), durch die Vermittlung von Heiratsabreden in absehbarer Zeit wieder aus dem Hofdienst ausschieden, um jüngeren Mädchen Platz zu machen. Die Fürsten, an ihrer Spitze Kaiser Maximilian persönlich[137], sahen es nicht gerne, wenn Edeljungfrauen bei Hof zu „alten Jungfern“ wurden, die unverheiratet jahrzehntelang vom Hof versorgt werden mussten. Auch hier suchten sich die Ehepartner in derselben niederadligen Schicht. Doch gelegentlich kam es vor, dass die niederadligen Edelfräulein im Frauenzimmer (oder auch bürgerliche Frauen bei Hof) das Interesse des regierenden Fürsten oder eines Fürstensohnes erregten.

Ein berühmtes Beispiel hierfür ist Herzog Heinrich von Braunschweig. Dieser erwarb nach vielen Jahren achtungsvoller Ehe mit Maria von Württemberg 1522 die Liebe des Hoffräuleins Eva von Trott, die dem Frauenzimmer seiner Gemahlin angehörte. Mit ihr unterhielt er eine zweite eheähnliche Beziehung, die er lange Zeit vor seiner Frau und der Öffentlichkeit zu verbergen verstand, bevor sie 1541 zum öffentlichen Skandal wurde.[138] Ein weiteres prominentes Beispiel lieferte Herzog Ulrich von Württemberg, der sich nach der Flucht seiner Frau Sabina, vielleicht auch schon früher, in seine unglückliche Liebe zur Tochter seines Erbmarschalls Konrad Thumb, der Frau seines Stallmeisters Hans von Hutten, flüchtete, die er im Frauenzimmer besuchte. Sein Mord an ihrem Mann Hans von Hutten 1516 geriet zum reichsweiten Skandal und bereitete zugleich seiner aussichtslosen verbotenen Liebschaft ein Ende.[139] Ansonsten dienten die Frauenzimmer zwar als Begegnungsraum des Fürsten mit den Frauen bei Hof, sie waren als Zentren der Geselligkeit durchaus auch Foren erotisch gefärbter Kommunikation, besaßen aber „keine institutionalisierte Funktion als Reservoir sexueller Dienste“ (Nolte) oder gar als „konkubinärer Hort“ (Heinig).[140]

Mit anderen Worten: Es kam gelegentlich vor, dass Fürsten im Frauenzimmer ihrer Gattinnen sexuelle Abenteuer suchten oder sich eine heimliche Geliebte rekrutierten, dies war aber aus nahe liegenden Gründen kein ausgesprochen häufiges Phänomen. Viel verbreiteter waren die diskreter zu handhabenden außerehelichen oder konkubinären Beziehungen fürstlicher Herren mit adligen und – häufig sogar – bürgerlichen Frauen außerhalb des

Hofes.[141] Deshalb wäre es theoretisch zwar durchaus denkbar, dass es im Frauenzimmer der Markgräfin Elisabeth von Baden zu einer Annäherung zwischen dem Markgrafen und dem Fräulein von Rosenfeld gekommen ist. Die Frage ist nur, ob sich eine solche außereheliche Beziehung aus den zur Verfügung stehenden Quellen wahrscheinlich machen lässt.

Als verdächtig galt den Autoren des 18. Jahrhunderts, dass Markgraf Ernst das Hoffräulein Ursula noch im Todesjahr seiner ersten Ehefrau geheiratet hat. Jedenfalls wird in der älteren Literatur durchgängig 1518 als Jahr ihrer Vermählung genannt. Diese Datierung gilt es aber zunächst einmal zu verifizieren. Ein genaues Hochzeitsdatum ist nämlich nicht bekannt. Aus der Wittumsverschreibung, die nur in Gestalt eines Konzepts im Generallandesarchiv erhalten ist und die das Datum des 19. Juli 1520 trägt, geht nur soviel hervor, dass die Vermählung schon einige Zeit zurücklag.[142] Pütter nennt ohne Beleg das Jahr 1518 und meinte zu wissen, dass Ursula den Markgrafen noch im selben Jahr „mit einem Pfande der Liebe erfreute", ihm also ein Kind gebar.[143] Spittler identifizierte dieses Kind mit der „kleinen Tochter Margaretha", jener Tochter, die im Jahr 1538 den Grafen Wolfgang von Oettingen heiraten sollte.[144] Deren Geburt noch im Jahr 1518 würde aber bedeuten, dass Ernst und Ursula schon im Frühjahr 1518, und zwar *bevor* die Markgräfin Elisabeth am 31. Mai verstorben war[145], ein Kind gezeugt hätten, das heißt, dieses Kind wäre in der Tat die Frucht eines ehebrecherischen Verhältnisses gewesen.

Nun sind allerdings mit dem fraglichen Geburtsjahr der angeblich ältesten Tochter Ursulas von Rosenfeld biographische Ungereimtheiten verbunden, die die Frage nach der Identität und der genealogischen Einordnung Margarethas noch erheblich komplizieren. Spittler erschloss

Markgräfin Margaretha von Baden, hier auf einer Schaumünze von 1534, galt bislang als Tochter Ursulas von Rosenfeld, ist jetzt aber als Tochter der Markgräfin Elisabeth von Brandenburg erwiesen.

nämlich Margarethas mutmaßliches Geburtsjahr aus einer Porträtmedaille, die Schöpflin 1766 seinem Werk über das Haus Baden als Kupferstich beigegeben hatte[146] und die noch heute im Münzkabinett des Badischen Landesmuseums verwahrt wird. Diese Gedenkmünze zeigt nach rechts gewandt das Brustbild der Margaretha mit Drahthaube und flachem Hut in einem kostbaren Kleid. Die Umschrift lautet: MARGAETH [sic!] . MARGGRAVIN . ZV . BADEN . IRS . ALTERS . XX. Da Spittler diese Medaille in Unkenntnis ihrer Rückseite (die Schöpflin nicht abbildete) auf 1538, das Jahr ihrer Vermählung mit dem Grafen von Oettingen datierte, „ermittelte" er aufgrund der Altersangabe „IRS . ALTERS . XX" ihr vermeintliches Geburtsjahr 1518, in dem mithin auch die Hochzeit der Eltern stattgefunden haben musste.

Dieser Rückschluss basiert allerdings auf falschen Voraussetzungen. Bei genauer Betrachtung der Medaille der Margaretha von Baden sind Spittlers „Berechnungen" nicht weiter aufrechtzuerhalten. Wie die moderne fotografische Wiedergabe der Münze deutlich zeigt, ist auf ihrer Rückseite neben dem üblichen heraldischen Schmuck auf einem am Rand umlaufenden Lorbeerkranz die Jahreszahl MDXXXIIII (1534) eingeprägt.[147] Rechnen wir aber die Altersangabe „20 Jahre" nicht wie Spittler von 1538, sondern vom tatsächlichen Prägejahr 1534 herunter, so erhalten wir für Margaretha das Geburtsjahr 1514. Wenn aber, wie dies Schöpflin, Sachs, Spittler und von Weech[148] übereinstimmend kolportieren, Margaretha die gemeinsame Tochter von Ernst und Ursula war, dann erhielte mit diesem frühen Geburtsjahr das vermutete „Liebesverhältnis" von Markgraf Ernst zu dem Edelfräulein Ursula eine völlig neue, ja skandalöse Qualität. Die beiden wären sich demnach nicht erst nach dem Tod von Ernsts erster Gattin im Jahr 1518 nähergekommen, sondern sie hätten schon Jahre zuvor sexuelle Beziehungen miteinander gepflegt. Ernst hätte demnach das Kammerfräulein schon 1513/14 geschwängert. Ursula von Rosenfeld wäre damals maximal fünfzehn Jahre alt und mithin selbst noch ein Kind gewesen.

Dürften wir diesen Rückschlüssen vertrauen, dann müsste man in der Tat davon ausgehen, dass die Ehe Ernsts mit Elisabeth von Brandenburg mehr oder weniger von Anfang an durch die Liebschaft des Markgrafen mit ihrer Kammerjungfer Ursula belastet war. Obwohl ihr jährlich neue Kinder entsprangen, läge die Vermutung nahe, dass die Ehe frühzeitig zerrüttet war. Damit gewänne aber die Notiz der Zimmerischen Chronik, wonach die beiden *wenig ainigkeit oder rechts vertrawen mehr zusamen gehapt* hätten, an Wahrscheinlichkeit und Konkretion. Auch die Bemerkung der Chronik, ihr „Frauenzimmer" habe die Markgräfin *verwarlost*, würde so verständlicher: Elisabeth hätte sich in dieser Situation zu Recht von ihrem Kammerfräulein, das zur Nebenbuhlerin geworden war, verraten und betrogen gefühlt und sich im Fall von Krankheiten oder bevorstehenden Geburten lieber in die Obhut vertrauenswürdiger Hände begeben.

Obwohl sich also eine „Skandalgeschichte“ wie angedeutet gut zur chronikalen Überlieferung fügen würde, so ist diese Deutung dennoch in Frage zu stellen. Bevor wir einer solchen auch für damalige Verhältnisse nicht ganz unproblematischen Ehebruchsgeschichte den Vorzug geben, wäre zu überprüfen, ob Margaretha nicht doch – entgegen der genealogischen Zuordnung seit Schöpflin – eine legitime Tochter Ernsts und Elisabeths gewesen sein könnte. Diese Vermutung formulierte Hilger schon 1904 an unerwarteter Stelle und versuchte dies anhand der ihm bekannten Geburtsdaten der Kinder von Ernst und Elisabeth zu untermauern. Nach gültiger genealogischer Darstellung entsprang der Ehe Ernsts von Baden mit Elisabeth die Kinderreihe Albrecht (geb. Juli 1511), Anna (April 1512), Amalia (Febr. 1513), Maria Jacobäa (Okt. 1514), Maria Cleopha (Sept. 1515), Elisabeth (26. Mai 1516) und Bernhard (Febr. 1517).[149] Obwohl diese Reihe bei oberflächlicher Betrachtung keine Lücke für ein weiteres Kind lässt, entdeckte Hilger zwischen der Geburt der Töchter Amalia (Febr. 1513) und Maria Jacobäa (Okt. 1514) eine Distanz von 19 Monaten, was theoretisch Raum lässt für ein mögliches weiteres Kind. Hilger postulierte deshalb die Geburt von Margaretha als legitime Tochter Elisabeths im Dezember 1513 oder Januar 1514, was sich ausgezeichnet zum Prägedatum ihrer Gedenkmedaille fügen würde.[150] Ein zusätzliches Indiz liefert übrigens die Zimmerische Chronik selbst, die davon spricht, dass *marggraf Ernst der zeit* [zu Lebzeiten seiner ersten Frau] *zwo döchtern, namlich frölin Margrethen und fröle Elsbethen,* hatte und diese in einem Atemzug mit der Mutter, der *marggrefin von Brandenburg* [i.e. Elisabeth] erwähnt.[151]

Endgültige Aufklärung über die genealogische Stellung von Ernsts Tochter Margaretha erhalten wir aus unerwarteter Quelle, nämlich aus dem Testament der Herzogin Elisabeth von Württemberg. Nur sechs Wochen nach dem Tod ihrer geliebten Nichte Elisabeth († 31. Mai 1518) diktierte die 67 Jahre alte Herzogin in ihrer Stube des Nürtinger Schlosses am 16. Juli 1518 ihrem Beichtvater ihr eigenes Testament in die Feder.[152] Darin findet sich unter anderem der Passus: *Zum dritten so verschaff ich vnd ordnen bayden freulin Margrethen vnd Elisabeth, obgeschribner meyner erben Albrechten vnd Bernharten, leiplichen schwestern tauset gulden von meyner verlassen barschafft* ... Nachdem sie in den vorangegangenen Artikeln die Söhne ihrer Nichte, Albrecht (sieben Jahre) und Bernhard (ein Jahr alt), zu ihren Haupterben eingesetzt hatte, vermachte sie auch deren leiblichen (!) Schwestern Margaretha (mutmaßlich vier Jahre) und Elisabeth (zwei Jahre alt) 1000 Gulden und weitere Hinterlassenschaften.

Dieses Legat und die Rede von den „leiblichen Schwestern“ dürften endgültig Sicherheit darüber herstellen, dass es sich bei Margaretha um eine legitime Tochter Markgraf Ernsts gehandelt hat, denn die Tante Elisabeth würde diese nicht zu einer Miterbin gemacht haben, wäre sie eine Bastardin ihres Vetters und „Schwiegersohns“ aus einer außerehelichen Verbindung gewesen. Dass von den sechs Töchtern ihrer Nichte nur diese beiden, Margaretha und Elisabeth, in dem Testament bedacht wurden, hängt wohl damit zusammen, dass nur diese beiden damals am Nürtinger Hof lebten, während die vier älteren Töchter zu diesem Zeitpunkt bereits an andere Höfe verschickt waren. Mindestens eine Tochter lässt sich später am Hof ihres Onkels, Markgraf Casimir von Brandenburg, in Ansbach nachweisen.[153] Im Übrigen bestätigt die testamentarische Nennung der Schwestern Margaretha und Elisabeth die Überlieferung der Zimmerischen Chronik, die von eben diesen beiden Mädchen am Hof der Tante Kenntnis hatte.

Mit dieser an Wahrscheinlichkeit gewinnenden Lesart wird die Beziehung des Markgrafen Ernst zum Kammerfräulein Ursula wieder entskandalisiert. Margaretha war eine Tochter der Markgräfin Elisabeth, eine außereheliche Verbindung zwischen Markgraf Ernst und Ursula von Rosenfeld lässt sich nicht nachweisen. Ja, es gibt sogar ein Dokument, das den Verdacht eines gestörten Verhältnisses zwischen der Markgräfin Elisabeth und ihrem Kammerfräulein Ursula definitiv ausräumt. Die Rede ist von Elisabeths am 27. März 1518 in Nürtingen niedergeschriebenem Testament. Darin gab sie nicht nur ihren Wunsch zu Protokoll, nach ihrem Tod am selben Ort bestattet werden zu wollen wie ihre Tante. Unter den Jungfrauen ihres Frauenzimmers erwähnt sie nur eine einzige Person, „die ihr besonders nahe gestanden hatte“[154], namentlich: niemand anders als Ursula von Rosenfeld. *Fürter ist vnnser letzter will, Souer Es vnserer gnädigen alten frowen* [=Herzogin Elisabeth] *gefällig sin würdet, das man der Rosenfelderin ayn Rock oder schube* [weites Überkleid] *gebe.*[155] Diese Verfügung im Testament der Markgräfin Elisabeth zugunsten Ursulas macht endgültig alle Spekulationen über ein möglicherweise zerrüttetes Verhältnis zwischen Ursula und ihrer Herrin zunichte. Die auf dem Sterbebett liegende Markgräfin Elisabeth hätte ihr Kammerfräulein nicht in dieser Form begünstigt, wenn sie diese einer Liebesbeziehung zu ihrem Mann verdächtigt hätte. Wenn also an der Überlieferung der Zimmerischen Chronik, Elisabeth sei in ihren letzten Wochen von *irem Frawenzimmer verwarlost* worden, etwas dran sein sollte, so kann sich dieser Verdacht jedenfalls kaum auf Ursula von Rosenfeld beziehen. Man muss vielmehr davon ausgehen, dass Ursula in den letzten Monaten der Markgräfin Elisabeth eine ihrer engsten Vertrauten in Nürtingen war.

Markgraf Ernsts Hochzeit mit Ursula von Rosenfeld

Wie die bisherige Untersuchung gezeigt hat, lässt sich weder der Zeitpunkt bestimmen, von dem an Markgraf Ernst und Ursula von Rosenfeld eine Liebesbeziehung unterhielten, noch der genaue Zeitpunkt ihres Eheschlusses. Wir können diesen Eheschluss vorläufig nur grob auf die Zeit zwischen 31. Mai 1518 (Tod der Markgräfin Elisabeth) und 19. Juli 1520 (Datum der Bewidmung Ursulas) eingrenzen.[156] Es bleibt zu klären, ob sich aufgrund bestimmter Indizien ein genauerer Zeitpunkt fassen lässt. Man wird jedenfalls davon ausgehen können, dass das heiratswillige Paar nach dem Tod der Markgräfin eine gewisse Trauer- beziehungsweise Schamfrist eingehalten haben wird, so dass vermutungsweise eine Hochzeit kaum vor Herbst 1518 in Frage kam.

Die nur in Konzeptform vorliegende Bewidmung Ursulas vom 16. Juli 1520 beginnt mit den Worten: *Wir Ernst etc. Bekennen mit disem Brief, Als Wir hievor Got dem almechtigen vorab Zu Lob auch merung Christenlichs glaubens willen Vns mit der Edlen Jungfrawen Vrsulen von Rosenfelld Elich verheirat, dieselb zu Vnsrem furstlichen gemahel genomen Vnd demnach in vnnsrem Schlos Hochberg in der Cappell daselbs durch den Ersamen, Vnsern lieben Andechtigen Hern Johannes Buck Caplan daselbs sollich gemahelschafft Nach Cristenlicher ordnung in biwesen etlicher anderer personen bestetigen lassen vnd das byschlaffen daruff getan* ...[157] Warum der Vertrag erst längere Zeit nach dem Vollzug der Ehe zustande kam, lässt sich vielleicht erahnen, wenn der Markgraf im Folgenden zu Protokoll gibt, dass *die Bewidmung, die Wir derselben Vnser Elichen gemahel versprochen, vss ehafften Vrsachen bissher nit vffrichten können, Auch Vnser mergklichen Gescheffiten halb die vffzurichten nachmals verhindert sind.* Wenn sich also die Niederschrift des Vertrags aus *ehafften Vrsachen* (mhd. ehaft = recht, gesetzmäßig, rechtsgültig) verzögerte, dürfen wir dahinter möglicherweise (haus-)rechtliche Einwände, vielleicht auch politische Interventionen gegen die unstandesgemäße Ehe des Markgrafen vermuten.

Wie mag diese zweite unstandesgemäße Ehe des Markgrafen Ernst in seiner Umgebung wahrgenommen worden sein beziehungsweise zu welchen Befürchtungen kann sie Anlass gegeben haben? Und wer mochte aus welchen Gründen Einspruch erhoben haben? Zunächst einmal ist zu sagen, dass eine unstandesgemäße Beziehung im Hochadel nicht per se als unzulässig empfunden wurde. Gerade wenn ein Dynast aus erster Ehe Stammhalter vorzuweisen hatte, konnte es im Interesse der Gesamtdynastie liegen, dass der Betreffende nicht erneut eine standesgemäße Ehe einging, deren männliche Nachkommen eine spätere Erbteilung geradezu erzwangen. Die unstandesgemäße zweite Ehe konnte gerade ein Garant für die Integrität des Gesamterbes sein, weil die Nachkommen aus einer solchen Verbindung in der Regel nur Apanagen oder allenfalls irrelevante territoriale Bestandteile einer Herrschaft beanspruchen konnten. Materiell-erbrechtlich betrachtet musste Ernsts zweite Ehe innerhalb der Gesamtfamilie nicht zwangsläufig auf Ablehnung stoßen. Dennoch konnte die beabsichtigte niederadlige Verbindung eines Fürsten in seiner Familie aus verschiedenen Gründen Misstrauen erregen, wie der Fall des Markgrafen Friedrich von Brandenburg zeigt.

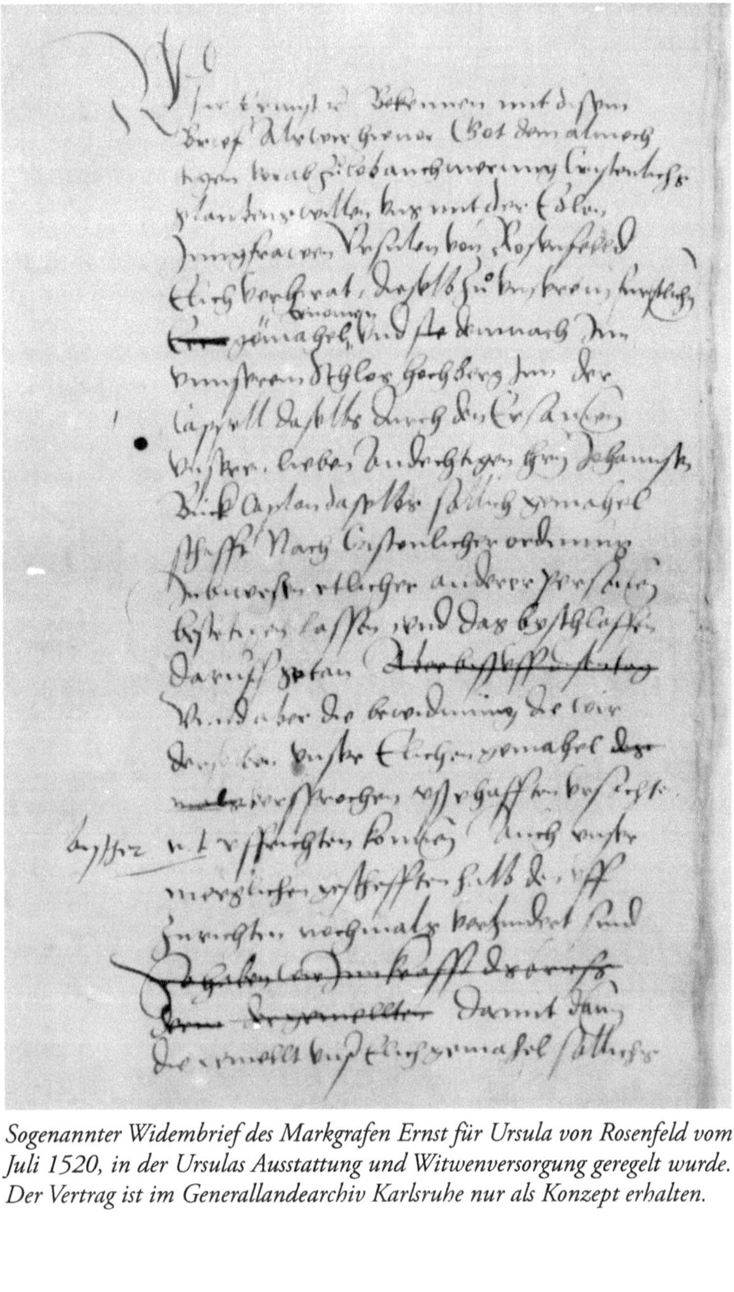

Sogenannter Widembrief des Markgrafen Ernst für Ursula von Rosenfeld vom Juli 1520, in der Ursulas Ausstattung und Witwenversorgung geregelt wurde. Der Vertrag ist im Generallandearchiv Karlsruhe nur als Konzept erhalten.

Auch Markgraf Friedrich, Ernsts Schwiegervater, trug sich nach dem Tod seiner ersten Frau Sophia 1512 mit dem Gedanken, ein Hoffräulein aus dem Ansbacher Frauenzimmer zu ehelichen. Dies stieß bei den Söhnen wegen erwarteter Probleme mit den Erb- und Versorgungsrechten auf Widerspruch. Vergeblich trugen die Söhne dem Vater an, lieber im Konkubinat zu leben oder sich gelegentlich zur Befriedigung seiner sexuellen Bedürfnisse eine Jungfrau zuführen zu lassen. Dass sich Markgraf Friedrich darauf nicht einließ und an seinem Heiratswunsch festhielt, trug nicht unerheblich zu seiner Absetzung im Jahr 1515 bei.[158] Diese Geschichte aus der näheren Verwandtschaft deutet an, welche Vorbehalte im Hochadel gegenüber nicht standesgemäßen Ehen herrschten: Es ging dabei sowohl um materiell-erbrechtliche Einwände wie vielleicht auch um die Sorge der Prestigeminderung.[159] Das Beispiel seines Schwiegervaters dürfte Markgraf Ernst zu einer gewissen Vorsicht und Zurückhaltung gemahnt haben.

Wenn wir fragen, von welcher Seite Einwände oder Widerspruch gegen die zweite Ehe des Markgrafen Ernst kommen konnten, so ist zunächst an seine Kinder aus erster Ehe zu denken, die natürlich Grund hatten, eifersüchtig auf die drohende Entwicklung zu blicken. Doch waren die Söhne der Elisabeth von Brandenburg, Albrecht und Bernhard, definitiv zu jung, um aktiv Einsprüche anzumelden. 1511 beziehungsweise 1517 geboren, waren die beiden Buben bei der Hochburger Hochzeit maximal sieben Jahre beziehungsweise anderthalb Jahr alt – allenfalls der Ältere mochte emotional empfinden, kaum jedoch rechtlich würdigen können, was da vor sich ging. Die älteren Autoren verweisen darauf, dass Albrecht seinem Vater zunehmend Kummer und Verdruss bereitete und seinen Unwillen über dessen zweite Ehe geäußert habe.[160] Man muss dazu sagen, dass Ursula von Rosenfeld den jungen Prinzen keine Unbekannte war. Sie hatten mit dieser zusammen in Nürtingen gelebt und waren wahrscheinlich zu einem erheblichen Teil von ihr betreut und erzogen worden. Unwillen konnte bei den Kindern eigentlich nicht so sehr die Person an sich erregen, allenfalls die Tatsache, dass mit dieser Heirat eine bisher Untergebene in die Rolle ihrer Stiefmutter schlüpfte.

Aber solche potentiellen Widerstände spielten sich auf der emotional-moralischen, nicht auf der rechtlichen Ebene ab. Eine rechtliche Intervention war allenfalls Ernsts Brüdern Bernhard und Philipp zuzutrauen, wobei Bernhard damals noch immer in Brüssel in der „Verbannung" lebte, so dass Philipp allein als Intervenient in Betracht kommt. Ob dieser seines Bruders Heiratsabsicht als „eine Art von Hof=Revolution"[161] wahrnahm, wie Spittler meint, wissen wir nicht. Allerdings kann man sich von Seiten Philipps durchaus hausrechtliche Einwände vorstellen. Seine Bedenken konnten sich dabei – ähnlich dem brandenburgischen Fall – auf zweierlei Sachverhalte beziehen: Zum einen mochte er im Interesse des Gesamthauses darauf bedacht sein, dass Ursulas „Bewidmung", also ihre Versorgung als markgräfliche Ehefrau minderen Standes und als künftige Witwe, nicht allzu hohe Kosten verursachte. Zum andern musste er möglichst verhindern, dass sein Bruder Ernst insgeheim darauf spekulierte, einen möglichen künftigen Sohn aus der Ehe mit Ursula von Rosenfeld ins dynastisch-erbrechtliche Kalkül zu ziehen.

Neben dem Bruder Philipp gibt es weitere Personen, die Einspruch gegen eine Ehe Ernsts mit Ursula von Rosenfeld erheben konnten. Nach Pletscher bedeutete diese Hochzeit „eine Provokation", die „besonders unter den Reichsfürsten Unwillen erregte".[162] Auch wenn er die Belege hierfür schuldig bleibt, so gab es in der Tat Personen, die an der Heiratsabsicht des Markgrafen Anstoß nehmen konnten. Das waren insbesondere jene, die die Heiratsverbindung Baden-Ansbach eingefädelt hatten, und zwar an erster Stelle Kaiser Maximilian selbst, der bei der Eheanbahnung zwischen Ernst und Elisabeth Pate gestanden hatte. Nur muss man zum Kaiser sagen, dass dieser im Jahr 1518, von Ruhr und Fieberanfällen geplagt, kaum mehr die Kraft hatte einzugreifen. Im deutschen Südwesten dürften ihn damals die Eskapaden des Herzogs Ulrich von Württemberg, über den er die Reichsacht verhängen musste, erheblich mehr beschäftigt haben als die Flausen im Kopf seines badischen Vetters. Im Übrigen zog sich Maximilian Ende des Jahres 1518 nach Wels zum Sterben zurück, wo er am 12. Januar 1519 das Zeitliche segnete. Zu diesem Zeitpunkt dürfte Markgraf Ernst von Baden seine zweite Frau Ursula schon heimgeführt haben.

Energischer als der kranke Kaiser mochte hingegen Herzogin Elisabeth reagieren. Die Tante in Nürtingen, der die Verbindung Ernsts mit Elisabeth nicht zuletzt aus hauspolitischen Gründen ein Anliegen gewesen war, mochte vielleicht nicht einfach hinnehmen, dass der mit 36 Jahren immer noch junge Fürst sein „dynastisches Kapital", mit dem man erneut eine politisch-strategisch motivierte Heirat anbahnen konnte, an eine Niederadlige verschwendete. Es ist indes nicht ganz klar, seit wann die Tante in Ernsts Heiratsabsichten eingeweiht war. Aufschluss gibt in diesem Zusammenhang vielleicht ein Blick in das Testament der Herzogin Elisabeth. Dort findet sich einen Passus über den Erbgang der 6000 Gulden Morgengabe, die die Herzogin einst vom Haus Württemberg erhalten hatte. Diese stellte sie ihren Haupterben, den Prinzen Albrecht und Bernhard in Aussicht und, falls auch diese früh stürben, deren Vater Ernst, *Es were dan sach, das marggraf Ernst, obgemelter meyner erben vatter, noch in leben in seynem wittwenstand verharrette, So soll er die gemelten sechstauset gulden sein leben lang vnd dweyl er vnvermehelt vnd ledig bleybt, vnd nit lenger, nutzen vnd nyessen, vnd nach seynem todt oder von stundt an, so er sich verheyrat hat,* [sollen die 6000 Gulden] *gentzlich vnd gar* an seinen Schwager Casimir von Brandenburg fallen.[163] Das heißt, die Herzogin setzte Markgraf Ernst als Eventualerben dieser 6000 Gulden nur für den Fall ein, dass er unverheiratet blieb, und sprach dieses Legat ihrem Neffen Casimir zu, sobald sich Ernst neu vermählte.

Es lohnt sich nun, einen Blick in die Zusatzdokumente zu ihrem Testament zu werfen, die das Hauptstaatsarchiv Stuttgart aufbewahrt. Dort findet sich beispielsweise eine Testamentsänderung vom 24. September 1518 folgenden Wortlauts: *Ich Elisabeth herzogin zu Wyrtemberg etc., diß testaments verschafferin vnd gewalthaberin, wyderryef vnd du ab den artikel meines testaments, das marggraf Ernst, meiner erben fater, wo dieselben an leybs erben absturben vnd er noch in wyttwe[n]stand were, sollte die sechs [tausend] guldin sein leben lang nutzen vnd nyessen, vnd orden yetz das also, das die sechs tauset guldin nach beyder herren Albrechten vnd Bernharten on eelich leiberben absterben on mittel meinem fetern marggraff Casymyres vnd seinen kinten zu sten sollen vnd heim gefallen sein.*[164]

Da die Verschreibung der 6000 Gulden an Markgraf Ernst nur Gültigkeit haben sollte, solange jener unverheiratet im Witwenstand verharrte, kann man im Umkehrschluss die Änderung des Testaments möglicherweise so verstehen, dass Ernst in der Zwischenzeit sich verheiratet hatte oder sich zu vermählen gedachte (oder dass Gerüchte kursierten, er wolle sich verheiraten). Insofern ist das Änderungsdatum des Testaments 24. September 1518 (Freitag nach St. Matthäus Tag) für uns von gewissem Interesse, denn es könnte einen Hinweis auf den fraglichen Hochzeitstermin des Paares Ernst und Ursula enthalten. Da die Testamentsänderung nicht zwingend nach der erfolgten Hochzeit verfasst worden sein muss, sondern möglicherweise schon im Vorfeld auf die bloße Ankündigung oder den Verdacht einer Vermählung hin, ergibt sich aus diesem Dokument eventuell ein Indiz für die Vermählung von Ernst und Ursula im September oder Oktober 1518. Das wäre demnach um dieselbe Jahreszeit gewesen, in der der Markgraf acht Jahre zuvor Markgräfin Elisabeth geheiratet hatte (29. September/7. Oktober).[165]

Es gibt noch weitere Aspekte, die für eine Hochzeit Markgraf Ernsts mit Ursula von Rosenfeld im Herbst 1518 sprechen. Der Markgraf begründete ja die späte Bewidmung der Ursula von Rosenfeld nicht nur mit *ehafften Vrsachen,* sondern *Auch Vnser mergklichen Geschefften halb.* Das heißt doch wohl, dass Markgraf Ernst durch „Geschäfte" zeitweilig verhindert, vielleicht auch viel unterwegs war. Es gibt in der Tat eine Reihe von Angelegenheiten, die Ernst im Jahr 1519 in Beschlag nahmen. Das waren unter anderem die Gespräche und Verhandlungen mit seinem Bruder, die zur Verhaftung des Vaters und zu dessen Verschleppung auf Burg Hohenbaden führten. Der Vollstrecker dieser Maßnahme war zwar Markgraf Philipp, aber da jener vor seiner Reise nach Luxemburg den Schutz seiner Lande dem Bruder Ernst anvertraute, war dieser in der ersten Hälfte des Jahres 1519 durch die Mitverwaltung des Landesteils Baden-Baden reichlich beschäftigt.[166] Am 5. September 1519 trat Markgraf Ernst auf seiner Burg Rötteln in Verhandlungen über seinen Eintritt in kaiserliche Kriegsdienste – jetzt in die Dienste des jüngst gekürten Königs Karl V[167].

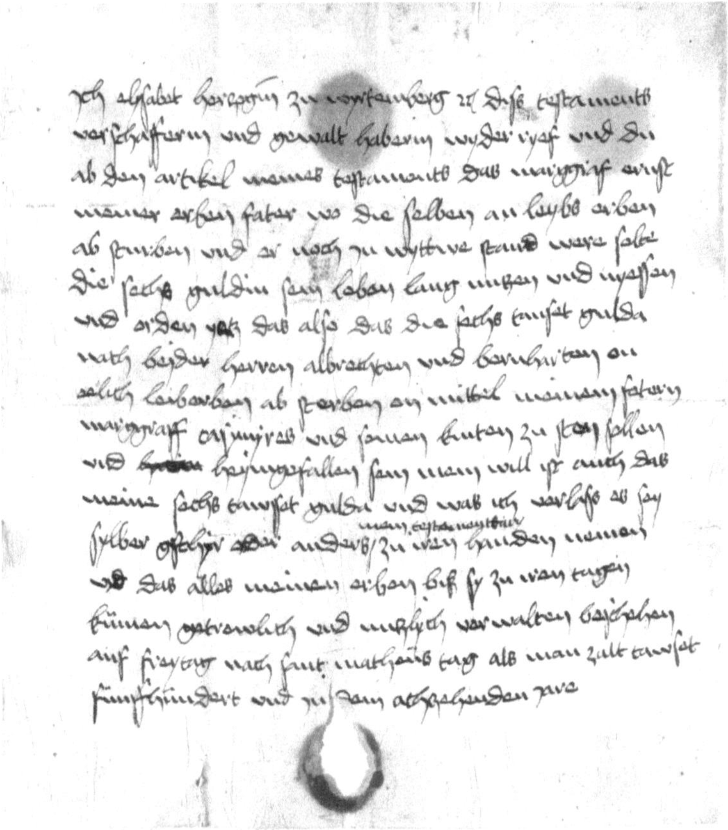

Eigenhändiges Zusatzdokument (Autograph) der Herzogin Elisabeth von Württemberg vom 26. September 1518 zu ihrem Testament vom 16. Juli, in dem sie ihre frühere Erbverfügung zugunsten Markgraf Ernsts von Baden aufhob.

Es wird nicht recht deutlich, um welche Kriegskampagne es sich handelte. Wenn wir das politische Geschehen dieser Zeit betrachten, so kommt möglicherweise der Kriegszug gegen den vertriebenen Herzog Ulrich in Betracht, der im August 1519 Württemberg vergeblich zurückzuerobern versuchte. Auch Ernsts Schwager Markgraf Casimir war in dieser Kampagne gegen Herzog Ulrich engagiert.

Es scheint auf der Hand zu liegen, dass das konflikt- und ereignisreiche Jahr 1519 (Tod des Kaisers Maximilian, Wahl des neuen Königs Karl, zwei Kampagnen zur Vertreibung Herzog Ulrichs, Inhaftierung des Vaters) als Heiratsjahr von Ernst und Ursula weniger in Betracht kommt als das Spätjahr 1518. Es gibt am Ende von Ursulas Bewidmungsbrief schließlich einen Passus, der die Datierung auf Herbst 1518 nahezu zur Gewissheit werden lässt. Dort findet sich wie beiläufig die Mitteilung: *Vnd als wir dann by der obgemelten vnser gemahel* [= Ursula] *sit der zit vnser gemahelschaft von gnaden des Almechtigen zwo liplich naturlich elich techter vberkomen* ... Das heißt, Ursula hatte bis Juli 1520 bereits zwei Töchter geboren. Daraus ergibt sich aus reproduktionsbiologischen Gründen, dass ihre Vermählung kaum später als November 1518 stattgefunden haben kann. Die beiden Mädchen, von denen die Rede ist, könnten demnach im Juli/August 1519 und im Mai/Juni 1520 zur Welt gekommen sein.[168] Aufgrund all dieser Hinweise und Indizien plädieren wir demnach wie die ältere Forschung, nur mit, wie mir scheint, plausibleren Gründen, für das Hochzeitsjahr 1518.

Die Tatsache, dass der Eheschluss zwischen Ernst und Ursula nicht in einer der markgräflichen Residenzen, weder in Baden-Baden noch in Pforzheim (noch in Sulzburg), stattfand, sondern in einem Bergschloss fernab des höfischen Lebens, könnte dafür sprechen, dass diese Hochzeit gewissermaßen „im Stillen" und vor kleinem Publikum *(in biwesen etlicher anderer personen)* gefeiert wurde. Hochadelshochzeiten erforderten aus legitimatorischen Gründen in der Regel bestimmte Formen der Öffentlichkeit und wählten deshalb in der Renaissancezeit bevorzugt die „Kulisse der Stadt".[169] Man betrachte in diesem Zusammenhang etwa die reichsöffentlich begangene Hochzeit von Ernsts Schwager Casimir von Brandenburg während des Augsburger Reichstags im August 1518. Diese Bedingung war aber auf einer abgelegenen Höhenburg wie der Hochburg nicht gegeben. Auffällig ist auch die Tatsache, dass die Trauung von einem einfachen Burgkaplan vollzogen wurde, während doch sonst üblicherweise die Vermählungen des regierenden Hochadels die Anwesenheit höchster kirchlicher Würdenträger erforderten. Es ist überdies wahrscheinlich, dass niemand aus der markgräflichen Familie am Fest teilgenommen hat. Die Mutter Ottilia war 1517 auf Hohenbaden gestorben, der entmündigte Vater Christoph weilte damals noch im fernen Luxemburg. Der verbitterte Bruder Bernhard lebte in Brüssel im „Exil", und auch Philipp war, wie wir noch sehen werden, ganz sicher nicht mit von der Partie, ebenso wenig die alte Herzogin aus Nürtingen. Es könnte hingegen sein, dass die jüngsten von Ernsts Kindern aus erster Ehe bei der Hochzeitsfeier dabei gewesen sind.

Möglicherweise wird man die Festgäste an der Hochburger Hochzeit am ehesten unter den markgräflichen Beamten oder in der niederadligen Verwandtschaft der Braut suchen dürfen. Allerdings war auch Ursulas Vater lange tot, und ihre Mutter Anna Bombast wird 1516 letztmals erwähnt; ob sie 1518 noch lebte, ist fraglich. Ebenso zweifelhaft ist, ob Ursulas Schwester Sophia und ihr Mann, Konrad von Frauenberg, anwesend waren. Denn wie aus einer am 13. Dezember 1520 auf Burg Rötteln zwischen Markgraf Ernst und seinem neuen Schwager Konrad von Frau-

Ruinen der Oberburg auf der Hochburg, in denen im Herbst 1518 die Hochzeit von Markgraf Ernst mit Ursula von Rosenfeld stattfand.

enberg ausgehandelten Vergleichsurkunde ersichtlich ist, hatte es um Ursulas Erbe und ihre Mitgift längere Zeit Streit *(Spenne vnd Irrung)* gegeben (hierzu unten mehr). Das Verhältnis Ursulas zu Schwester und Schwager war also nicht zuletzt wegen ihrer Verheiratung gespannt. Vielleicht zählte gerade auch dieser Streit um Ursulas Mitgift zu den *ehafften Vrsachen*, die ihre Bewidmung um fast zwei Jahre verzögerten.[170]

Erneut ist es ein entlegenes Dokument, das Aufschluss gibt über den wahren Charakter von Markgraf Ernsts zweitem Eheschluss. Aus einem am Ansbacher Hof zusammengestellten, aber leider undatierten Bericht geht unzweifelhaft hervor, dass Ernsts Vermählung auf der Hochburg nicht nur eine „stille", sondern sogar eine „heimliche" Angelegenheit war, die nur im kleinen Kreis von Vertrauten stattfand. Dieser Kreis war zwar groß genug, um das erfolgte Beilager von Ernst und Ursula bezeugen zu können, aber zugleich klein genug, um zu gewährleisten, dass das Ereignis nicht umgehend im ganzen Land herumposaunt wurde. Dennoch drangen entsprechende Gerüchte bald bis nach Franken, um die man sich am Ansbacher Hof des Markgrafen Casimir Sorgen machte. Dessen Hofmeister Hans Ochsenbach erhielt deshalb den Auftrag, sowohl bei Markgraf Ernst verlässliche Auskunft über seine zweite Vermählung einzuholen als auch von Markgraf Philipp in Baden-Baden und Herzogin Elisabeth in Nürtingen entsprechende Stellungnahmen zu erbitten. Ochsenbach kompilierte die eingegangenen Antworten zu einem konzisen Bericht an Markgraf Casimir.[171]

Diesem Bericht nach habe Markgraf Ernst seinem Schwager auf dessen Aufforderung hin geantwortet, *Es sey ware, sein f[ürstlich] g[naden]* [Ernst] *hab sich Inn die ander* [zweite] *Ee verheyrat, Aber mit was pact oder geding solches gescheen Vnd was auch sein g. darzu bewegt vnnd verursacht hab,* das wolle Ernst dem Markgrafen Casimir bei nächster Gelegenheit persönlich darlegen. Er rechne mit einer Begegnung, wenn demnächst seine Majestät, der neue König Karl, aus Spanien ins Reich komme. Was die Frage nach der Versorgung seiner Kinder aus erster Ehe angehe, so habe er zurzeit die jüngeren Kinder bei sich. Er habe aber neulich, da er willens gewesen *ausserlands Zereyten,* bei seinem Bruder Philipp angefragt, ob er sie diesem zur Erziehung übergeben dürfe. Philipp habe geantwortet, sobald sich die derzeit umgehenden *sterbenden leufft endern vnd sich seiner g. gemahel Kranckheyt zue pesserung schick,* möge er sich mit dieser Anfrage wieder an ihn wenden. Der ältere Sohn [Albrecht] und die älteren Fräulein aber seien bei der Tante in Nürtingen. Wiewohl Markgraf Ernst *als der vatter* seine Kinder *lieber bey sich haben vnnd vmb sich wissen wolt,* so sei er doch der Meinung, dass diese an den beiden genannten Orten besser aufgehoben seien.

Markgraf Philipp nahm zu der ihm zugesandten Einlassung seines Bruders in einer Mischung aus Empörung und Resignation Stellung: *Solich verheyraten hör* er *nit gern,* er *wolt auch, das solichs vnderwegen pliben were.* Philipp hätte es gerne gesehen, dass sein Bruder sich zuvor mit seinen Freunden und Verwandten über seine Heiratsabsicht beraten hätte. Er gehe aber davon aus, dass sich Ernst *davier nit entschuldigen* werde. Da es nun aber einmal so sei, so bestehe er darauf, dass man die Bedingungen *(pact oder geding)* des Heiratsvertrages in Erfahrung bringe. Was die Versorgung von Ernsts Kindern aus erster Ehe angehe, so denke er, dass diese *nit wol bas kennen erhalten vnd erzogen werden, dann bey meiner gn. frauen von Wirtemberg zuo Nürtingen.*

Auch Herzogin Elisabeth in Nürtingen äußerte in ihrer Antwort die Ansicht, man müsse darauf bestehen, die *pact oder geding solichen verheyratens* zu erfahren, *damit man sich darnach het Zuhalten.* Im Übrigen fürchte sie, dass Ernst, wenn er jetzt seine Verwandten auf die Ankunft des neuen Königs vertröste, dies nur tue, um Aufschub zu erhalten. Sie habe nämlich in Erfahrung gebracht, dass Markgraf Ernst *neulicher Zeyt ain botschafft bey dem R[ömische]n König Inn Hispanien gehapt* habe, wisse aber nicht welchen Inhalts. Sie fürchte, dass Ernst vom neuen König *etwas Zuerlangen* trachte. Man müsse aber versuchen, dies zu verhindern. Was die Kleider, Kleinodien und Schmuck aus der Hinterlassenschaft der verstorbenen Elisabeth angehe, so halte sie dafür, dass man diese, da man des *Marggraffen Ernsten vnd der Rosenfelderin gemu(o)t zum tayl* kenne, in einer Reichsstadt oder anderswo hinterlege. *Da sey es gewisser* [sicherer] *dann bey Marggraff Ernsten vnnd der Rosenfelderin.* Was die Kinder angehe, so meine sie, dass die jüngeren bei Markgraf Philipp am besten aufgehoben seien. Den älteren Sohn [Albrecht] und die älteren Fräulein habe sie bei sich, *die wolle* sie *auch als ein muter zum besten beuolhen haben.*

Welche Erkenntnisse trägt dieser Bericht zu unserer Fragestellung bei? Zunächst einmal die, dass Markgraf Ernsts Verehelichung mit Ursula von Rosenfeld tatsächlich in aller Stille an der Verwandtschaft vorbei eingefädelt wurde, sicherlich aus dem Grund, dass er wohl wusste, dass er *mit Rath vnd wissen seiner freund* mit seiner Heiratsabsicht niemals durchgedrungen wäre. Vielleicht hatte Ernst wirklich das Beispiel seines früheren Schwiegervaters Friedrich vor Augen, der nicht zuletzt wegen seines Heiratswunsches mit einer Niederadligen kaltgestellt worden war. Weiter meint man aus der Stellungnahme der Herzogin von Württemberg einen deutlichen Vorbehalt gegenüber der *Rosenfelderin* heraus zu hören, deren *gemu(o)t*[172] man kenne und der sie deshalb die Kleinodien ihrer „erwählten Tochter" Elisabeth nicht anvertrauen mochte. Das hier geäußerte Misstrauen scheint übrigens zu korrespondieren mit jenem Passus im Testament ihrer Nichte vom 27. März 1518, wo jene ihrem Kammerfräulein einen Rock oder eine Schaube vermachte mit dem Vorbehalt, *Souer es vnnser gnädigen alten frowen* [= Herzogin Elisabeth] *gefällig* wäre. Das hört sich ganz so an, als wäre Ursula von Rosenfeld zwar Markgräfin Elisabeths Vertraute gewesen, nicht aber die der alten Herzogin.

Des Weiteren sticht in der Stellungnahme der Herzogin jene Mitteilung ins Auge, wonach Markgraf Ernst angeblich eine Botschaft an den neuen König nach Spanien geschickt habe. Die Herzogin hatte offenkundig gute Kanäle ins Markgräflerland, die ihr solche Nachrichten zuspielten. Die angesprochene Botschaft Ernsts an den neuen König schien sie dahin zu interpretieren, dass der Markgraf womöglich von allerhöchster Majestät ein Plazet für seine unstandesgemäße Ehe, womöglich eine Standeserhöhung für Ursula von Rosenfeld zu erlangen versuchte, was die Herzogin zu verhindern trachtete.[173] Diese Mitteilung Elisabeths passt womöglich zu jener Textstelle im ersten Teil des Berichts, wo Markgraf Ernst davon sprach, dass er zu einer bestimmten Zeit willens gewesen sei *ausserlands Zereyten.* Diese Formulierung lässt vielleicht daran denken, dass Ernst ursprünglich die Absicht hatte, persönlich nach Spanien zu reisen, dass er dann aber nur einen Boten geschickt habe. Die von Herzogin Elisabeth kolportierte Kontaktaufnahme mit dem künftigen König Karl lässt sich, sofern sie überhaupt schriftlich erfolgte, in den veröffentlichten Reichs(tags)akten nicht nachweisen.[174] Sie ist aber vielleicht identisch mit jener ominösen Ergebenheitsadresse vom Frühjahr 1519, von der Lhotsky berichtet.[175]

Markgraf Ernst vertröstete seine Verwandten mit der näheren Aufklärung über die Motive seiner Wiederverheiratung (was *sein g. darzu bewegt vnnd verursacht hab*) bis zur Ankunft des Königs im Reich. Der Hinweis auf den frisch gewählten König liefert einen ersten Anhaltspunkt für die Entstehungszeit des undatierten Berichts von Hans Ochsenbach. Die Wahl des spanischen Königs und ältesten Enkels von Kaiser Maximilian zum deutschen König Karl V. erfolgte am 28. Juni 1519. Ochsenbachs Zusammenstellung der Berichte, die ja alle einen gewissen Vorlauf beanspruchten, wird deshalb nicht vor Ende Juli 1519 erfolgt sein. Das Gerücht von Ernsts Heirat dürfte allerdings einige Zeit früher, vielleicht schon im April oder Mai 1519, nach Ansbach gelangt sein. Daraus ergibt sich, dass es Markgraf Ernst offenkundig gelang, seine zweite Ehe mehrere Monate vor der Verwandtschaft verborgen zu halten.

Diese Erkenntnis scheint der oben geäußerten Vermutung zu widersprechen, dass Herzogin Elisabeth in Nürtingen bereits Ende September 1518 von Ernsts Heiratsabsicht wusste oder diese zumindest erahnte und deshalb ihr Testament vorsorglich abänderte. Dieser Widerspruch löst sich aber auf, wenn man annimmt, dass die Heiratsabsicht zwischen Markgraf Ernst und Ursula von Rosenfeld schon längere Zeit im Raum stand oder dass man in der Verwandtschaft eine solche Heirat befürchten musste. Die Herzogin in Nürtingen dürfte unter den Verwandten die sich anbahnende Entwicklung am frühesten geahnt haben. Das ergibt sich allein aus der Tatsache, dass „die Rosenfelderin" sicherlich noch einige Zeit nach dem Tod ihrer Herrin bei der Herzogin im Nürtinger Schloss wohnte, bevor sie Markgraf Ernst im Laufe des Sommers 1518 zu sich ins Markgräflerland geholt haben wird. Diese Übersiedlung mochte hinreichen, jenen Argwohn zu wecken, der die Herzogin am 24. September 1518 zur Abänderung ihres Testaments bewog.

Schon vor der Wahl König Karls von Spanien zum künftigen Kaiser des Heiligen Römischen Reiches richtete Markgraf Ernst eine Ergebenheitsadresse an Karl V.

Der junge König Karl betrat erst im Sommer 1520 in den Niederlanden Reichsboden, um sich am 23. Oktober in Aachen krönen zu lassen. Dass die Verwandten, nachdem sie einmal Wind von der Sache bekommen hatten, so lange stillhielten, ist unwahrscheinlich. Vermutlich verlangten sie bald nach dem Ansbacher Bericht vom Juli 1519 Aufschluss über die Bestimmungen der Heiratsverabredung zwischen Markgraf Ernst und Ursula von Rosenfeld. Was immer bis dahin zwischen den beiden Eheleuten vereinbart gewesen sein mochte, die Verwandtschaft dürfte in den folgenden Monaten auf einen für das Gesamthaus Baden und für die Erben aus erster Ehe unschädlichen Vertrag hingewirkt haben. Diese Intervention dürfte letztendlich dafür verantwortlich gewesen sein, dass sich die Niederschrift der Wittumsverschreibung für Ursula von Rosenfeld bis in den Juli des Jahres 1520 verzögerte. Mit der Kenntnis des Ansbacher Dokuments vom Juli 1519 lässt sich die Frage nach den Intervenienten bei Ernsts Wittumsverschreibung jetzt jedenfalls konkret beantworten: Es handelte sich um seinen Bruder Markgraf Philipp, der sich um das Wohl des Gesamthauses Baden sorgte, und um Markgraf Casimir von Brandenburg und die Herzogin von Württemberg als Anwälten von Ernsts Kindern aus erster Ehe.

„Missheirat" oder „Liebesheirat"?

Was wissen wir zwischenzeitlich über Ursula von Rosenfelds Leben bis zu ihrer Vermählung? Da sich keine weiteren Quellen zur Klärung ihres Geburtsjahres gefunden haben, gehen wir nach wie vor davon aus, dass Ursula um 1499 geboren wurde. Die Halbwaise, die ihren 1500 verstorbenen Vater nie kennenlernte, trat wohl spätestens 1510 anlässlich der Vermählung von Markgraf Ernst und Markgräfin Elisabeth ins Frauenzimmer der letzteren ein und lebte mit dieser bis zu deren Tod 1518 am Hof der Herzoginwitwe Elisabeth in Nürtingen. Im Laufe der Nürtinger Jahre lernte sie mutmaßlich unter den benachbarten und verwandten Fürsten und Fürstinnen eine Reihe markanter Persönlichkeiten kennen: so den Markgrafen Christoph von Baden, Herzog Ulrich von Württemberg, Herzog Heinrich von Braunschweig, Markgraf Casimir von Brandenburg, die Herzogin Sabina von Württemberg, die im November 1515 vor ihrer Flucht in Nürtingen weilte, und deren Schwester Susanne, die damals einige Zeit zu Besuch blieb. Von den großen gesellschaftlichen Ereignissen dieser Zeit hat sie vermutlich die Stuttgarter Hochzeit vom März 1511 als ungefähr Zwölfjährige erlebt. Im Frühjahr 1516 wird Ursula von Rosenfeld mit einer gewissen Wahrscheinlichkeit im Gefolge ihrer Herrin zur Huldigung ins Markgräfler Land gereist sein. Bei dieser Gelegenheit könnte sie erstmals die Hochburg, ihren späteren Hochzeitsort, und auch Sulzburg, ihre künftige Residenz, kennengelernt haben.

Ursula war in all diesen Jahren zur Vertrauten der Markgräfin Elisabeth geworden. Jedenfalls war sie dieser so lieb geworden, dass sie im Testament vom März 1518 als einzige aus dem Frauenzimmer erwähnt wurde und ein kostbares Kleid erhielt. Aus derselben Quelle und aus dem Bericht des ansbachischen Hofmeisters Ochsenbach meint man allerdings herauszulesen, dass die Herzogin von Württemberg ein gewisses Misstrauen gegenüber Elisabeths Hoffräulein hegte. Ob die alte Herzogin mehr wusste oder ahnte als die Markgräfin Elisabeth? Wann genau in diesen Nürtinger Jahren Ursula die Aufmerksamkeit und die Zuneigung des Markgrafen Ernst gewann, war nicht zu eruieren. Auch wenn wir nicht ausschließen können, dass zwischen dem Fürsten und dem Hoffräulein seiner Frau schon längere Zeit Sympathie bestand, so ließen sich doch keinerlei Indizien für eine außereheliche Beziehung feststellen. Selbst wenn sich noch zu Lebzeiten der Markgräfin eine heimliche Liebschaft zwischen Ernst und Ursula entwickelt hätte, so ist es ihnen gelungen, diese vor der Markgräfin zu verbergen. Schließlich haben wir wahrscheinlich gemacht, dass Markgraf Ernst und Ursula von Rosenfeld unter Wahrung einer Trauerfrist noch im Jahr 1518 (spätestens im November) geheiratet haben. Markgraf Ernst war zu diesem Zeitpunkt 36, Ursula mutmaßlich 19 Jahre alt.

Wie lässt sich Markgraf Ernsts zweite Heirat charakterisieren? Sicher ist soviel, dass sie gesellschaftlich aus dem Rahmen fiel und im Kreis seiner Verwandten und der Fürstenkollegen als befremdlich, wenn nicht als Provokation empfunden wurde. Andererseits waren Heiraten von Fürsten mit niederadligen oder bürgerlichen Frauen nicht völlig unbekannt. Das berühmteste Beispiel des 15. Jahrhunderts liefert Kurfürst Friedrichs Ehe mit Clara Tott. Ein prominentes Beispiel des 16. Jahrhunderts ist Herzog Ludwig X. von Bayern (1495–1545), der jüngere Bruder Herzog Wilhelms IV., der in einem eheähnlichen Konkubinat mit einer Niederadligen lebte.[176] Johann S. Pütter sammelte Ende des 18. Jahrhunderts so viele Beispiele unebenbürtiger Ehen, dass er 1796 ein umfangreiches Werk „Ueber Mißheirathen Teutscher Fürsten und Grafen“ vorlegen konnte.[177] „Mißheiraten“ waren diese Verbindungen für den Göttinger Rechtsprofessor und Geheimen Justizrat Pütter im dynastischen und staatsrechtlichen Sinn. Da die standesniedrigere Ehefrau in der Regel keinen Zuwachs an Land oder Vermögen mit sich brachte, war dies im Sinne der territorialstaatlichen Entwicklung auch aus der Sicht des aufgeklärten Bürgers eine verfehlte Verbindung. Dass es sich bei derlei Ehen um „Liebesheiraten“ gehandelt haben könnte, kam selbst einem aufgeklärten Juristen des späten 18. Jahrhunderts nicht in den Sinn, und wo es ihm in den Sinn kam, mokierte er sich darüber.[178]

Tobias Weller unterscheidet in seiner Untersuchung hochadliger Ehen des 12. Jahrhunderts vier Heiratstypen: die Ehe als Bekräftigung eines Vertrags, die Ehe als Unterstreichung einer politischen Parteibildung, die Erwerbsheirat und die Rekonziliationsheirat (also als Form einer Wiedergutmachung oder Beendigung einer Feindschaft).[179] Häufig verkörperte eine Hochadelsehe zugleich mehrere dieser Typen. Wellers Typologisierung lässt sich problemlos auf das 16. Jahrhundert anwenden. Man könnte seinem Typenkatalog allenfalls noch die Kategorie der Prestigeehe hinzufügen,[180] bei der es nicht vordergründig um territoriale Interessen oder materiellen Zugewinn ging, sondern um die soziale Aufwertung einer Dynastie durch Einheirat in einen höherrangigen Fürstenkreis möglichst mit Königsnähe. Eine solche Ehe war sicherlich diejenige des Markgrafen Karl I. von Baden mit Katharina von Habsburg im Jahr 1447. Umgekehrt ging es bei dessen Sohn, Markgraf Christoph von Baden, als er die Gräfin Ottilia von Katzenelnbogen heiratete, weniger um einen Prestigezuwachs als um deren reiche Mitgift, die in der Schatulle des Hauses Baden jene Löcher wieder stopfte, die die so prestige- wie risikoträchtige Königsnähe seines Vaters verursacht hatte. Die Ehe Markgraf Philipps von Baden mit Elisabeth von der Pfalz im Jahr 1503 erfüllte mehrere Kriterien: Sie hatte etwas von einer Rekonziliationsehe, durch die der alte Gegensatz Baden/Pfalz überwunden wurde, sie beinhaltete einen erheblichen Prestigezuwachs und diente zugleich einer (für das Haus Baden neuen) Parteibildung. Denselben Zweck – nur mit anderen politischen Vorzeichen – erfüllte schließlich auch die Ehe seines Bruders Ernst mit der Markgräfin Elisabeth von Brandenburg.

Bei all diesen Beispielen war bislang nie die Rede von „Liebesheirat“, aber diese durch und durch bürgerliche Kategorie spielte ja im Rahmen (hoch-)adliger Eheanbahnungen auch zumindest keine bedeutende Rolle.[181] Wenn im Hochadel Eheverträge regelmäßig über die Köpfe der jeweils Betroffenen hinweg aus vorwiegend dynastischem Kalkül und politischen Gründen geschlossen wurden, liegt es auf der Hand, dass Liebe als Ehestiftungsgrund praktisch nicht in Betracht kommt. Das schließt selbstverständlich nicht aus, dass einander zugewiesene Ehepartner später sehr wohl Sympathie füreinander entwickelten und dass solche arrangierten Ehen durchaus von Liebe getragen sein konnten. Heinig und Bastl verweisen auf eine Reihe solcher guter Ehen im deutschen und österreichischen Adel. Beispiele sind die Ehe zwischen Markgraf Albrecht Achilles und Anna von Brandenburg oder auch das erste Ehejahrzehnt Heinrichs von Braunschweig mit Maria von Württemberg.[182] Man wird sicher auch die Beziehung des Markgrafen Christoph von Baden mit Ottilia von Katzenelnbogen in diesem Sinne als „gute“ Ehe bezeichnen können, ebenso wie die seines Sohnes Ernst mit Elisabeth von Brandenburg.

Andererseits waren mangelnde Zuneigung beziehungsweise sich nicht sekundär einstellende Liebe häufig die Ursache für zerrüttete Ehen, wie sich an den gescheiterten Beziehungen der Fürstenpaare Eberhard d. J. von Württemberg/Elisabeth von Brandenburg (1467) oder Ulrich von Württemberg/Sabina von Bayern (1511) demonstrieren ließ. Eine völlig zerrüttete Ehe, die ähnlich der von Herzog Ulrich 1528 mit der Flucht der Gattin endete, führten auch Kurfürst Joachim I. von Brandenburg und seine Frau Elisabeth.[183] Herzog Ulrich und sein Freund und Schwager Herzog Heinrich von Braunschweig sind im Übrigen prominente Beispiele dafür, dass *ain sondere affection und liebe*[184] als Eheanbahnungsgrund für Heiratswillige aus dem Fürstenstand keine Chance hatte: Beide mussten das „Fräulein von Brandenburg" aus dynastischem Kalkül und aus Gründen der Staatsraison dem badischen Mitbewerber überlassen.

Die Frage, ob wir neben all den angeführten Heiratstypen nicht auch beim Adel die Kategorie der Liebesheirat antreffen können, ließe sich wohl am ehesten mit Blick auf die sogenannten „Missheiraten" zwischen hochadligen Fürsten und niederadligen (oder bürgerlichen) Frauen beantworten. Denn allein bei solchen Ehen scheinen alle oben eingeführten Heiratskriterien zu versagen. Markgraf Ernsts Ehe mit Ursula von Rosenfeld folgte weder dynastischem Kalkül, noch beendete sie eine Feindschaft, noch diente sie einer politischen Parteibildung, noch brachte sie ihm Prestige oder nennenswerten materiellen Zugewinn. Wenn aber bei dieser Heirat alle politischen, dynastischen und materiellen Kriterien entfielen, dann bleibt als Motiv eigentlich nur noch der emotionale Komplex aus Zuneigung, Sympathie und Liebe, vielleicht auch erotischer Anziehungskraft übrig.[185] Ernst verzichtete für seine Liebe nicht nur auf materielle Vorteile, er nahm sogar billigend in Kauf, von seinen fürstlichen Verwandten und Kollegen vorübergehend ins gesellschaftliche Abseits gestellt zu werden, weil er sich mit seiner zweiten Brautwahl den Rollenanforderungen seines fürstlichen Standes entzog und zugleich möglichen Optionen politisch-dynastischer Parteibildung verweigerte. „(D)enn fürstliche Heiraten waren per se politischer Natur" (Weller)[186] und nicht etwa private Veranstaltungen. Die bewusste Entscheidung für eine Neigungsehe bedeutete einen Ausbruch aus dem Normenkanon des höfischen Verhaltenskodex und insofern einen Akt der Emanzipation. Die Tatsache, dass sich Ernst mit seiner „privaten" Entscheidung außerhalb jeglichen „vernünftigen" fürstlichen Gebarens gestellt hatte, macht verständlich, warum seine zweite Hochzeit nicht auf dem öffentlichen Parkett höfischer Zivilisation, sondern in der Abgeschiedenheit des Hornwaldes, der die Hochburg umgab, stattfand.

Zur Ausstattung Ursulas von Rosenfeld

Wenn der materielle Aspekt bei Markgraf Ernsts zweiter Ehe nur eine Nebenrolle spielte, so unterlag doch auch diese Vermählung den üblichen Mustern und Formalitäten adliger Gütervereinigung. Auch wenn Ursula aufgrund ihrer niederadligen Herkunft kein bedeutendes Vermögen in die gemeinsame Ehe einbrachte, so musste sie doch durch ihren Ehemann nach angemessener Taxierung „standesgemäß" ausgestattet werden, wenn auch auf wesentlich geringerem Niveau als seine erste Ehefrau im Jahr 1510. Damals hatten die Häuser Baden und Brandenburg das Fürstenpaar mit jeweils 20.000 Gulden Heiratsgut versorgt zuzüglich 3000 Gulden Morgengabe, die Elisabeth von Ernst erhielt.[187] Wie sah dagegen die Ausstattung der neuen Markgräfin Ursula im Jahr 1520 aus?

Das Konzept der Bewidmung vom 19. Juli 1520 enthält folgende Klauseln zugunsten Ursulas von Rosenfeld: Ursula wurde auf die Zinsen und Gülten der Stadt Sulzburg angewiesen, die auf 4200 Gulden veranschlagt waren. Nach *vnserem tödlichen Abgang,* also nach dem etwaigen Tod des Markgrafen, wurde ihr das *Huss in gemelter Stat Sulzburg* als Witwensitz eingeräumt – es dürfte sich hierbei noch immer um dass Rüsseck-sche Haus von 1471 und 1515 gehandelt haben. Im Falle seines Ablebens wurden Ernsts Erben – und das waren nach Lage der Dinge zunächst seine unmündigen Kinder und in zweiter Reihe seine Brüder – vertraglich verpflichtet, innerhalb von vier Monaten nach seinem Tod das „Haus" in Sulzburg bewohnbar zu machen und mit Hausrat zu versehen. Um dies zu gewährleisten, wurden bei Bürgermeister und Rat der Stadt Breisach 4000 rheinische Gulden hinterlegt, zu denen Ursula die *Schlüssel- und Bekanntnis-Briefe* erhalten sollte.[188] Während der vier Monate, die den Erben eingeräumt wurden, um das Haus in Sulzburg instand zu setzen, erhielt Ursula das Recht, sich mit fünf Personen – ein Hinweis auf ihren bescheidenen „Hofstaat" – auf den Schlössern Hochburg oder Rötteln einzurichten. Sollten Ernsts Erben ihren Verpflichtungen zur Aufmöbelung des Sulzburger Hauses nicht nachkommen, so sollte Ursula die 4000 in Breisach hinterlegten Gulden behalten *vnd damit handlen als wie mit irem eigen Gut.* In diesem Fall mochte sie in *Vnserm Hof zu Basel ir Leben lang iren Sitz haben.*[189] Was die Kinder aus Ernsts Ehe mit Ursula betrifft, so sollten diese, wenn sie sich verheirateten, von unseren Erben jeweils 5000 Gulden Heiratsgut erhalten.[190] Damit schienen sowohl Ursula von Rosenfeld als auch ihre Kinder angemessen versorgt, von einer möglichen Beteiligung der Kinder an der Herrschaft ist nicht die Rede. Ob dieses Konzept je realisiert wurde, bleibt offen. Es erscheint jedenfalls verdächtig, dass keine rechtsgültige Ausfertigung des Vertrags überliefert ist.

Auch Ursulas Revers auf diesen Bewidmungsbrief ist nur als Konzept und mit offen gelassenem Datum überliefert. Er bestätigt nur recht pauschal die Verpflichtungen des Markgrafen gegenüber Ursula. Auffällig ist nur, dass in diesem Revers die vorgesehenen 4200 Gulden Heiratsgut auf nur noch 1000 Gulden zusammengeschrumpft sind, was ja immerhin eine erhebliche Wertminderung bedeuten würde. Falls man keinen Schreibfehler unterstellen möchte (wie er etwa in einem Zusatzdokument der Herzogin Elisabeth zu ihrem Testament begegnet ist; siehe oben S. 63),

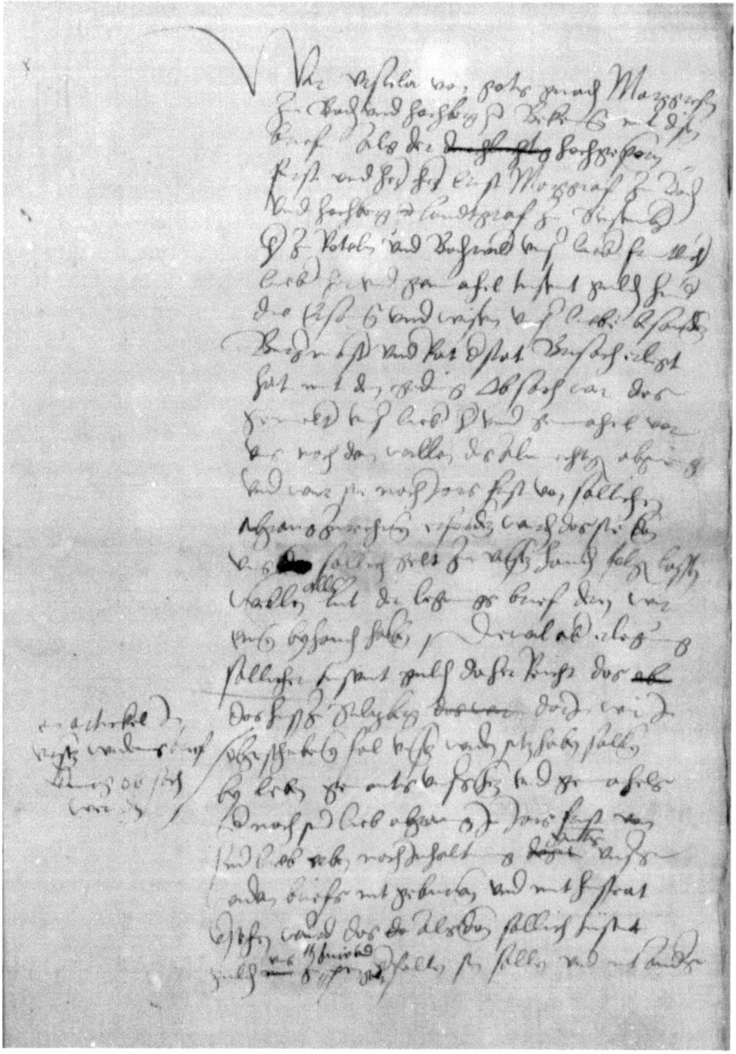

Ursula von Gottes Gnaden Markgräfin von Baden und Hochberg bestätigt ihrem Mann Markgraf Ernst die Verfügungen des Widembriefs vom 20. Juli 1520.

so erscheint diese bemerkenswerte Differenz erklärungsbedürftig. Vielleicht hat sie etwas mit jenem oben schon erwähnten Streit zu tun, der am 13. Dezember 1520 zwischen Markgraf Ernst und seinem Schwager Konrad von Frauenberg auf Burg Rötteln beigelegt wurde. Konrad von

Frauenberg, der spätere württembergische Vogt von Rosenfeld (1527–31),[191] verwaltete das väterliche und mütterliche Erbe der Schwestern Sophia und Ursula von Rosenfeld. Offenkundig erst nach längerer Auseinandersetzung war es ihm gelungen, eine bescheidene Mitgift für die Schwägerin Ursula flüssigzumachen. Jedenfalls sprach er ihr in dem Rötteler Vertrag zwei Hauptbriefe im Wert von 1300 Gulden zu. Hinzu kam ein ausstehender Zins seitens Sebastian Bombast von Hohenheim – das war Ursulas Onkel – in Höhe von 70 Gulden. Schließlich wurde Ursula noch ein vergoldeter Silberpokal zugesprochen. Das heißt aber, Ursulas Heiratsgut von Seiten ihrer Familie belief sich alles in allem auf ca. 1400 Gulden, was für eine niederadlige Verbindung als ausreichend erschienen wäre, sich aber im Rahmen ihres fürstlichen Aufstiegs doch überaus bescheiden ausnahm. Vielleicht hatte sich der im Vertrag angesprochene Streit zwischen Markgraf Ernst und dem Vogt von Rosenfeld gerade daran entzündet, dass der Markgraf von jenem aufgrund der prestigeträchtigen Anbindung der Sippe Rosenfeld/Frauenberg an das badische Fürstenhaus ein höheres Heiratsgut herauszuschlagen versuchte, was allein an der schieren Unvermögenheit der Rosenfelder Verwandtschaft scheitern musste. Dies könnte Ernst wiederum dazu bewogen haben, entgegen dem ursprünglichen Konzept sein in Aussicht gestelltes Heiratsgut drastisch zu reduzieren. Aber diese Deutung bleibt spekulativ, solange wir keine ausformulierten und rechtsgültigen Ausfertigungen von Heiratsbrief und Revers kennen.

Nochmals zur Sulzburger Residenzfrage

Deutlich weniger spekulativ wird hingegen durch Ursulas Widembrief unsere oben schon vorgetragene Einschätzung zur Sulzburger Residenzfrage. Denn der Artikel, der sich darin mit dem *Huss in ermelter stat Sulzburg* befasst, macht ja ausdrücklich deutlich, dass es sich dabei im Jahr 1520 keinesfalls um einen bezugsfähigen Fürstensitz gehandelt hat. Vielmehr sollte das Haus erst im Falle der Witwenversorgung angemessen hergerichtet und ausgestattet werden. Das verweist einmal mehr darauf, dass Sulzburg im Jahr 1520 nicht als Residenz des Fürstenpaares in Frage kam. Vielmehr muss man davon ausgehen, dass Ernst und Ursula in den ersten Jahren ihrer Ehe auf der Hochburg logierten, wo sie ja auch getraut wurden. Jedenfalls stellte Markgraf Ernst dort gelegentlich Urkunden aus, schrieb von dort aus Briefe und beherbergte auf der Burg im Juni 1524 ein paar Tage lang den verfolgten lutherischen Prediger Jakob Otter aus Kenzingen. Vor Ausbruch des Bauernkriegs lebte Ernst dort „mit seiner

Familie", bevor er sich am 5. Mai 1525 via Freiburg und Breisach nach Straßburg in Sicherheit begab.[192] Nicht nur die baulichen Voraussetzungen, auch wirtschaftliche Gesichtspunkte sprechen übrigens für die Hochburg als markgräflichen Wohnsitz. Die Hochburg bildete nämlich das Zentrum eines ausgedehnten herrschaftlichen Eigenbetriebs unter der Leitung eines Amtmanns. Ernsts Vater Markgraf Christoph hatte erst im Jahr 1502 eine Hofordnung für die „Domäne" Hochburg erlassen. Das heißt, hier bestand ein leistungsfähiger und wohlgeordneter Versorgungsbetrieb unmittelbar vor den Toren der Burg, von dem aus im Übrigen die Besitzungen am Kaiserstuhl wie auch in Sulzburg mitverwaltet wurden.[193] Diese Tatsache und der fortifikatorische Vorteil der Hochburg sprechen für eine Residenz an diesem Ort, auch wenn das Wohnen auf einer Höhenburg prinzipiell nicht mehr den zeitgenössischen Vorstellungen eines Renaissancefürsten entsprach. Dieses anachronistisch anmutende Leben in einer historisch rückwärtsgewandten Lebenswelt entspricht jedoch der gesellschaftlichen Ausnahmesituation dieses Fürstenpaares in seinen ersten Ehejahren.

Erst im Jahr 1527 erwarb der Markgraf mehrere an sein Sulzburger Haus (das Rüsseckske Haus) angrenzende Grundstücke und errichtete auf dem Platz von vier städtischen Parzellen – vielleicht unter Einbeziehung der Grundmauern des Rüsseckschen Hauses – ein veritables Schloss mit ersten Anklängen an renaissancehafte Baukunst. Es handelte sich um einen langrechteckigen Bau parallel zur Stadtmauer und zur Hauptachse der Stadt, etwa an der Stelle des heutigen Rathauses. Der heute weitgehend verschwundene Bau wurde vermutlich im Jahr 1600 Gegenstand einer Zeichnung von der Hand des Basler Malers Hans Bock d. Ä. Die Zeichnung zeigt ein stattliches Gebäude mit massivem Erdgeschoss und einem darüber liegenden Fachwerkstock. Unter dem lang gezogenen Krüppelwalmdach befanden sich mindestens drei weitere Dachstockwerke, deren unterstes wohl teilweise noch Wohnzwecken diente. An der Südostecke befand sich ein Rundturm, der wegen seiner geringen Dimension aber kaum als Treppenturm anzusprechen ist. Den repräsentativen Hauptzugang zum Schloss und das Treppenhaus muss man wohl auf der vom Betrachter abgewandten Stadtseite des Gebäudes suchen, wo sich auch, senkrecht zum Hauptgebäude stehend, die Hauskapelle befand. Eine weitere Vertikalerschließung erkennt man auf der Rückseite etwa in der Mitte des Gebäudes, wo sich ein weiteres Treppenhaus bis annähernd in Firsthöhe erhob. Dieses turmartige Treppenhaus dürfte in seinem oberen Geschoss einen Lastenaufzug enthalten haben, mit dem Frucht und andere Güter auf die weitläufigen Dachbühnen befördert werden konnten. Das Schlossgebäude maß ca. 60 x 15 m und war damit vermutlich etwas größer als das Nürtinger Schloss. Eine prachtvolle Fürstenresidenz mit aufwändigen architektonischen Zierelementen war dieser Bau gleichwohl

Das Sulzburger Schloss von 1527 (links im Bild) diente dem Markgrafenpaar Ernst und Ursula bis 1533 als Residenz. Einzige erhaltene Darstellung dieses Bauwerks auf einer Zeichnung des Basler Malers Hans Bock d.Ä. um 1600.

nicht, auch wenn er durch seine Einbindung in ein städtisches Ambiente den zeitgenössischen Ansprüchen an eine Renaissanceresidenz weit mehr entsprach als die mittelalterlich wirkende Bergfeste der Hochburg. Zu einer veritablen Renaissance-Schlossanlage mit weitläufigem Park wurde die Sulzburger Residenz erst nach 1600 durch Markgraf Ernsts Enkel Georg Friedrich von Baden-Durlach ausgebaut.[194]

Es besteht kein Zweifel, dass die Stadt Sulzburg erst durch den Schlossbau von 1527 und die gleichzeitige Errichtung einer Kanzlei überhaupt den Charakter einer Residenzstadt erlangt hat.[195] Das Fürstenpaar wohnte allerdings nur wenige Jahre im neuen Sulzburger Schloss, bis es 1535 nach Pforzheim übersiedelte. Zweifellos war Pforzheim als bedeutender Gewerbestandort mit seiner Stiftskirche und seiner „Humanistenschmiede" die attraktivere Residenzstadt. Dennoch blieb Sulzburg auch in den folgenden Jahrzehnten eine beliebte Nebenresidenz des Markgrafen, die er am Ende seines Lebens nicht von ungefähr als Sterbeort wählen sollte. Mit der Übersiedlung nach Pforzheim bezog das Fürstenpaar eine im Kern mittelalterliche, in seinem unregelmäßigen Grundriss rückständige Schlossanlage, die in ihren Bauformen, in Ausstattung und Wohnkomfort noch den Geist der Spätgotik atmete.[196] Pforzheim bildete gewissermaßen eine Zwischenform aus den vorangegangenen Wohnsitzen des Fürstenpaares, Hochburg und Sulzburg. Eines scheint indes sicher: Die niederadlige Ursula von Rosenfeld residierte ab 1527 in Sulzburg, später auch in Pforzheim deutlich „fürstlicher" als ihre fürstliche Vorgängerin in Nürtingen.

Ursula von Rosenfeld als Markgräfin von Baden: Eine Spurensuche

Wie war Ursula von Rosenfeld auf ihre Rolle als Fürstin vorbereitet? Es darf als sicher gelten, dass Ursula in ihrer Nürtinger Zeit am Hof der Herzogin Elisabeth in Disziplin, Protokoll und Etikette des höfischen Lebens hinreichend eingeführt war. Sie wusste sich sicher in der höfischen Welt zu „benehmen". Aber reichte das aus als Vorbereitung auf ihre neue Rolle? Sicherlich hatte Ursula die Bekanntschaft einer Reihe fürstlicher Persönlichkeiten gemacht, dies aber immer aus der Distanz und aus der Perspektive der Untergebenen und Dienenden. Als Hoffräulein war sie zwar integraler Teil des höfischen Systems, aber sie war natürlich nicht Teil der fürstlichen Sphäre, auch wenn sie daran teilhatte. Sie war zum Fürst(inn)endienst geboren, nicht zur Fürstin. Durch ihre Verehelichung mit dem Markgrafen Ernst wechselte sie die Seite. Es wäre sicherlich spannend, Quellen zu besitzen – persönliche Briefe oder andere Selbstzeugnisse –, die diesen Wechsel vom niederadligen Hoffräulein zur Fürstin, von der Bediensteten zur Herrin reflektierten. Aber solche Quellen sind leider nicht überliefert.

Zu Ursulas neuer Position als Fürstengattin ist folgendes zu bedenken. Ursula war bei ihrer Vermählung mutmaßlich 19 Jahre alt. Ernst war mit 36 Jahren beinahe doppelt so alt wie seine Frau. Ein solcher Altersunterschied bei adligen und fürstlichen Paaren war zwar nicht ungewöhnlich,[197] er brachte aber in Kombination mit dem Standesunterschied die Dominanz des Markgrafen gewissermaßen doppelt zum Tragen. Ernst hatte Erfahrung als Regent, Ehepartner und Vater, sie hingegen war als Ehefrau wie als Fürstin „ungeübt" und damit in jeder Hinsicht in einer unterlegenen Position. Wie liebevoll Ernst auch als Mensch mit seiner jungen Geliebten umgehen mochte, der Alters- und Standesunterschied wie auch die prinzipielle männliche Rollendominanz unterstrichen seine patriarchale Stellung als fürstlicher Hausvater. Ein weiterer Faktor war geeignet, diese patriarchale Stellung zusätzlich zu stärken. Ursula war ohne Vater aufgewachsen. Sie hatte ihre frühe Kindheit vorwiegend in weiblicher Umgebung (Mutter und drei Schwestern) verbracht. Auch nach ihrem Wechsel an den Nürtinger Hof lebte sie in einem weiblich geprägten Milieu, das von der Herzogin von Württemberg dominiert wurde. Markgraf Ernst, der Gatte ihrer Herrin, war die erste väterliche Autorität, der sie in größerer persönlicher Nähe begegnete. Dies alles lässt darauf schließen, dass Ursula ihren Mann als Vaterfigur wahrnahm und an ihm als einem „väterlichen" Gatten aufsah.

Ursula wurde im Jahr 1518 relativ unvorbereitet aus ihrer Funktion „im Hintergrund" in die exponierte Rolle der Landesherrin gezwungen. Nach der Rechtsauffassung ihrer Zeit hatte sie durch ihre Vermählung mit dem standeshöheren Mann Teil an dessen gesellschaftlichem Rang. Das heißt, sie stieg tatsächlich auf zur Markgräfin – in ihrem Revers auf den Widembrief ihres Mannes firmiert sie selbstbewusst als *Wir Ursula von gots gnaden Marggrefin zu Baden vnd Hochberg.* Und nach dem Urteil des bedeutenden Staatsrechtlers des 18. Jahrhunderts, Johann Jacob Moser, ist ihr niemals „der Fürstliche Stand streitig gemacht worden".[198] Dennoch stand sie in ihren ersten Ehejahren bei etwaigen öffentlichen Auftritten mit großer Wahrscheinlichkeit unter der strengen Beobachtung einer argwöhnischen Umgebung. Es wäre deshalb nicht erstaunlich, wenn Markgraf Ernst seine jugendliche Frau, um sie aus der Schusslinie zu nehmen, im Hintergrund gehalten hätte. Ein probates Mittel hierzu war – natürlich nicht nur in dieser Ehe – die Reduktion der Gattin auf ihre Rolle als Gebärerin und Mutter. Die Tatsache, dass Ursula von Rosenfeld in den ersten beiden Ehejahren schon zwei Töchter gebar, deutet diese Rollenzuweisung bereits an. Ursula knüpfte damit nahtlos an die Lebensrealität ihrer Vorgängerin an, die in acht Ehejahren acht Kinder zur Welt gebracht und damit in einem „Zustand ununterbrochener Schwangerschaft" gelebt hatte.[199]

Auch wenn Ursula von Rosenfeld aus den genannten Gründen im Hintergrund blieb, so muss trotzdem zu denken geben, dass wir von ihr als *Markgräfin von Baden* relativ wenig wissen. Zwar traten auch andere Fürstinnen dieser Zeit nicht zwingend auf dem politischen oder gesellschaftlichen Parkett in Erscheinung, aber es gehört doch zur Rolle der Fürstin, dass sie gelegentlich auf dem Gebiet kirchlicher Stiftungen, im karitativen Bereich, als Fürsprecherin oder Streitschlichterin in Erscheinung trat. All dies fehlt bei Ursula. Zwar ist auch von ihrer Vorgängerin, Elisabeth von Brandenburg-Ansbach, in dieser Hinsicht wenig bekannt, aber Elisabeth „regierte" auch deutlich kürzer (streng genommen nur von 1515/16–1518) und lebte überdies außerhalb ihres Fürstentums. Ursula hingegen erfüllte die Rolle der Markgräfin immerhin knapp zwanzig Jahre (1518–1538) und residierte zumindest zeitweilig in einem urbanen Zentrum humanistischer Öffentlichkeit (Pforzheim). Dennoch ist von ihr kein Akt privater oder landesmütterlicher Tätigkeit überliefert. Man kann also nur mutmaßen, dass Markgräfin Ursula als sozusagen „angelernte" Fürstin keine Öffentlichkeit suchte oder dass eine besondere Ungunst der historischen Überlieferung alle Spuren ihres Handelns getilgt hat.

Es ist indes kaum wahrscheinlich, dass sich die Markgräfin dauerhaft vom höfischen Leben und gesellschaftlichen Ereignissen ferngehalten hat. Die Verwandtschaft wird sich an die unebenbürtige Markgräfin gewöhnt haben, und nach einer Zeit der Abstinenz wird Markgraf Ernst seine Gattin bei passenden Gelegenheiten auf dem höfischen Parkett eingeführt haben. Im Jahr 1522 reiste Ernst beispielsweise zur Hochzeit von Herzog Wilhelm IV. von Bayern (1493–1550) mit Jacobäa von Baden, seiner Nichte. Es ist kaum anzunehmen, dass er damals ohne „seine" Markgräfin Ursula nach München gereist ist, aber belegt ist dies nicht. Ähnlich verhält es sich mit der Beerdigung der Herzogin Elisabeth von Württemberg Ende März/Anfang April 1524. Wir wissen, dass sich Markgraf Ernst bald nach dem Tod der Tante († 26. März 1524) nach Nürtingen begab, um nach der Inventarisierung des Nachlasses (29. März) seine Ansprüche zu reklamieren.[200] Sicher hat der Markgraf dann der Beisetzung Elisabeths um den 31. März[201] in der Stiftskirche Stuttgart beigewohnt. Er wird die Gelegenheit auch genutzt haben, um dort die Grabstätte seiner ersten Gemahlin zu besuchen. Ob aber Markgräfin Ursula ihn begleitet hat, um der verstorbenen Herzogin, mit der sie viele Jahre unter einem Dach gelebt hatte, die letzte Ehre zu erweisen, wissen wir nicht.

Zum Jahr 1523 überliefern Schöpflin und Sachs einen prominenten Besuch von Erzherzog Ferdinand von Österreich, dem Bruder des Kaisers, bei Markgraf Ernst, der den Erzherzog zur Jagd am Kaiserstuhl eingeladen habe.[202] Dieses Datum scheint allerdings fraglich, denn ein solcher Besuch kann kaum vor Mitte Mai 1524 stattgefunden haben, da sich Ferdinand früher nicht im Breisgau aufgehalten hat.[203] Falls diese Begegnung in der Sache richtig ist, wofür es weitere Hinweise gibt[204], so diente sie sicher nicht allein dem Jagdvergnügen. Der Erzherzog, der sich wegen der Uneinigkeit der Reichsfürsten in der lutherischen Frage unzufrieden und konfessionell verhärtet vom Nürnberger Reichstag in den Breisgau begab, beriet mit seinen Landständen am 23. Mai 1524 auf dem Breisacher Landtag den Fall des lutherischen Predigers Jakob Otter in Kenzingen, wobei ein hartes Vorgehen gegen die vorderösterreichische Landstadt beschlossen wurde. Der Erzherzog hatte in der Tat Grund, mit Markgraf Ernst über den Fall Otter zu sprechen, da dieser reformatorischen Bestrebungen nicht nur aufgeschlossen gegenüberstand, sondern offenbar Jakob Otter, der ihm gerade eine gedruckte

Erzherzog Ferdinand von Österreich, der Bruder und Statthalter des Kaisers im Reich, kam im Mai 1524 erstmals in den Breisgau und besuchte bei dieser Gelegenheit Markgraf Ernst.

Predigtsammlung gewidmet hatte, persönlich schätzte. Nur einen Monat nach dem Breisacher Landtag sollte Ernst in die missliche Lage geraten, dem aus Kenzingen ausgewiesenen Prediger entgegen der Breisacher „Beschlusslage“ auf der Hochburg für einige Tage Unterschlupf gewähren zu müssen, bevor er nach Straßburg emigrierte.[205]

Die Begegnung zwischen Markgraf Ernst und Erzherzog Ferdinand diente aber nicht nur der Erörterung von Problemen, sondern auch der Pflege gutnachbarlicher Beziehungen, denn der Erzherzog war als Landesherr über den vorderösterreichischen Breisgau Ernsts wichtigster Nachbar. Es handelte sich gewissermaßen um einen Antrittsbesuch, denn Ferdinand weilte seit seinem Regierungsantritt zum ersten (und bis 1562 auch letzten) Mal im Breisgau. In gewisser Weise war dies sogar ein Verwandtenbesuch, denn Ferdinand und Ernst waren im 6. Grad Vettern.[206] Mit einiger Wahrscheinlichkeit ging es bei dieser Begegnung auch um die schwebende Frage der Rötteler Lehenschaft und andere aktuelle Themen wie die Tilgung der habsburgischen Schulden beim Haus Baden[207], alles in allem also ein hochpolitischer und für den Markgrafen existenzieller Anlass. Dass bei dieser Gelegenheit vielleicht auch Ernsts unstandesgemäße Ehe zur Sprache kam, kann man nur mutmaßen. Tatsache ist, dass der Erzherzog als einer der ranghöchsten Reichsfürsten, als Bruder und Statthalter des Kaisers mit seinem prominenten Besuch diese Ehe in gewisser Weise gesellschaftsfähig machte und somit legitimierte. Wenn man unterstellt, dass nach dieser Jagd im Kaiserstuhl – wie bei solchen Gelegenheiten üblich – auf der Hochburg (oder an anderem Ort) ein Bankett zu Ehren des Erzherzogs gegeben wurde, dann dürfte Markgräfin Ursula die Gastgeberin gewesen sein.

Soviel wird jedenfalls deutlich, dass die Markgräfin im Jahr 1524 hautnah mit den gesellschaftlich aufwühlenden Themen dieser Zeit in Berührung kam. Ganz offensichtlich wurde dies spätestens im Mai 1525, als im Zuge des Bauernkriegs die rebellierenden Bauern der oberen Markgrafschaft drohten, die Hochburg einzunehmen. Markgraf Ernst vertraute damals seine Residenz Georg Bombast von Hohenheim zur Verteidigung an und zog es vor, sich mit seiner ganzen Familie am 5. Mai nach Freiburg in Sicherheit zu begeben. Dies ist die einzige Zeit in Ursulas Leben als Markgräfin, aus der wir direkte Quellenzeugnisse zu ihrer Person besitzen, ohne dass freilich jemals ihr Name fiele. Während sich Ernst von Freiburg aus zunächst nach Breisach, dann am 17. Mai nach Straßburg begab, bat er die Stadt Freiburg, *Ihr wellend euch unser Gemahel und Kinder laßen bevolhen sin; das wellen wir gegen euch zu gutem nimmer vergessen.*[208] Es scheint dann so, als habe der Markgraf in den sich überstürzenden Ereignissen seine Frau und die Kinder nicht mehr rechtzeitig aus der Stadt gebracht, als Freiburg um den 14. Mai von den vereinigten Bauernhaufen eingeschlossen wurde und sich nach zehntägiger Belagerung am 24. Mai 1525 den aufständischen Bauern ergeben musste.[209] Markgräfin Ursula und ihre Kinder wurden damals wie zahlreiche andere Flüchtlinge, darunter Ritter und Prälaten, zu einer Art Geiseln der Aufständischen, ohne aber unmittelbar in deren Gefangenschaft zu geraten. Die markgräfliche Familie stand unter dem Schutz des Rats. Als Anfang Juni die größte Gefahr vorüber war und die Bauern sich auf Verhandlungen mit ihren Herrschaften einigten, vertraute der Markgraf den Schutz seiner Familie weiterhin dem Freiburger Rat an. Jedenfalls bestätigten die Stadtväter dem Markgrafen in der Pfingstwoche (Pfingstsonntag war der 4. Juni), dass sie Ernsts Gemahlin *samt ettlichen beider ir fürstlichen Gnaden Kinder in unserer Statt in unsern Schutz und Schirm empfangen ... haben.*[210] Weiter war vereinbart, dass die Stadt Ernsts Familie am folgenden Sonntag sicher nach Offenburg geleiten sollte, wo der Markgraf zwischenzeitlich mit seinen Bauern verhandelte. Dort kam es am 13. Juni zum ersten Offenburger Vertrag zwischen Ernst und seinen Untertanen.

Ob Ursula und ihre Kinder, wie vereinbart, bei diesem wichtigen politischen Ereignis anwesend waren, bleibt unklar, denn zwischenzeitlich hatte der Markgraf andere Verfügungen getroffen. Ohne Wissen der Stadt Freiburg hatte er wohl um den 10. Juni herum seine Familie aus der Stadt zu sich nach Breisach holen lassen, was bei den für die Sicherheit der fürstlichen Familie Zuständigen für Irritationen gesorgt hatte, so dass sich der Markgraf am 22. Juni in einem Schreiben aus Breisach rechtfertigte. Er habe seine Familie ohne Wissen der Stadt Freiburg nach Breisach geholt, da *wir gern unser Gemahel und Kinder by uns gehebt hetten.* Dies sei auch geschehen, damit *fruchtbarlicher lut des Offenburger Vertrags gehandelt* werden konnte und damit seine Untertanen *sicherer* herkommen möchten, eine Begründung, die einigermaßen rätselhaft bleibt. Jedenfalls sei die Evakuierung der fürstlichen Familie nicht aus Misstrauen gegen die Stadt Freiburg geschehen. *Denn unser Gemahel hat uns von euch beruembt, dass ihr ihrer Liebd und den unsern alle Zucht und Eer bewiesen und all ewer Vermögen gethan haben.*[211]

Auch wenn Ursulas Name in diesem Schriftwechsel kein einziges Mal fällt, so ist doch unzweifelhaft, dass es sich bei dieser fürstlichen Gemahlin um Ursula von Rosenfeld gehandelt hat. Diese hat demnach mit ihren Kindern einen der dramatischsten Höhepunkte des Bauernkriegs im Breisgau miterlebt – gewissermaßen in der Höhle des Löwen. Mit einiger Wahrscheinlichkeit war sie dann am 13. Juni in Offenburg anwesend, als ihre Untertanen dem Markgrafen gegen gewisse Zugeständnisse versprachen, wieder unter seine Botmäßigkeit zurückzukehren. Danach verlieren sich Ursulas Spuren wieder für längere Zeit. Da Markgraf Ernst aber noch bis weit ins Jahr 1526 beinahe dauerhaft in Breisach nachzuweisen ist, liegt es nahe, dass seine Familie, die er um den 10. Juni 1525 dorthin geholt hatte, ebenfalls längere Zeit in der Rheinstadt lebte. Dass die Hochburg nach der bäuerlichen Erhebung nicht mehr als markgräflicher Aufenthaltsort erscheint, ist vielleicht ein Hinweis darauf, dass sie doch nicht ganz unbeschadet aus dem Bauernkrieg hervorgegangen ist oder jedenfalls ihre hohe symbolische Bedeutung eingebüßt hatte. Jedenfalls scheint sich in dieser Zeit der Blick des Markgrafen erstmals ernsthaft nach Sulzburg gerichtet zu haben, wo er im Jahr 1527 mit dem Schlossbau begann. Es erscheint denkbar, ja sogar naheliegend, dass die erheblichen Strafgelder, die Ernst von seinen gemaßregelten Bauern zuflossen, diesen Schlossbau erst ermöglicht haben.

Die letzten Jahre der Markgräfin Ursula: Hochzeiten und Familienfeste

Das erste angenehme Ereignis im Leben des Markgrafen und seiner Gattin nach den aufregenden Monaten des Bauernkriegs hätte die Hochzeit von Ernsts Schwester Rosina Ende des Jahres 1526 werden können. Doch ein Blick auf die Quellen zeigt, dass das Fürstenpaar an dieser Hochzeit gar nicht teilnahm, ja von der Vermählung nicht einmal wusste. Unwillkürlich drängt sich der Vergleich mit Ernsts und Ursulas Hochzeit acht Jahre zuvor auf. Rosinas Lebensgeschichte ist in unserem Zusammenhang überhaupt deshalb von Interesse, weil sie gewisse Parallelen zu der ihres Bruders aufweist. Rosina von Baden (1487–1554) war seit 1505 standesgemäß mit Graf Franz Wolfgang von Zollern (1483/84–1517) vermählt gewesen. Nach dem Tod ihres Gatten, dem sie in zwölf Ehejahren sieben Kinder geboren hatte, wurde Ernst zum Vormund ihrer Kinder. Eine ihrer Töchter, Rosina, war später gemeinsam mit Ernsts Tochter Beatrix Klosterfrau im zollerischen Hauskloster Stetten bei Hechingen (vgl. u. S. 109). Die in Haigerloch residierende Witwe versagte sich zunächst trotz vieler Gelegenheiten einer weiteren Ehe. Erst 1526 gab sie dem Werben ihres früheren Kammerjungen, des deutlich jüngeren Hans von Ow zu Wachendorf († 1571) nach. Mit diesem residierte sie bis zu ihrem Tod 1554 im Schloss Wachendorf. Kinder waren dem Paar wegen des fortgeschrittenen Alters der badischen Markgräfin nicht mehr beschieden. Ein Jahr nach ihrem Tod ließ Hans von Ow an der Tordurchfahrt des Wachendorfer Schlosses, das sie gemeinsam ausgebaut hatten, einen Gedenkstein mit dem Doppelporträt des Ehepaares anbringen.[212]

Die erhaltenen Quellen machen deutlich, dass sich Rosina ganz ähnlich wie ihr Bruder Ernst Jahre zuvor ohne Wissen und Zustimmung ihrer markgräflichen Verwandtschaft mit dem Niederadligen Hans von Ow verheiratet hatte. Nachdem ihre heimliche Vermählung den Brüdern bekannt wurde, verfügte sich Markgraf Ernst auch im Namen Philipps am 27. Dezember 1526 nach Rottenburg am Neckar, wo er mit seiner Schwester einen Vertrag über ihre künftige wirtschaftliche Versorgung aufrichtete. In der Urkunde bekannte Rosina, dass sie sich mit ihrer heimlichen und standesungleichen Verheiratung nicht nur die Ungnade und den Zorn ihrer

Rosina von Ow geb. Markgräfin von Baden, die Schwester des Markgrafen Ernst, erfuhr durch die Ehe mit ihrem niederadligen früheren Kammerdiener Hans von Ow eine Standesminderung. Ihr Porträt von 1531 zeigt im Hintergrund vermutlich Teile des Neuen Schlosses in Baden-Baden.

Brüder zugezogen, sondern auch ihren Stand *ernidert* habe und deshalb einer erheblichen Minderung ihrer jährlichen Bezüge zustimme. Sie entschuldigte sich demütig für ihr Fehlverhalten und bat ihre Brüder um Gnade und Verzeihung.[213] Die bittere Pointe dieser Episode der markgräflichen Familiengeschichte besteht sicherlich darin, dass ausgerechnet Markgraf Ernst, der acht Jahre zuvor unter ähnlichen Umständen geheiratet hatte und dafür von der Verwandtschaft sanktioniert worden war, nun gegenüber seiner Schwester in der Rolle des Richters auftrat. Trotz des kompromisslosen Wortlauts der Urkunde bleibt freilich die Möglichkeit, dass Ernst jenseits der formalen Maßregelung ein gewisses Verständnis für die „Neigungsehe" seiner Schwester aufbrachte, deren Motive ja seinen eigenen nicht allzu fremd gewesen sein dürften. Es ist durchaus denkbar, dass Ernst die rechtlichen Sanktionen, die er im Familieninteresse verhängen musste, in der persönlichen Begegnung mit der Schwester gemildert hat. Der Vertragstermin 27. Dezember legt sogar nahe, dass Ernst nicht erst an diesem Tag aus dem Breisgau an den Neckar gereist ist, sondern möglicherweise einen Teil der Weihnachtstage mit seiner Schwester verbracht hatte. In diesem Fall wäre es sogar denkbar, dass Markgräfin Ursula ihren Gatten damals begleitete, um bei dieser Gelegenheit ihrer nahe bei Rottenburg und Wachendorf gelegenen Heimatstadt einen Besuch abzustatten.

Über Fürstinnen des 16. Jahrhunderts, die wie Rosina von Baden standesungleiche Ehen eingingen, ist bislang wenig geforscht worden. Soweit erkennbar, wurden solche Verbindungen von der fürstlichen Verwandtschaft nicht akzeptiert, weil die damit verbundene Standesminderung der jeweiligen Dame das Prestige der Gesamtdynastie zu beschädigen drohte.[214] Die Statusminderung Rosinas von Baden bestätigt im Übrigen, dass in standesungleichen Ehen die Frauen dem Stand ihres Mannes folgten: Während die ursprünglich niederadlige Schwägerin Ursula durch ihre Ehe mit Markgraf Ernst den fürstlichen Rang einer Markgräfin erlangte, stieg die geborene Markgräfin Rosina an der Seite des landsässigen Barons von Ow in den niederen Adel ab.

Die Serie der Vermählungen von Ernsts Töchtern aus erster Ehe begann mit der Hochzeit Elisabeths, die im Jahr 1533 Gabriel Salamanca, Grafen von Ortenburg (1489/90–1539), heiratete. Salamanca, der spanische Emporkömmling, der es als Finanzchef und Generalschatzmeister Erzherzog Ferdinands zu erheblichem Einfluss und Reichtum und zur Erhebung in den Grafenstand gebracht hatte, war seit 1523 in erster Ehe mit Gräfin Elisabeth von Eberstein verheiratet gewesen. 1525/26 war der Landfremde von den österreichischen Ständen, denen er zuviel politischen Einfluss gewonnen hatte, gestürzt worden. Er erlangte aber schon im Juli 1526, gegen den Widerstand des landsässigen Adels, den Posten eines österreichischen Landvogts im Oberelsass und wurde damit zu einem direkten Nachbarn des Markgrafen. Er erwarb Besitzungen in Burgund und erfreute sich weiterhin der Gunst Ferdinands. Fridolin Weber-Krebs mutmaßt, dass Markgraf Ernst dem schillernden Emporkömmling seine Tochter trotz Warnungen von Seiten des bayerischen Hofes[215] deshalb anvertraut habe, weil der spanische Finanzjongleur und Favorit des Erzherzogs wesentlich zur Sanierung der Finanzen des Hauses Baden beigetragen hatte. In der Tat zählte Baden neben dem Haus Sachsen zu den wenigen Großgläubigern Habsburgs, deren Forderungen an das Haus Österreich vollständig befriedigt wurden. Jedenfalls erscheint Markgraf Ernst von Baden in den dreißiger Jahren erstmals als „reicher Mann“ mit namhaften Einlagen beim Bankhaus Fugger.[216] Es ist nicht ausgeschlossen, dass Salamanca, der in den Jahren 1523/24 „in Begleitung seines Herrn [= Ferdinands I.] nicht fehlen“ durfte,[217] schon beim Jagdbesuch vom Mai 1524 dabei war und damals den Markgrafen, seinen künftigen Schwiegervater, kennenlernte. Übrigens war Salamanca, für den das „Connubium mit einer markgräflich-fürstlichen Familie 1533 ... zweifellos den absoluten Höhepunkt im sozialen Aufstieg“ darstellte, nicht nur dem Markgrafen Ernst verbunden, sondern auch dessen Bruder Philipp, dem Statthalter des Reichsregiments von 1524 bis 1528. Mit ihm hatte er dienstlich zu tun, und Markgraf Philipp gehörte zu jenen Personen, von denen er sich nach dem Verlust seiner Ämter 1526 persönlich verabschiedete.[218]

Die Hochzeit zwischen Gabriel Salamanca, Graf von Ortenburg, und Elisabeth Markgräfin von Baden fand offensichtlich in Baden-Baden statt. Dies erscheint zunächst erstaunlich, findet aber seine Erklärung darin, dass

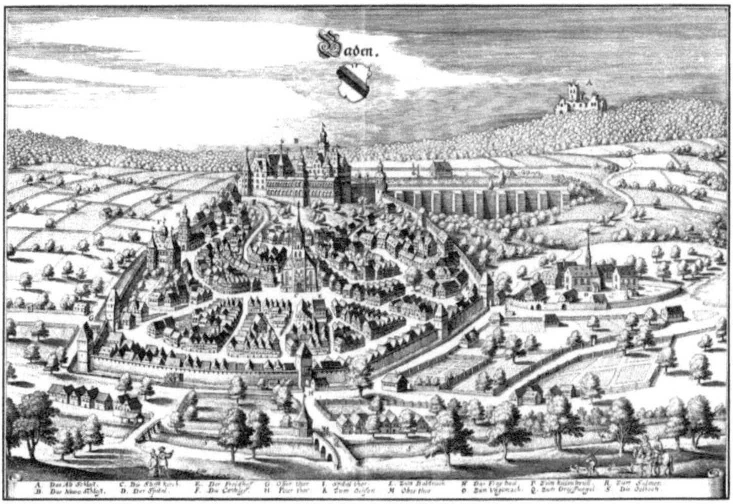

Die Residenzstadt und das Schloss Baden-Baden dienten im Jahr 1533 als Kulisse für die Hochzeit der Markgräfin Elisabeth von Baden mit dem spanischen Emporkömmling Gabriel Salamanca.

Markgraf Ernst unmittelbar nach dem Tod seines Bruders Philipp am 17. September 1533 dessen Residenz Baden in Besitz nahm. Hinzu kommt, dass Salamanca als einer der reichsten Männer in österreichischen Diensten Wert darauf legte, vor großer feudaler Kulisse zu heiraten. Seine erste Hochzeit mit der Gräfin von Eberstein 1523 hatte er mit großem Pomp in Innsbruck gefeiert. Deshalb kam auch jetzt wohl kein anderer Festort als eine markgräfliche „Hauptstadt" in Betracht. Dass man dabei nicht etwa das neu errichtete Schloss Sulzburg des Schwiegervaters wählte, sondern den badischen Stammsitz, hatte nicht nur symbolischen Charakter, sondern wirft auch ein Licht auf das offenkundige Qualitätsgefälle zwischen diesen beiden badischen Residenzen. Die Hochzeit fand um den 25. November 1533 statt.[219]

Am 11. Februar 1537 feierte die Familie in Pforzheim die Hochzeit von Ernsts Tochter Anna mit dem Grafen Karl von Zollern (1516–1576).[220] Mit dieser Hochzeit vertiefte man die badisch-zollerische Verbindung, die zu Beginn des Jahrhunderts Ernsts Schwester Rosina geknüpft hatte. Graf Karl, der Neffe von Rosinas Gatten Franz Wolfgang von Zollern, hatte soeben mit der Grafschaft Sigmaringen eine beachtliche Erbschaft gemacht. Er wurde in der Folge zu einem engen Vertrauten seines Schwiegervaters. Markgraf Ernst hinterlegte bei ihm beispielsweise die Erbverfügungen mit seinen Söhnen von 1537, und Karl von Zollern besiegelte 1543 neben anderen Ernsts Aussöhnung mit seinem Sohn Bernhard.[221] Es besteht kein Zweifel, dass Markgräfin Ursula die beiden Hoffeste von 1533 und 1537 nicht nur erlebt, sondern an der Seite ihres Mannes selbst ausgerichtet hat. Unklarheit besteht hingegen, was die Einladung des badischen Hofes zur Hochzeit Friedrichs von der Pfalz mit Maria von Brandenburg im Jahr 1537 nach Heidelberg angeht. Das schwer zu entziffernde Einladungsschreiben erwähnt Markgraf Ernst und seinen Sohn Karl, nicht aber die Markgräfin.[222] Dass Ursula zu diesem Fest nicht eingeladen worden sein sollte, ist unwahrscheinlich. Denkbar erscheint allerdings, dass sie zu diesem Zeitpunkt bereits krank war. Bei den Hochzeiten der Stieftochter Margaretha, die im Herbst 1538 Graf Wolfgang von Oettingen heiratete, und ihrer eigenen Tochter Salome im Jahr 1540 war Ursula bereits tot.

Jenseits solcher möglicher Auftritte im höfischen Leben bleibt die Frage, ob Markgräfin Ursula wirklich keinerlei Spuren fürstlicher Verfügungen hinterlassen hat. Möglicherweise lässt sich ihr Einfluss bei der Ämterbesetzung in der Markgrafschaft nachweisen, etwa in der Weise, dass sie Verwandten und Freunden zu badischen Beamtenpositionen verholfen hätte. Dabei fällt ein gewisser Verdacht in Richtung der hohenheimischen Verwandtschaft. Ursulas Mutter war bekanntlich Anna Bombast von Hohenheim gewesen. Deren Bruder Sebastian (1484/1528) war mit Anna Maria Schilling von Cannstatt verheiratet. Von dieser ist zwar nicht viel bekannt, immerhin soviel, dass sie um die Zeit ihrer Verehelichung 1493 Hoffräulein am Hof Graf Eberhards V. von Württemberg gewesen ist. Wir

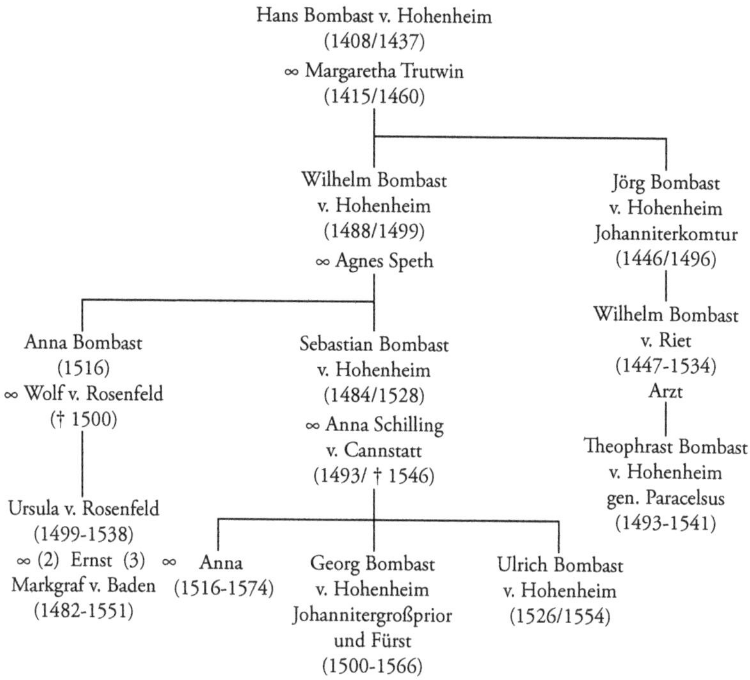

hatten oben schon vermutet, dass sie ihre Nichte Ursula an den Nürtinger Hof vermittelt haben könnte. Spätestens 1535 war sie Witwe. Da sie nach ihrem Tod 1546 in der Pforzheimer Schlosskirche zur letzten Ruhe gebettet wurde, könnte es sein, dass sie zeitweilig in Beziehung zum Pforzheimer Hof ihrer Nichte gestanden hat. Wahrscheinlicher verdankt sie die Ehre ihres Begräbnisses in der Pforzheimer Schlosskirche aber der Tatsache, dass sie 1544 zur (dritten) Schwiegermutter des Markgrafen Ernst geworden war.

Sicher ist hingegen, dass ihre Söhne, Ursulas Vettern Georg und Ulrich Bombast von Hohenheim, in den zwanziger Jahren des 16. Jahrhunderts in Diensten des Markgrafen Ernst von Baden standen. Der Malteserritter Georg Bombast von Hohenheim (1500–1566), der später zum Fürsten des Johanniter-Großpriorats in Heitersheim aufsteigen sollte, wurde von Markgraf Ernst im Mai 1525 angesichts der bäuerlichen Erhebung mit der Verteidigung der Hochburg betraut. Sein Bruder Ulrich (1526 bis 1554 erwähnt) begleitete den Markgrafen 1526 auf den Speyerer und 1530 auf den Augsburger Reichstag. Im Jahr 1544 war er Vogt der markgräflichen Herrschaft Sausenburg.[223] Es liegt auf der Hand, dass diese beiden Männer ihre Bestallung im badischen Dienst nicht zuletzt ihrer Verwandtschaft mit der Markgräfin zu verdanken hatten. Dass im Übrigen auch der Markgraf selbst ein besonders enges Verhältnis zur Familie Bombast von Hohenheim entwickelte, wird durch seine dritte Ehe, die er 1544 mit Georgs und Ulrichs Schwester (und Ursulas Cousine) Anna Bombast (1516–1574) einging, bestätigt.[224]

Im Zusammenhang mit der hohenheimischen Verwandtschaft wäre noch auf eine eher kuriose Randnotiz der badischen Geschichte zu verweisen, die vielleicht nichts mit Ursulas Wirken als Markgräfin zu tun hat, aber dennoch von Interesse ist. Dem hohenheimischen Geschlecht gehörte auch Theophrast Bombast von Hohenheim an, besser bekannt unter seinem Humanistennamen Paracelsus (1493–1541). Dieser entstammte zwar einer illegitimen Linie der Familie, war aber dennoch genealogisch ein Vetter der Markgräfin Ursula wie der eben genannten Hohenheimer. Aufgrund der Tatsache, dass Paracelsus mit zwei aus Pforzheim stammenden Humanisten verkehrte (Nikolaus Gerbel und Ulrich Gyger, seinem Diener), versuchte Werner Pletscher wahrscheinlich zu machen, dass der Arzt zeitweilig den Kontakt zu seiner adligen Verwandtschaft in Pforzheim gesucht habe. Nachzuweisen ist dies freilich nicht, nicht zuletzt auch weil das Fürstenpaar wie auch die Brüder Hohenheim Mitte der zwanziger Jahre gar nicht in Pforzheim, sondern im Breisgau residierten. Richtig ist allerdings, dass Paracelsus im Jahr 1526 längere Zeit in Baden-Baden weilte, um die Thermen zu besuchen. Bei dieser Gelegenheit machte er sich um die Heilung des an der Ruhr leidenden Markgrafen Philipp verdient, ... *Den ich nach allem verderben seiner leibarzeten außer der dysenteria erlöst hab im letzten seines lebens.* Später beklagte er sich bitter, dass den Ruhm (und das Honorar!) für seine ärztlichen Bemühungen andere erhalten hätten.[225] Dass dieses Engagement des Paracelsus an Philipps Hof in Baden-Baden durch Ursula von Rosenfeld vermittelt worden sein könnte, ist nicht zu erweisen, ja auch nicht besonders wahrscheinlich. Es ist nicht einmal sicher, dass die Markgräfin, damals wohl noch auf der Hochburg oder in Breisach residierend, vom Aufenthalt des berühmten, aber umstrittenen Vetters in Baden-Baden wusste.

Ein weiteres Beispiel für die Versorgung eines Verwandten im badischen Dienst liefert vielleicht der markgräfliche Beamte Ludwig von Frau(e)nberg, der zwischen 1532 und 1547 als Vogt von Durlach belegt ist. 1537 übertrug ihm Markgraf Ernst die Leitung seiner Hofkanzlei. In den Jahren 1538 und 1540 war er unter anderem mit den Verhandlungen um die Verehelichung von Markgraf Ernsts Töchtern Margaretha mit Graf Wolfgang von Oettingen und Salome mit Graf Ladislaus vom Haag betraut. Er begleitete in diesem Zusammenhang den Markgrafen um den 5. Oktober 1540 nach München zur Unterschrift des Heiratsvertrags von Salome. Der Durlacher Vogt war möglicherweise ein Verwandter von Ursulas Schwager Konrad von Frauenberg, auch wenn sich dies aufgrund der schlechten Forschungslage zu dieser Adelsfamilie vorläufig nicht beweisen lässt. Es wäre sogar denkbar, dass Ludwig der Sohn von Ursulas Schwester Sophia und Konrad von Frauenberg und somit ein Neffe der Markgräfin gewesen ist.[226]

Es gibt ein einziges Dokument der badischen Hausgeschichte aus diesen Jahren, an dem die aktive Mitwirkung der Markgräfin Ursula diskutiert wurde: der Erbteilungsvertrag des Markgrafen Ernst vom 27. Juni 1537. Doch um diese Frage eingehender behandeln zu können, muss zunächst die weitere Entwicklung der dynastischen Situation im Haus Baden betrachtet werden.

Die Grundlegung des Hauses Baden-Durlach

Markgraf Ernst von Baden: Vom rebellischen Sohn zum Senior des Hauses

Am 24. Juli 1529 gebar Markgräfin Ursula im neuen Schloss zu Sulzburg ihren Sohn Karl.[227] Nach Lage der Dinge bestand weder auf Seiten der bisherigen Erben die Gefahr noch auf Seiten dieses Sohnes die Aussicht auf Berücksichtigung in der Erbfolge. Ernst hatte aus erster Ehe zwei legitime Erbprinzen von 18 und 12 Jahren, und sollten diese wider Erwarten nicht überleben, so standen damals immer noch Ernsts Brüder Philipp (52 Jahre) und Bernhard (56 Jahre) als mögliche Erben bereit. Doch die dynastische Situation begann sich rasch zu ändern, als 1533 der Bruder Philipp starb, der lediglich die seit 1522 mit dem bayerischen Herzog Wilhelm IV. verheiratete Tochter Jacobäa (1507–1580) hinterließ. Angesichts dieses Todesfalles versöhnten sich die zerstrittenen Brüder Bernhard und Ernst, was sie mit der Prägung einer Schaumünze eindrucksvoll dokumentierten. Die Medaille mit dem Doppelporträt der beiden Markgrafen trägt auf ihrer Rückseite die Umschrift: GERMAN: / FRATRV CON. / CORDIAE SACR: / AN: / M.D.XXXIII („Der heiligen brüderlichen Eintracht gewidmet im Jahr 1533").[228]

Überhaupt veranstaltete das Haus Baden in den Jahren 1533/34 eine ganze Reihe von Münzprägungen. Dazu gehörten neben der eben genannten brüderlichen Medaille gesonderte Münzen Bernhards und Ernsts von 1533, eine Münze der Jacobäa Herzogin von Bayern, Tochter des verstorbenen Markgrafen Philipp, und eine gleichartige Münze von Ernsts Tochter Margaretha, beide von 1534, ferner angeblich eine Gedächtnismedaille für Markgraf Ernst und Ursula von Rosenfeld von 1534. Inwiefern die Gedenkmünze Gabriel Salamancas von 1533, der sich durch seine Einheirat seit

Die Doppelmedaille der Markgrafen Bernhard (vorne) und Ernst von Baden von 1533 dokumentiert ihren Versöhnungsversuch nach dem Tod ihres Bruders Philipp.

diesem Jahr der markgräflichen Familie verbunden fühlte, in diesen Zusammenhang gehört, wäre noch genauer zu untersuchen. Berücksichtigen wir noch die Medaille des badischen Hofnarren Hans von Singen von 1533 (siehe oben S. 45), so wird deutlich, dass zu diesem Zeitpunkt nach dem Tod des Markgrafen Philipp das „Haus" Baden demonstrativ enger zusammenrückte.[229] Diese Serie von Gedenkmedaillen hatte demnach eine vergleichbare Funktion wie die Markgrafentafel von ca. 1509/10, die seinerzeit ebenfalls in einer Krisensituation die Einheit der badischen Familie beschwor.

Wie allerdings schon die Markgrafentafel den Zerfall der markgräflichen Familie nicht aufzuhalten vermochte, so war auch die Verbrüderungsmünze Bernhards und Ernsts das Silber nicht wert, aus dem sie geschlagen war. Denn im Hintergrund spielte sich jenseits aller pathetischen Verbrüderungsrhetorik ein ziemlich wüstes Hauen und Stechen ab. Um das Testament Philipps war es nämlich zwischen Bernhard und Ernst zu schweren Missstimmungen gekommen, da Bernhard entgegen älterer Zusagen nun Philipps Erbe wieder für sich beanspruchte. Er war eine Zeitlang fest entschlossen, diesen Anspruch gewaltsam durchzusetzen. Beide Brüder begannen 1534 zu rüsten, und es wäre möglicherweise zum Bruderkrieg gekommen, hätte nicht der Kurfürst von der Pfalz vermittelt und einen Teilungsvorschlag unterbreitet.[230]

So kam es im Jahr 1535 zur Aufteilung von Philipps Landesteil unter die Brüder Bernhard und Ernst, und zwar nach dem Verfahren: der Ältere teilt, der Jüngere wählt. Ernst wählte aber unerwartet und zum Entsetzen seines Bruders den von seinen breisgauischen Herrschaften weiter entfernten Pforzheimer Landesteil mit Durlach und Mühlburg und verlegte seine Residenz umgehend von Sulzburg ins attraktivere Pforzheim. Bevor sich aus den neuerlichen Verstimmungen zwischen den Brüdern weiterer Streit anbahnen konnte, starb Markgraf Bernhard unverhofft binnen Jahresfrist schon 1536. Damit war Ernst plötzlich zum Senior des Hauses Baden und zum Anwärter auf die gesamte Markgrafschaft geworden. Allerdings vermachte Bernhard, der sich erst 1533 mit Françoise von Luxemburg verheiratet hatte, seinen baden-badischen Landesteil nicht dem ungeliebten Bruder, sondern seinen beiden unmündigen Söhnen Philibert (geboren 1536) und Christoph (geboren posthum 1537), die später die Linie Baden-Baden begründen sollten.[231]

Bernhards späte Ehe und Vaterschaft und sein Insistieren auf der eigenen Linienbildung lässt sich durchaus als eine späte Vergeltung für jahrzehntelang erfahrene Zurücksetzung und Demütigung verstehen. Jedenfalls zementierte seine unversöhnliche Haltung den Teilungsvertrag von 1535 und war somit verantwortlich für die endgültige und dauerhafte Teilung der Markgrafschaft Baden. Schwarzmaier wertete den Erbteilungsvertrag von 1535 als „vielleicht das entscheidendste Dokument der badischen Geschichte" und bezeichnete die hier vollzogene Landesteilung als die „Tragödie des badischen Landes".[232] Man muss aber hinzufügen, dass sich diese Tragödie in den familiären Konflikten des Hauses Baden seit 1503 angebahnt hatte und die Teilung von 1535 mithin die (psycho-) logische Konsequenz aus dem Familiendrama der vergangenen drei Jahrzehnte war. Und dieses Drama war ja mit den Jahren 1535/37 keineswegs beendet, sondern setzte sich in Ernsts Querelen mit seinen Kindern in gewisser Weise fort.

Erschwerend kam hinzu, dass nach dem Tod Philipps 1533 mit Herzog Wilhelm IV. von Bayern ein mächtiger auswärtiger Fürst entscheidend in die badischen Erbschaftsangelegenheiten eingriff.[233] Der Herzog verfocht bereits 1533 als Schwiegersohn des verstorbenen Markgrafen Philipp zunächst die Interessen seiner Gattin Jacobäa und griff nach dem Tod Bernhards 1536 erneut massiv in die daraus folgende Vormundschaftsfrage ein. Zeitweilig entwickelte der bayerische Kammermeister Caspar Perndorffer sogar einen recht abenteuerlichen Plan zur militärischen Besetzung der Markgrafschaft Baden mit Hilfe des schillernden Landsknechtsführers Graf Wilhelm von Fürstenberg (1499–1547), mit dem Perndorffer in Straßburg verhandelte. Den politischen Hintergrund dieses Plans bildeten die vielschichtigen diplomatischen Aktivitäten um ein gegen Habsburg gerichtetes Bündnis zwischen Frankreich, Landgraf Philipp von Hessen, dem exilierten Herzog Ulrich von Württemberg und Bayern in den Jahren 1533/35. Bestandteil der Strategie war die Wiedereinsetzung des Herzogs Ulrich in sein unter habsburgischer Verwaltung stehendes Land. Der frankophile, zugleich aber protestantische Graf von Fürstenberg machte den „Springer" zwischen den genannten Parteien. Herzog Wilhelm von Bayern betrieb allerdings eine äußerst undurchsichtige Politik und entzog sich letztendlich dem angestrebten Bündnis, weil er der Rückkehr seines Schwagers, des württembergischen Herzogs, zwiespältig gegenüberstand. Immerhin erklärte er seine Neutralität, als es im Mai 1534 unter Führung Philipps von Hessen mit französischem Geld zur Rückeroberung Württembergs kam. Herzog Wilhelm IV. von Bayern begrüßte zwar die dadurch bewirkte Schwächung Habsburgs, hegte aber die berechtigte Sorge, Herzog Ulrich werde nach seiner Rückkehr Württemberg als ersten süddeutschen Flächenstaat der Reformation zuführen.

Dies mochte der Grund dafür gewesen sein, weshalb man in Bayern mit der Idee liebäugelte, die konfessionell unentschiedene und politisch instabile Markgrafschaft Baden präventiv in Besitz zu nehmen, um sie nicht auch noch dem Protestantismus preiszugeben. Die rechtliche Grundlage für eine solche Intervention leitete man offensichtlich von Herzogin Jacobäas Anspruch auf das Erbe ihres Vaters Philipp von Baden ab, auf den sie bei ihrer Verheiratung 1522 eigentlich verzichtet hatte. Ein zusätzliches Ärgernis am bayerischen Hof bildete die 1533 erfolgte Heirat des in Bayern verhassten Gabriel Salamanca mit der Tochter des Markgrafen Ernst, über die der Kanzler Eck und Herzog Wilhelm immer noch erbost waren. Als der Markgraf gerüchteweise von den bayerischen Planspielen erfuhr, schrieb er seiner Nichte, Herzogin Jacobäa, „in großer Erregung" (Reinking) und entrüstete sich darüber, dass sie als „reiche" Fürstin nicht davor zurückschrecke, sich am Erbe des „armen" Hauses Baden zu bereichern, und dass sie zusehe, wie ihr Mann als eines der vornehmsten Glieder des Reiches seine unberechtigten Ansprüche an das Haus Baden mit Gewalt zu erzwingen drohe.

Schaumünze mit dem Porträt des Markgrafen Ernst von Baden 1533.

Die Episode demonstriert, wie prekär die Lage der Markgrafschaft in diesen Jahren war. Die eigenartigen bayerischen Annexionspläne verschwanden zwar noch 1534 in der Versenkung, doch die wittelsbachische Intervention in die badischen Angelegenheiten war damit keineswegs erledigt. Nach dem Tod seines Bruders Bernhard 1536 handelte Markgraf Ernst rasch, aber ungeschickt, um Einfluss auf die Nachlassregelungen der baden-badischen Linie zu erlangen. Er besetzte umgehend das Schloss Baden, wo Bernhards Witwe, Markgräfin Françoise, mit ihrem zweiten Sohn schwanger lag (die Geburt Christophs erfolgte im März 1537). Dass Ernst seine Schwägerin mehr oder weniger unter Hausarrest stellte und sie überaus schlecht behandelte, war sicher nicht geeignet, sie davon zu überzeugen, ihm die Vormundschaft über ihre beiden Söhne zu übertragen. Vielmehr wandte sich Françoise verzweifelt an ihre Schwägerin Jacobäa von Bayern mit der Bitte, ihr Gemahl Wilhelm möge die Vormundschaft übernehmen. Herzog Wilhelm durfte sich also durchaus eingeladen fühlen, in die badischen Angelegenheiten einzugreifen. Tatsächlich fällte das Reichskammergericht, dem die Entscheidung übertragen wurde, am 14. April 1537 das Urteil, wonach die Vormundschaft über die unmündigen Söhne des Markgrafen Bernhard, Philibert und Christoph, an Pfalzgraf Johann II. von Simmern, Herzog Wilhelm IV. von Bayern und Graf Wilhelm von Eberstein übertragen wurde. Markgraf Ernst wurde definitiv von der Vormundschaft ausgeschlossen. Damit geriet der Landesteil Baden-Baden in den folgenden Jahrzehnten vollständig unter bayerische Kuratel. Und diese agierte ganz unter der Maßgabe, die Markgrafschaft Baden-Baden im Zeitalter der Glaubensspaltung unbedingt dem katholischen Lager zu erhalten. Damit war die Spaltung des Hauses Baden auch in konfessioneller Hinsicht vorbereitet, denn die Markgrafschaft Baden-Pforzheim(-Durlach) wurde 1554 bekanntlich unter Markgraf Ernsts Sohn Karl II. reformiert.[234]

Nach der juristischen Niederlage in der Vormundschaftsfrage von 1537 konnten sich Ernsts Zukunftspläne nur noch auf seinen eigenen Pforzheimer Landesteil und die „Obere Markgrafschaft" im Breisgau beziehen. Der Markgraf machte sich nach diesem Urteil unverzüglich daran, erbrechtliche Verfügungen zugunsten seiner eigenen Söhne zu treffen. Am Teilungsvertrag vom 27. Juni 1537 fällt allerdings auf, dass nun plötzlich alle Söhne Ernsts berücksichtigt waren, nicht nur die älteren Albrecht und Bernhard aus erster Ehe, sondern auch Karl, der Sohn Ursulas von Rosenfeld. Albrecht als der Älteste erhielt mit Baden und Pforzheim den Löwenanteil. Bernhard und Karl teilten sich die „oberen Gebiete", wobei für Karl mit Sausenburg, Rötteln und Badenweiler der geringere Teil reserviert wurde. Der damals noch minderjährige Karl sollte diese väterliche Verordnung mit Erlangung des 14. Lebensjahres beschwören.[235] Von Interesse ist auch die Regelung der Mitgift für die Prinzessinnen des Hauses: diese wurde auf 10.000 Gulden festgesetzt. Tatsächlich ist eine Heimsteuer in dieser Größenordnung bei allen Vermählungen von Ernsts Töchtern zu fassen, auch bei Salome, die seiner zweiten Ehe mit Markgräfin Ursula entsprang. Das heißt, im Teilungsvertrag von 1537 wurde nicht nur Karl als erbberechtigter Sohn seinen Stiefbrüdern gleichgestellt, sondern auch Ursulas Töchter ihren Halbschwestern. Dies bedeutete, dass die 1520 in der Bewidmung Ursulas für ihre Kinder vorgesehene Mitgift von 5000 Gulden jetzt verdoppelt wurde.

Nach Spittler war es vor allem Ursula von Rosenfeld, die 1537 ihren Sohn Karl als weiteren Erben ins Spiel brachte: „Es scheint klar zu seyn, die Mark=Gra(e)finn hat für ihren Sohn gesorgt; die Mark=Gra(e)finn Ursula hat, bey den bekannten Gesinnungen der So(e)hne ersterer Ehe, in der Versorgung ihres Sohnes eine Hu(e)lfe fu(e)r die Zukunft zu finden gesucht."[236] Und Pütter assistierte: „Von dieser Zeit an [seit Karls Geburt] mochte Ursel von Rosenfeld wohl darauf bedacht seyn, ihren Gemahl dahin zu bewegen, dass er nebst seinen beiden So(e)hnen erster Ehe, auch diesen ihren Sohn Carl mit einem Theile seiner ku(e)nftigen Erbfolge bedenken mo(e)chte."[237] Als Motiv erkannten sie Ursulas Ehrgeiz, durch die Beteiligung ihres Sohnes an der Herrschaft Karls Makel der minderen Geburt zu tilgen.

Es scheint zwar plausibel, dass die erbrechtliche Berücksichtigung ihres Sohnes Karl im Interesse Ursulas lag und dass sich das fürstliche Paar im Vorfeld dieses Vertrags hierüber ausgesprochen hat. Dass aber Ursulas Ehrgeiz allein für die Berücksichtigung Karls in der Erbverfügung verantwortlich gewesen sein soll, ist kaum wahrscheinlich. Es dürfte Markgraf Ernst selbst gewesen sein, der nun, da er einen Sohn aus seiner „Neigungsehe“ mit Ursula hatte, verstärkt darauf sann, diesen zu legitimieren, zumal er mit seinen mittlerweile erwachsenen Söhnen (jetzt 26 und 20 Jahre alt) zunehmend Reibereien hatte. Im Übrigen lassen sich Erbregelungen dieser Tragweite in den Häusern des regierenden Hochadels niemals bloß als Ergebnis von Absprachen unter Ehegatten deuten. Da solche Entscheidungen immer eine politische Dimension besaßen und das Interesse der weiteren Verwandtschaft berührten, wurden regelmäßig schon im Vorfeld Verwandte und Bekannte zu Rate gezogen. Dies waren in diesem Fall neben dem Bischof von Straßburg Herzog Wilhelm IV. von Bayern, Pfalzgraf Ludwig und Markgraf Georg von Brandenburg. Damit wurden jene Kräfte eingebunden, von denen als Nachbarn und Verwandten politischer Widerstand gegen die Erbregelungen von 1537 zu erwarten gewesen wäre. Es erscheint also kaum möglich, dass Markgräfin Ursula unwidersprochen ihren Willen hätte durchsetzen können. Umso bedeutsamer erscheint es allerdings, dass Herzog Wilhelm IV. als Vormund der unmündigen baden-badischen Söhne und Markgraf Georg von Brandenburg als Onkel der Erbprinzen Albrecht und Bernhard mit ihrer Unterzeichnung dieses Vertrags die Erbansprüche von deren Stiefbruder Karl anerkannten.[238] Damit stand dieser Vertrag auf einer einigermaßen sicheren Grundlage. Dennoch hat sich Bernhard mit den hier getroffenen Regelungen offenkundig nie anfreunden können.

Markgraf Ernsts Konflikt mit dem Sohn Bernhard

Markgraf Ernst, der sich in seiner Jugend selbst zum Rebellen gegenüber seinem Vater aufgeworfen hatte, musste nun als Senior seines Hauses die bitteren Erfahrungen seines unglücklichen Vaters teilen. Sein Sohn Bernhard übernahm in den folgenden Jahren die Rolle seines gleichnamigen, gerade verstorbenen Onkels, der sich zu seinen Lebzeiten fortwährend benachteiligt und zurückgesetzt gefühlt hatte. Ganz ähnlich wie jener in früheren Jahren reagierte der jüngere Bernhard unwillig auf den Teilungsvertrag von 1537 und verlieh seinem Unmut in vergleichbaren Trotzreaktionen Ausdruck. Wenn Sachs Bernhard als jungen Mann von frechem und wildem Wesen beschreibt, der „über die massen frey und gesetzloß“ aufgetreten sei[239], so ist dies zwar die Bewertung des patriarchal geprägten 18. Jahrhunderts. Tatsache bleibt aber, dass sich der Zwanzigjährige bald nach dem Tod der Stiefmutter und heftigen Auseinandersetzungen mit dem Vater von diesem lossagte und nach Verhandlungen mit der Stadt Basel wohl im August 1539 in der Metropole am Rheinknie aufzog, wo er im Gasthof zum Storchen logierte.[240]

Der Burgrechtsvertrag zwischen der Stadt Basel und Markgraf Bernhard stammt vom 11. August 1540. Darin wurde der junge Markgraf für 20 Jahre gegen ein jährliches Schirmgeld von 25 Gulden zum Burger angenommen. Markgraf Bernhard beschaffte sich auf dem Umweg über die Stadt Pforzheim, wo das Dokument hinterlegt war, den Wortlaut des Erbteilungsvertrags von 1537 und stellte diesen der Stadt Basel zu. Bürgermeister und Rat der Stadt bestätigten noch im August 1540 den Erhalt des Dokuments. Bernhard benutzte den Vertrag offenkundig dazu, den Magistrat von seinem künftigen Erbe zu überzeugen und darauf Darlehen zu erwirken. Die Stadt ließ sich ganz offensichtlich auf diesen dubiosen Handel ein, weil sie sich über den labilen Fürstensohn mittelfristig einen Zugriff auf die rechtsrheinische Herrschaft Rötteln vor ihrer Haustür versprach. Dies geht unzweifelhaft aus dem Zusatzvertrag zwischen Basel und dem jungen Markgrafen vom 30. April 1541 hervor. Darin verpflichtete sich Markgraf Bernhard, bei einer künftigen Aufteilung der verschiedenen badischen Herrschaftsteile zwischen ihm und seinem Halbbruder Karl nur Rötteln zu wählen, nicht etwa entlegenere Ämter wie Hachberg. Ferner versprach der junge Markgraf, bei etwaiger künftiger Verpfändung der Herrschaft Rötteln diese der Stadt Basel bevorzugt anzubieten. Bernhard führte in Basel mehrere Jahre lang ein recht ausgelassenes Leben unter Anhäufung namhafter Schulden.[241] Dies führte vorübergehend zu erheblichen diplomatischen Verstimmungen zwischen Markgraf Ernst und der Stadt Basel.

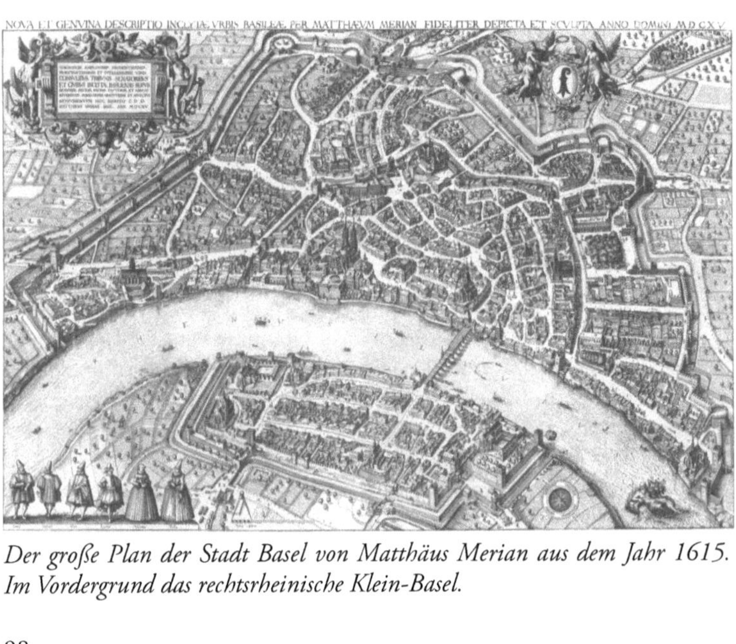

Der große Plan der Stadt Basel von Matthäus Merian aus dem Jahr 1615. Im Vordergrund das rechtsrheinische Klein-Basel.

Markgraf Bernhard scheint sich jedoch von Anfang an nicht sehr behaglich gefühlt zu haben mit der fragilen Konstruktion seiner eidgenössischen Existenz. Auch scheint er unter dem Zerwürfnis mit seinem Vater unter der Oberfläche seiner trotzigen Haltung erheblich gelitten zu haben. Schon im September und Oktober 1539 wandte er sich an die Mitsiegler des Erbteilungsvertrags, Pfalzgraf Ludwig und Herzog Wilhelm von Bayern, und sogar an Kaiser Karl V. mit der Bitte um Vermittlung, um die väterliche Gnade und Liebe wiederzuerlangen. Herzog Wilhelm versuchte in einem Schreiben vom 23. Januar 1540 mäßigend auf Bernhard einzuwirken und empfahl ihm, sich mit der Erbverfügung seines Vaters (die er selbst abgesegnet hatte) abzufinden.[242]

Mitten in diesen Querelen mit Bernhard starb im Jahr 1542 Ernsts ältester Sohn Albrecht erst 31-jährig. Im Ärger über den Vater hatte sich Albrecht 1541 dem Türkenfeldzug angeschlossen. Krank zurückgekehrt, begab er sich in Bayern auf das Schloss Wasserburg zu seiner Schwester Margaretha, wo er am 12. Dezember 1542 verstarb. Dieses tragische und emotional aufwühlende Ereignis bewog Ernst offenkundig zum Einlenken gegenüber Bernhard. Umgehend machte er sich daran, die Erbbestimmungen von 1537 zu modifizieren, denn jetzt war ja der ernestinische Teil der Markgrafschaft nur noch unter den beiden Söhnen Bernhard und Karl aufzuteilen. Im Schmerz um den Tod des ältesten Sohnes Albrecht bemühte sich der Vater um seinen „verlorenen“ Sohn in Basel, den er am 15. Oktober 1543 zu Gnaden annahm. Er erlegte Bernhard zwar Bußleistungen auf – unter anderem sollte er drei Jahre dem Kaiser dienen –, übernahm aber seine Schulden und stattete ihn mit dem wertvolleren Pforzheimer Landesteil aus, während Karl jetzt die gesamten „oberen Gebiete“ zugedacht waren.[243] Im Februar 1544 wandten sich sowohl der Herzog von Bayern als auch Kaiser Karl V. mit der Bitte an die Stadt Basel, diese möchte doch Markgraf Bernhard, nachdem dieser von seinem Vater wieder zu Gnaden angenommen sei, aus seinen Verpflichtungen entlassen.[244]

Die Aussöhnung Markgraf Ernsts mit seinem Sohn Bernhard hielt nicht lange an. Bald schon gab es Ereignisse, die das Verhältnis erneut schwer belasteten. Am 25. Mai 1546 wandte sich Markgraf Ernst erbost an Bürgermeister und Rat der Stadt Basel: Ihm sei zu Ohren gekommen, dass sein Sohn Bernhard erneut Geld auf die „Obere Herrschaft“ aufgenommen habe. Die „Obere Herrschaft“ falle diesem aber gar nicht zu, sondern laut neuem Teilungsvertrag seinem Sohn Karl.[245] Ein weiteres Ereignis dürfte erneut den Unmut des Vaters erregt haben: Im Jahr 1546 kam Bernhards Köchin Ottilie von Kilchen mit dem illegitimen Sohn Bernhard Christoph von Baden nieder (den man später als Amtmann von Graben versorgte), und es entbehrt nicht einer gewissen Ironie, dass Bernhard mit seinem konkubinären Verhältnis zu einer niederadligen Bediensteten in gewisser

Weise die (mittlerweile dritte) Ehe seines Vaters karikierte.[246] Schließlich sorgten Bernhards Eskapaden in der eidgenössischen „Metropole" Basel, wo er weiterhin gerne verkehrte, im Frühjahr 1547 erneut für Wirbel, als er sich einmal vor den Toren der Stadt in Handgreiflichkeiten verwickeln ließ. Bei seiner Ankunft vor einem der Stadttore habe sich der Markgraf von einem Basler Bürger namens Keller mit den Worten provozieren lassen, es sei *in der eidgnossenschafft nit pruch*, dass man den Leuten über die frisch eingesäten Felder reite. Worauf die Kontrahenten in einen hitzigen Wortwechsel gerieten und, als beide nach einer Hellebarde griffen, der Markgraf so unglücklich am Kopf getroffen wurde, dass er rücklings von seinem Hengst sank.[247]

All diese Nachrichten waren sicher nicht dazu angetan, das Verhältnis zwischen Bernhard und dem Vater zu verbessern. Und so mochte es für den Markgrafen immer verlockender erscheinen, den mittlerweile achtzehnjährigen Sohn aus zweiter Ehe als eigentlichen Erben und Nachfolger aufzubauen, denn ob sich Bernhard je zu einem verantwortungsbewussten Fürsten von haushalterischen Qualitäten und moralischer Integrität mausern würde, war bis zu dessen Lebensende durchaus fraglich. Zwar hielt Markgraf Ernst an seiner Übereinkunft mit dem schwierigen Sohn von 1543 fest, doch die Auseinandersetzungen mit demselben zogen sich letztendlich bis zur Regierungsübergabe im Jahr 1552 hin.

Es war aber nicht allein Bernhard, dessen Eskapaden das Vater-Sohn-Verhältnis dauerhaft belasteten. Zwei Entscheidungen des Vaters aus der Mitte der vierziger Jahre dürften wesentlich zum anhaltenden Zerwürfnis beigetragen haben. Nachdem die Markgräfin Ursula bereits 1538 verstorben war, entschloss sich Ernst im Jahr 1544 zu einer dritten Ehe: wiederum mit einer Niederadligen, Anna Bombast von Hohenheim, Ursulas Cousine. Dies geschah nur wenige Monate, nachdem sich Markgraf Ernst mit Bernhard versöhnt hatte. Ferner gab der Markgraf gerade um diese Zeit das beeindruckende Grabdenkmal für sich selbst und Markgräfin Ursula in Auftrag. Gerade dies dürfte Bernhard als schwere Provokation empfunden haben, wertete sein Vater mit diesem exponierten Denkmal doch die Mutter seines Halbbruders gegenüber seiner eigenen Mutter, Elisabeth von Brandenburg, augenfällig auf, während er sich selbst mit diesem demonstrativen Akt der Memoria als älterer Sohn und Erbprinz abgewertet fühlen musste. Es ist in diesem Zusammenhang vielleicht von besonderem psychologischem Interesse, dass sich Markgraf Bernhard im Jahr seines Regierungsantritts 1552 durch seinen Hofmaler Hans Zeitblum ein damals am Stuttgarter Hof befindliches Porträt seiner Mutter Elisabeth von Brandenburg abkonterfeien ließ, um sich, als Zeichen einer persönlichen Memoria, seiner mütterlichen Herkunft zu versichern.[248] Wie um seine Bevorzugung des jüngeren Sohnes zu bestätigen, betraute Markgraf Ernst im Jahr 1549 Karl schon einmal mit Regierungsgeschäften, als

Der Merianstich von 1643 ist das älteste Bilddokument zum Pforzheimer Schloss (Buchstabe G). Mit H ist das benachbarte Stift St. Michael, die Grablege der Markgrafen von Baden-Durlach, gekennzeichnet.

er die Untertanen der Herrschaften Sausenburg, Rötteln und Badenweiler diesem huldigen ließ. Karl durfte sich also in den oberen Landen in die Rolle des künftigen Fürsten einüben, während Bernhard in Pforzheim unter der Beobachtung des Vaters stand.

Bernhard war nicht der einzige, der in Pforzheim unter der Beobachtung des Markgrafen stand. Eine Anekdote unter dem Titel *Von fleissigem Auffsehen vnnd ersparlichem Haußhalten Marggraffs Ernsts* aus der Zeit um 1544/45 wirft ein bezeichnendes Licht auf dessen Rollenverständnis von einem fürstlichen Haushaltsvorstand. *Marggraue Ernst hette sein Gemach vber der Pforten des Hauses, das er Alles sehen konte, was auf oder hinnunter ging. Einsmals nam der Kuchenmeister ein schonen grossen Karpen mit hinnunter, der war so groß, das der Schwantz vnter dem Mantel aufßkuckede. Der Marggraue rieff ine zurück „hörstu" (sagt er), wen du mehr ein Karpen stelen wilt, so nim entweder ein kleinern Visch, oder ein längern Mantell.* Diese Anekdote überliefert Bartholomäus Sastrow (1529–1603), ein bedeutender Autobiograph des 16. Jahrhunderts, der in den Jahren 1544/45 badischer Hofschreiber in Pforzheim war und später nach einer beachtlichen Karriere zum Bürgermeister von Stralsund aufsteigen sollte.[249] Sastrow verdanken wir übrigens den Hinweis, dass Markgraf Ernst und sein Sohn Bernhard in dieser Zeit tatsächlich gemeinsam unter dem Dach des Pforzheimer Schlosses wohnten. Ferner teilt Sastrow in seinen Erinnerungen mit, dass er es war, der während seiner Pforzheimer Zeit eine Übereinkunft zwischen Markgraf Ernst und seinem Sohn Bernhard (die Aussöhnung von 1543?) zu kopieren hatte.[250]

Man kann Sastrows Anekdote vom Küchenmeister und dem gestohlenen Fisch oberflächlich als amüsante Geschichte vom Pforzheimer Hof lesen, die belegt, dass Markgraf Ernst nicht völlig humorlos war. Wichtiger erscheint jedoch, dass sie einen wertvollen Hinweis auf die Persönlichkeit des Markgrafen enthält, die demnach gekennzeichnet war von Sparsamkeit und haushälterischer Akribie. Markgraf Ernst war trotz der Verbesserung seiner finanziellen Situation nach wie vor ein „kleiner" Fürst, der gezwungen war, seine Dinge im Kleinen wie im Großen zusammenzuhalten. Es liegt auf der Hand, dass sich eine solche Persönlichkeitsstruktur nicht gut mit der notorischen Spiel- und Verschwendungssucht seines Sohnes Bernhard vertrug, der sein Erbe in Basel verspielte, bevor er es überhaupt angetreten hatte. Karl stand dem Vater, wie wir sehen werden, hierin viel näher.

Es war in den Jahren um 1550 hauptsächlich Herzog Christoph von Württemberg (1515–1568) zu verdanken, dass zwischen Ernst und seinem Sohn Bernhard trotz aller Spannungen immer wieder eine Verständigung stattfand.[251] Obwohl Herzog Christoph sehr viel jünger war als Markgraf Ernst, waren sich die beiden benachbarten Fürsten überaus freundschaftlich verbunden. Ob dieses gute Verhältnis darauf zurückzuführen ist, dass Christoph schon als kleines Kind am Nürtinger Hof verkehrte, wo Ernst zeitweilig sein „Ersatzvater" war, wäre noch genauer zu eruieren. Zu Christophs Vermittlungskompetenz trug sicherlich bei, dass er als Altersgenosse Bernhards (geb. 1517) aus eigener Erfahrung mit seinem schwierigen Vater Herzog Ulrich wusste, wie belastend ein gestörtes Vater-Sohn-Verhältnis sein konnte. Unter Vermittlung des württembergischen Herzogs rang sich Markgraf Ernst schließlich zur Übergabe der Herrschaft an seine Söhne am 26. September 1552 durch. Bernhard trat die Regierung im Pforzheimer Landesteil an, während Karl in Sulzburg die volle Regierungsverantwortung übernahm. Bezeichnend für Markgraf Ernsts fortdauerndes Misstrauen gegenüber Bernhard ist in diesem Zusammenhang die Tatsache, dass er noch im Jahr 1551, kurz vor der Übergabe der Herrschaft, mehrere Truhen mit Bargeld, Kleinodien und Silber auf die Hochburg transportieren ließ, wo sie vor dem Zugriff Bernhards sicher gewesen wären. Er ließ sich dann aber von Herzog Christoph davon überzeugen, dass es besser sei, diese Hinterlassenschaften an beide Söhne zu gleichen Teilen zu vererben, gleichgültig, in welchem Landesteil sie sich nach seinem Tod befänden.[252]

Die väterlichen Dispositionen der vergangenen Jahre hatte sich Ernst bereits am 20. August 1550 von Kaiser Karl V. bestätigen lassen.[253] Wie wichtig die reichsrechtliche Anerkennung der Erbklausel zugunsten des standesungleichen Sohnes Karl war (der nicht von ungefähr den Namen des Kaisers trug), zeigte sich bereits zweieinhalb Jahre später, als Bernhard am 20. Januar 1553 erst 36-jährig und unvermählt verstarb, nur wenige

Tage vor dem Vater. Auch dies ist ein Aspekt der „Tragödie des Hauses Baden", dass sich die beiden waidwunden, in zermürbendem Kampf erschöpften Platzhirsche ungefähr zeitgleich zum Sterben legten. Markgraf Ernst selbst zog sich in den letzten Wochen seines Lebens nach Sulzburg zurück, das er seiner Ruhe wegen liebte. Dort ist er am 7. Februar 1553, nur wenige Tage nach dem Sohn Bernhard, verstorben. Damit wurde sein dritter Sohn Karl unerwartet zum einzigen und dank kaiserlicher Bestätigung unangefochtenen Erben des ernestinischen Teils der Markgrafschaft Baden. Der Sohn eines ehemaligen Kammerfräuleins stieg unversehens zum mächtigen Reichsfürsten auf.

Ursulas Grabdenkmal in der Pforzheimer Schlosskirche

Nicht einmal ein Jahr nach dem Erbvertrag von 1537, am 26. Februar 1538, war Ursula von Rosenfeld im Alter von etwa 39 Jahren gestorben. Welche Umstände für ihren frühen Tod verantwortlich waren, entzieht sich wie so vieles in ihrem Leben unserer Kenntnis. Dass sie wie verschiedene ihrer fürstlichen Geschlechtsgenossinnen im Kindbett gestorben sein könnte, ist denkbar, aber nicht zu verifizieren. Jedenfalls war sie noch jung genug, um Kinder haben zu können. Ihr Tod war einer von fünf Trauerfällen im Haus Baden in neun Jahren (Philipp † 1533, Bernhard † 1536, Ursula † 1538, Schwiegersohn Gabriel Salamanca † 1539, Albrecht † 1542). Hält man die in diesem Zeitraum erfolgten Hochzeiten der nachfolgenden Kindergeneration dagegen (Elisabeths erste Hochzeit 1533 mit Gabriel Salamanca, Annas Vermählung 1537 mit Graf Karl von Hohenzollern, Margarethas Eheschluss 1538 mit Graf Wolfgang von Oettingen, Salomes Hochzeit 1540 mit Graf Ladislaus von Fraunberg, Elisabeths zweite Ehe 1543 mit Graf Konrad von Castell), so erhalten wir ein plastisches Bild von der raschen Abfolge von tragischen und freudigen Familienanlässen in einem fürstlichen Haus.

Der häufig frühe Tod von Fürstinnen macht deutlich, dass die Erfahrung von Waisenschaft und Stiefeltern-/Stiefkinderschaft auch im privilegierten Fürstenstand zur Lebensrealität gehörte. Markgräfin Ursula war selbst als Halbwaise aufgewachsen und hinterließ nach ihrem frühen Tod wiederum junge Kinder. Der Sohn Karl war erst zehn Jahre alt, „wie er seiner Mutter zur Leiche gieng" (Spittler).[254] Immerhin hatte sie noch erlebt (und dies sicher als Genugtuung erfahren), dass dieser Sohn zum legitimen Miterben der Markgrafschaft Baden erhoben worden war. Während mit ihrem Tod das Geschlecht der Herren von Rosenfeld endgültig erlosch, hinterließ Ursula einen Sohn, der zum Stammvater aller Markgrafen und Großherzöge von Baden bis auf den heutigen Tag werden sollte, denn die von Ernsts Bruder Bernhard gestiftete baden-badische Linie des Hauses sollte das 18. Jahrhundert nicht überdauern. Das konnte aber zu diesem Zeitpunkt Ende der dreißiger Jahre des 16. Jahrhunderts niemand auch nur erahnen.

Mehrere Jahre nach Ursulas Tod – die Forschung vermutet die Mitte der vierziger Jahre, aber wohl noch vor seiner dritten Verheiratung 1544 – gab Markgraf Ernst ein Grabdenkmal in Auftrag, das rückblickend dem Andenken seiner zweiten Gemahlin, vorausschauend aber bereits seiner eigenen Memoria gewidmet war. Dass ein Fürst sein eigenes Epitaph noch zu seinen Lebzeiten anfertigen ließ, ist nicht außergewöhnlich in einer Zeit grausamer Epidemien, in denen *nichtz gewissers ist dann der tod vnd nichtz vngewissers dann die stund des tods.*[255] Herzogin Elisabeth von Württemberg hatte ihre Grabplatte offenkundig bereits vor 1495 anfertigen lassen, mithin rund 30 Jahre vor ihrem Tod.[256] Der Künstler des Doppelgrabmals von Ernst und Ursula ist zwar nicht bekannt. Ein Stilvergleich spricht jedoch für den Bildhauer Christoph von Urach, der bereits 1537 das Epitaph für Ernsts Bruder in der Stiftskirche Baden-Baden angefertigt hatte und dessen Autorschaft dort durch eine Künstlernotiz verbürgt ist.[257] Die Tumba für das Fürstenpaar Ernst und Ursula gilt als eines der bedeutendsten Zeugnisse der Renaissance-Bildnerei in Baden.[258]

Bemerkenswerterweise wählte Markgraf Ernst für das gemeinsame Grabdenkmal für sich und seine zweite Frau die eher altertümliche, aber majestätisch wirkende Form der Tumba. Tumben, also tischförmige Hochgräber mit figürlich-plastischer Deckplatte, bildeten im 12. und 13. Jahrhundert das klassische Grabdenkmal des Hochadels. Im 14. Jahrhundert traten Wanddenkmäler unterschiedlicher Gestalt an die Stelle der Tumben.[259] Man kann zwar nicht sagen, dass die Tumba als Teil der adligen Sepulchralkultur in der frühen Neuzeit außer Gebrauch gekommen wäre – insbesondere das Haus Württemberg bevorzugte im 16. Jahrhundert diese Form der fürstlichen Memoria (siehe Stiftskirchen in Stuttgart und Tübingen) in besonderer Weise –, aber im Haus Baden steht die Doppeltumba für das Gedächtnis des Fürstenpaares Ernst und Ursula vereinzelt da. Es hat den Anschein, als habe der Markgraf bewusst diese traditionelle Form des Grabdenkmals gewählt, um den grundlegenden Charakter dieser Memorialstiftung zu unterstreichen. Dieses Denkmal dokumentierte einen Neubeginn: hier wurde Grund gelegt für eine selbständige Linie des Hauses Baden, dessen Stammeltern hier begraben lagen. Die Tatsache, dass sich alle weiteren Bestattungen in der Pforzheimer Schlosskirche um dieses zentral postierte Ahnenpaar gruppierten und auf dieses herabschauen mussten, unterstreicht diese Deutung.

In der lokalgeschichtlichen Forschung erscheint diese Tumba zunächst als „Liebesbeweis" und erst in zweiter Linie als Zeugnis für Ursulas dynastische Aufwertung. Nach Werner Pletscher ... *wurde die Tumba* nach dem

Tumba von Markgraf Ernst und Ursula von Rosenfeld in der Schlosskirche Pforzheim, Aufsicht.

Regierungsantritt Karls 1553 *zu mehr als Ernst es sich gedacht hatte. Sie war nicht mehr lediglich das Denkmal der Liebe zweier Menschen. Sie wurde jetzt erst das, was wir heute so selbstverständlich in ihr sehen: Der organische Mittelpunkt der Grablege des Hauses Baden.*[260] Nach meinem Dafürhalten übernahm die Tumba diese Funktion nicht erst nach Ernsts Tod, sondern bereits bei ihrer Errichtung: der Markgraf hatte sich dies von Anfang an „so gedacht". Um die hausgeschichtliche Bedeutung dieses Memorial-Kunstwerks hinreichend würdigen zu können, muss man sich vergegenwärtigen, dass sich Markgraf Ernst hier nicht mit seiner ersten standesgleichen Ehefrau Elisabeth von Brandenburg verewigen ließ[261], sondern mit seiner zweiten Frau niederadliger Herkunft, die er so zu seiner „eigentlichen" Gattin erhob. Welche Kränkung und Zurücksetzung dies für den Sohn Bernhard bedeutet haben muss, mit dem er sich 1543 gerade versöhnt hatte, haben wir oben bereits angedeutet.

Die Deckplatte der Tumba zeigt auf der – vom Fußende betrachtet – linken Hälfte eine nahezu vollplastische Darstellung des Markgrafen Ernst in voller Rüstung mit umgegürtetem Schwert. Der Markgraf steht auf einem Löwen, der als Symbol der Stärke gilt, während Markgräfin Ursulas Füße auf einem zusammengekauerten Hund ruhen, der ihre Treue symbolisiert. Ursula ist in eine reich gefältelte Schaube und einen darübergezogenen Pelzmantel gekleidet. Ihren Kopf verhüllt die Schleierhaube der verheirateten Frau. Wenn das Gesicht des Markgrafen porträtähnliche Züge aufweist,[262] so ist zu erwarten, dass auch Ursulas Gesicht mit seinen vollen Wangen „nach dem Leben" geschaffen sein könnte. Allerdings war Ursula, als Christoph von Urach mit ihrem Denkmal beauftragt wurde, bereits verstorben. Der Künstler kann sie demnach nicht von Angesicht zu Angesicht abkonterfeit haben. Meines Wissens existiert auch kein Porträt der „Rosenfelderin". Das muss aber nichts heißen, es könnte damals ohne weiteres in Pforzheim ein Ursula-Porträt gegeben haben, an das sich der Künstler anlehnte.[263] Es ist im Übrigen nicht unwahrscheinlich, dass der Bildhauer die Markgräfin persönlich kennenlernte, als er nur wenige Jahre vor ihrem Tod in Ernsts Auftrag das Grabdenkmal für dessen Bruder Philipp ausführte. Es ist also möglich, dass der Künstler zumindest versucht hat, die charakteristischen physiognomischen Merkmale der Verstorbenen einigermaßen zu treffen.

Falls die Grabplatte mit dem plastischen Vollbildnis des Markgrafen schon vor dessen Tod fertiggestellt war, so kann die Inschrift erst nach seinem tatsächlichen Ableben eingemeißelt worden sein, denn sie gibt das genaue Sterbedatum wieder: ANNO DOMINI M.D.LIII. VI. MENSIS FEBRV. ILL. PRINC. ERNESTVS MARCHIO / IN BADEN ET HOCHBERG. / LANDGRAVIVS IN SVSENBERG DOMINVS IN RÖTELN ET BADENVILER ANNO AETATIS / SVAE LXXI CVIVS ANIMA REQUIESCAT IN PACE AMEN. („Im Jahr des Herrn 1553 am

6. Februar starb der erlauchte Fürst Ernst, Markgraf in Baden und Hochberg, Landgraf in Sausenberg, Herr in Rötteln und Badenweiler im Alter von 71 Jahren, dessen Seele in Frieden ruhe. Amen.") Auf der Frauenseite findet sich folgender Text: Ao M D XXXVIII MENSIS FEBRV. XXVI. ILL. DNA VRSV=LA MARCHIONISSA / BADEN ET HOCHBERG ILLVSTRIS PRINCIPIS / DNI ERNESTI MARCHIONIS IN BADEN ET HOCHBERG CONIUNX: CVIVS ANIMA REQVIESCAT / IN PACE AMEN. („Im Jahr 1538 am 26. Februar starb die erlauchte Herrin Ursula, Markgräfin in Baden und Hochberg, Gemahlin des erlauchten Fürsten, Herrn Ernst, Markgraf in Baden und Hochberg, deren Seele ruhe in Frieden. Amen.")

Beide Texte sind auf den ersten Blick in etwa analog aufgebaut (Todesjahr, Todestag, Name des Verstorbenen mit Titeln und Segenswunsch). Bei Ursula fällt hingegen auf, dass anders als bei ihrem Mann das erreichte Lebensalter nicht genannt wird. Dies ist für die Forschung deshalb misslich, weil man von dieser Angabe Aufklärung über ihr genaues Geburtsjahr hätte erhalten können. Die Frage ist, warum diese Altersnennung unterblieb: Erschien es dem Markgrafen unwichtig? Oder hat er es schlicht nicht genau gewusst, weil, anders als im fürstlichen Haus Baden, bei den niederadligen (und jetzt ausgestorbenen) Rosenfeldern keine genealogischen Aufzeichnungen (mehr) da waren?

Die älteren Autoren monierten außerdem, dass bei Ursula, anders als sonst bei fürstlichen Ehegattinnen üblich, der Herkunftsname fehlt, und unterstellten, dass Markgraf Ernst bewusst Ursulas Familiennamen „von Rosenfeld" unterschlagen habe, weil er „das Angedenken der Rosenfeldischen Herkunft" nicht mochte.[264] In der Tat könnte man sagen, dass durch das Verschweigen des Lebensalters und des Herkunftsnamens zwei soziale Koordinaten „unterdrückt" wurden, die es erlauben würden, den Menschen Ursula von Rosenfeld zeitlich und sozial und das heißt: historisch zu verorten. Ursula ist hier ausschließlich als Gattin des Markgrafen (ERNESTI MARCHIONIS ... CONIUNX) definiert und ständisch als Fürstin (MARCHIONISSA) gekennzeichnet. In ihrem Grabdenkmal dokumentiert sich also endgültig jene Standeserhöhung, die zu ihren Lebzeiten nicht jedermann gebilligt hatte. Mehr vielleicht: Die Pforzheimer Tumba erscheint als die Petrifikation einer aller verräterischen sozialen Determinanten entkleideten und somit beinahe schon mythischen „Stammmutter" des Hauses Baden.

Wenn Spittler und Pütter allerdings behaupten, nicht einmal das Rosenfeldsche Familienwappen sei auf dem Grabdenkmal verewigt worden, so irren beide. Man darf natürlich nicht nach irgendwelchen Rosen suchen, sondern nach dem (schalksburgischen) Turmwappen, das die Rosenfelder seit 1381 führten. Dieses Wappen findet sich auf den Seitenwänden der Tumba gleich zweimal: einmal auf der durch fünf Säulen in

Frauenseite der Tumba mit den Wappen der Vorfahren von Ursula von Rosenfeld, ganz links das Rosenfeldsche Turmwappen.

vier Wappenfelder gegliederten Längsplatte der Frauenseite ganz links und ein zweites Mal, wie nicht anders zu erwarten, am Fußende der Tumba, hier in Allianz mit dem badischen Wappen ihres Mannes. Neben dem Rosenfelder Wappen finden sich an der Frauenseite sämtliche Wappen ihrer niederadligen Vorfahren, so der Gremlich, der Neuneck, der Ow, der Bombast von Hohenheim, der Speth, der Hochschlitz und der Angeloch. Hansmartin Decker-Hauff hat zu diesen Wappen und ihren Familien das Notwendige beigetragen.[265] Es ist also keineswegs so, dass Markgraf Ernst die niederadlige Herkunft seiner Frau unterschlagen hätte. Man musste (und muss bis heute) als Besucher nur wissen, wie die Wappenreliefs zu lesen sind. Natürlich besteht ein erhebliches ständisch-soziales Gefälle zwischen dem Wappenfries der Frauenseite und dem der Männerseite, wo mit den Wappen von Katzenelnbogen, Nassau, Österreich, Lothringen, Württemberg und Masovien die dynastisch hochkarätige Ahnenprobe des Markgrafen Ernst repräsentiert ist.

Gegen Ende des 16. Jahrhunderts bestand der Besuch der Pforzheimer Schlosskirche für Angehörige das Hauses Baden in einer seltsamen Mischung aus familiärer Memoria und touristischer Attraktion. Als Markgraf Georg Friedrich, Ernsts Enkel, im Februar 1596 von Sulzburg zu einer Kindstaufe nach Stuttgart aufbrach, nahm er mit seinem umfangreichen Tross den Weg über Durlach, wo er seinen Bruder besuchte, und Pforzheim, wo man im Schloss einkehrte und anschließend die Schlosskirche besichtigte. Der Basler Stadtarzt Dr. Felix Platter, Georg Friedrichs Leibarzt, der zu der Gesellschaft gehörte, beschreibt die Situation folgendermaßen: ... *unnd besachen [wir] in der schloß kirchen margroff Ernsten vnnd Carol sampt iren gemahelln und kinderen begrebnußen, auch margraven Albrechts von Brandenburg, welcher auch da begraben ligt.*[266] Der Name der Markgräfin Ursula wurde bereits hier unterschlagen.

Ursulas Kinder: Salome und Markgraf Karl II.

Wie viele Kinder Markgraf Ernst und Ursula von Rosenfeld miteinander hatten, ist schwer zu ermitteln. Die Zimmerische Chronik spricht von *vil künder,* Pütter weiß von „etlichen Töchtern" und dies entspricht auch dem Wortlaut *(ettlichen beider ir ... kinder)* in einem Brief der Stadt Freiburg von 1525.[267] Aus dem unbestimmten Zahlwort „etlich" lässt sich bestenfalls ableiten, dass das Fürstenpaar im Jahr 1525 sicher mehr als zwei, vielleicht mehr als drei Kinder hatte. Schöpflin und Sachs geben in ihren Stammtafeln drei Kinder an: Margaretha, Salome und Karl. Auch von Weech nennt diese drei.[268] Da wir die 1514 geborene Margaretha aber aus den oben diskutierten Gründen aus der Kinderreihe der Ursula von Rosenfeld ausgeschieden und unter die legitimen Kinder Ernsts und Elisabeths eingereiht haben, schrumpft die sichere Kinderzahl wieder auf zwei zusammen. Allerdings muss es weitere Kinder gegeben haben, denn nach Ursulas Bewidmungsbrief vom Juli 1520 hatte sie damals bereits zwei Kinder zur Welt gebracht, ob eines der beiden Mädchen Salome war oder ob diese später zur Welt kam, lässt sich nicht klären. Sachs führt außerdem eine natürliche Tochter Elisabeth an, die 1526 im Kloster St. Agnes in Freiburg bestattet wurde, also früh verstorben ist.[269] Die „offizielle" Stammtafel des Hauses Baden weist dem Paar mit Vorbehalt eine weitere Tochter Beatrix zu, die zwischen 1555 und 1589 als Priorin des Klosters Stetten im Gnadental nachzuweisen ist.[270] Das Dominikanerinnenkloster Stetten bei Hechingen war das Hauskloster der Grafen von Zollern. Da Graf Karl I. von Zollern im Jahr 1537 Markgraf Ernsts Tochter Anna aus erster Ehe heiratete, wäre es wohl denkbar, dass auf diesem Wege eine Tochter aus seiner zweiten Ehe ins Kloster Gnadental vermittelt werden konnte. Im Übrigen könnte auch Ernsts Schwester Rosina, eine verwitwete Zollergräfin, für die Vermittlung ihrer Nichte verantwortlich gewesen sein, zumal deren eigene Tochter Rosina († nach 1583) selbst Klosterfrau und Priorin in Stetten war.[271] Wie die früh verstorbene mutmaßliche Tochter Elisabeth ahnen lässt, muss man damit rechnen, dass die Ehe von Ernst und Ursula in ihren 20 Ehejahren wohl mit deutlich mehr Kindern gesegnet war, als den vier fassbaren: Elisabeth, Beatrix, Salome und Karl, dass allerdings mehrere von ihnen im Kindesalter gestorben sind.

Unter den Töchtern haben wir nur für Salome nähere biographische Angaben.[272] Salome dürfte spätestens 1525 (mutmaßlich auf der Hochburg) geboren sein. Anscheinend wurde sie wie ihre Halbschwester Margaretha am bayerischen Hof in der Umgebung der Tante Jacobäa erzogen. Das bedeutet, dass zwischen Ernsts Kindern erster und zweiter Ehe nicht grundsätzlich Misstrauen und Zwietracht herrschten. Und auch der Konflikt, der um 1534 zwischen dem badischen und dem bayerischen Hof herrschte, war offenkundig nicht dauerhaft. Möglicherweise wurde er sogar gerade durch solche Gesten wie die Inobhutnahme der Kinder beigelegt. Salome wurde im Jahr 1540, wie zwei Jahre zuvor ihre Halbschwester, unter Vermittlung Herzog Wilhelms IV. von Bayern verheiratet. Die Braut wurde im Heiratsvertrag als „eheliche Tochter" Ernsts angesprochen und erhielt, wie im Teilungsvertrag von 1537 festgeschrieben, eine Heimsteuer in Höhe von 10.000 Gulden, dieselbe Summe wie ihre Halbschwester Margaretha. Salomes Gatte war Ladislaus von Fraunberg, Graf zum Haag, der ihr Heiratsgut mit beachtlichen 21.000 Gulden widerlegte.[273] Salome machte also mit dem wenigstens 15 Jahre älteren Grafen eine gute Partie. Ladislaus von Fraunberg (1505–1566) zählt zu den prominenten, aber auch schillernden Gestalten der bayerischen Geschichte im 16. Jahrhundert.[274] Nachdem er dem Herzog zunächst noch, wie diese Ehevermittlung belegt, eng verbunden war, wurde er in späteren Jahren neben Joachim Graf zu Ortenburg und Pankraz von Freyberg zum Führer der protestantischen Adelsfronde in Bayern. Im Konflikt mit seinem Landesherrn sollte er 1557 seine wertvolle Herrschaft im Haag verlieren. Dies war nicht die einzige Tragödie seines Lebens. Im Jahr 1555 kam eine geschickt eingefädelte zweite Ehe des Grafen mit einer Nichte des Herzogs von Ferrara wegen einer Familienintrige nicht zustande.

Medaillon des Ladislaus von Fraunberg, Grafen zum Haag. Graf Ladilaus war von 1540 bis 1549 Gatte der Markgräfin Salome von Baden.

In unserem Zusammenhang interessiert aber einzig seine erste Ehe mit Salome von Baden, die unter keinem guten Stern stand. Alle Nachkommen aus dieser Verbindung starben im Kindesalter, und es scheint überhaupt lange Zeit der Fluch der Unfruchtbarkeit auf dieser Ehe gelastet zu haben. Jedenfalls war wieder einmal der Chronist Froben Christoph von Zimmern über dieses Problem seines bayerischen Standesgenossen bestens unterrichtet[275]: *Es stande nit sonder lang an, er* [Ladislaus] *verheirat sich mit marggraf Ernsten von Baden dochter, von der Rosenfelderin here. Er hett sie etliche jar, das sie unberhaft* [unfruchtbar]. *Also hett er hin und wider rath; zu letzt ließ er sich ein Juden bereden, der macht der gueten frawen ain drank, das sie kinden sollt, und wie man sagt, so ist es ain sollichs unlustigs, unsaubers geschefft gewest, weiß und zech* [zäh], *wie ain harz, das es abortum vil ehe[r] sollt befürdert haben. Aber sie muests drinken und solt es ir den herzbendel haben abbrochen. Also in kürze darnach ward sie schwanger und fieng teglichs an zu grosen. Wie nun die ordenlich zeit kam, gepar sie ein thier, zugleich wie ain af. Das ist von edlen und von andern frawen vil besehen worden. Der graf ward beschickt, erschrack und bekannt sein schuld weinendt ...*[276] Ob wir dieser abenteuerlichen Geschichte Glauben schenken wollen oder nicht[277] – Tatsache bleibt, dass dieser Ehe keine überlebensfähigen Kinder beschieden waren. Salome starb nach neun Ehejahren 1549 kaum 30 Jahre alt und überlebte ihre ebenfalls jung verstorbene Mutter Ursula nur um elf Jahre, während ihr Vater Ernst ihren Tod noch betrauerte. Salome war neben Albrecht († 1542) und Bernhard († 1553) das dritte Kind, das der Vater überlebte.

Haupterbe und Stammhalter der ernestinischen Linie des Hauses Baden wurde Karl II. von Baden (1529–1577), der einzige Sohn Ursulas von Rosenfeld. Korrekterweise ist diese Linie des Hauses in den Jahren zwischen 1535 und 1563 nach ihrem Hauptsitz Baden-Pforzheim zu benennen. Erst nach der Verlegung der Residenz von Pforzheim nach Durlach wurde sie für zwei Jahrhunderte zur Linie Baden-Durlach. Die Verlegung der Residenz erfolgte im Jahr 1563 und war eines der großen Projekte Markgraf Karls II. Auf ihn geht die Errichtung des prachtvollen Durlacher Renaissanceschlosses Carolsburg zurück. Der Legende nach ist der Markgraf während der Bauzeit täglich auf der Baustelle erschienen, um die Handwerker „cash" aus einer Tasche zu bezahlen, die zu seinem Sinnbild wurde: Karl II. Markgraf von Baden-Durlach ist so als „Karle mit der Tasch" in die Geschichte eingegangen.[278] Auch wenn somit eine zentrale Charaktereigenschaft des Markgrafen wie schon bei seinem Vater nur in Form einer Legende oder Anekdote überliefert ist, so wird doch deutlich, dass Karl II., anders als sein Halbbruder Bernhard, zum kongenialen Nachfolger seines Vaters geworden ist, dessen politische Bemühungen um die Erneuerung des Hauses Baden er mit haushälterischem Geschick fortführte. Schon Pütter, der ähnlich Spittler nicht müde wurde, die Ehe Ernsts von Baden mit Ursula von Rosen-

Hofansicht der Karlsburg in Durlach nach einer Zeichnung von Johann Jakob Arhardt 1652. Mit dem Bau dieses Renaissanceschlosses im Jahr 1565 verlagerte Markgraf Karl II. seine Residenz von Pforzheim nach Durlach.

feld als „Missheirat" zu geißeln, kam in seinem Fazit nicht umhin, wenigstens die Tüchtigkeit des Sohnes anzuerkennen: „Zum Glück seines Hauses und Landes haben seine vortreffliche persönliche Eigenschaften reichlich ersetzt, was ihm an Ebenbürtigkeit abging."[279]

Die „Tragödie des Hauses Baden": Familiendrama oder Systemkrise?

Die Herausbildung einer neuen Stufe von Staatlichkeit in den großen Territorialherrschaften gehört zu den allgemeinen Entwicklungstendenzen, die den Übergang des Mittelalters zur frühen Neuzeit kennzeichnen. Diese frühmoderne Staatlichkeit machte sich unter anderem im Aufbau eines effizienten Beamtenapparates und einer Zentralverwaltung bemerkbar. Man hat Markgraf Christoph I. von Baden nicht zuletzt deshalb als den bedeutendsten badischen Markgrafen bezeichnet, weil er gerade auf diesem Feld Pionierarbeit geleistet hat. In seiner Regierungszeit wurden mehrere Stadtordnungen (zum Beispiel für Pforzheim 1491), ferner die Landesordnung von 1495, verschiedene Kanzleiordnungen, die Hofgerichtsordnung von 1509 und die Hofordnung von 1511 erlassen.[280]

Parallel zu diesem Verstaatlichungsprozess entwickelten sich die fürstlichen Dynastien zu einem transpersonalen Verband an der Spitze des jeweiligen Staatswesens. Die Dynastien beschworen nach innen ihre familiäre Einheit und traten in der Außendarstellung korporativ als „Haus" in Erscheinung, das vom jeweils regierenden Fürsten verkörpert wurde. Sicherlich bildete auch der Familienverband der badischen Markgrafen im 15. und 16. Jahrhundert ein „Haus Baden", allerdings in einer deutlich schwächeren Ausprägung als dies beispielsweise bei Welfen und Wittelsbachern oder auch bei den Wettinern der Fall war, die um die Wende zum 16. Jahrhundert demonstrativ als „Haus Sachsen" in Erscheinung traten.[281] Man wird den Begriff vom „Haus" in diesem ausgeprägten Sinn auf die badische Dynastie im 15. Jahrhundert noch viel unbedenklicher anwenden können als zu Beginn des 16. Jahrhunderts, als das einheitliche Erscheinungsbild durch den reichsöffentlich ausgetragenen Familienzwist erkennbar zerbrach.

Zu den Kennzeichen frühmoderner Staatlichkeit zählt ferner die tendenzielle Abkoppelung des „Staatsapparats" vom jeweiligen Fürstenhaus. Bei Abwesenheit eines Fürsten war die Spitze des jeweiligen Beamtenapparats (in Gestalt von Statthaltern, Landhofmeistern, Kanzlern und Räten) ohne Weiteres in der Lage, die Geschäfte selbständig zu führen. Die Installation einer an den Universitäten ausgebildeten Beamtenelite aus adligen und bürgerlichen Funktionsträgern machte den „Staat" zu einer rationalen Organisation, die den Steuereinzug und die öffentlichen Aufgaben auch ohne Mitwirkung des Fürsten und im Extremfall sogar gegen den Fürsten bewältigte.[282] Ein markantes Beispiel hierfür ist die Absetzung Herzog Eberhards II. von Württemberg (des Gatten von Herzogin Elisabeth) im Jahr 1498 und die Einsetzung eines Regimentsrates für fünf Jahre.

Eine Voraussetzung solcher politischer Interventionen war die Herausbildung von Landständen in den größeren Territorien (Tirol und Vorderösterreich, Württemberg, Bayern, Brandenburg-Ansbach u.a.), die in Form früher „demokratischer" Partizipation am Funktionieren des Gemeinwesens beteiligt waren.[283] Erst die Partizipation der Stände, also der Geistlichkeit, des Adels und in rudimentärer Form auch bürgerlicher und bäuerlicher Führungsschichten machte aus einem Territorium ein „Land" und ließ so etwas wie „Landesbewusstsein" entstehen. Die Macht solcher Gremien demonstrierten beispielsweise die Tiroler Landstände, als sie den beabsichtigten Verkauf der österreichischen Vorlande durch Erzherzog Sigmund an Bayern 1487 stornierten. 1498 setzten der Landtag und die Eliten des Landes Württemberg den verschwenderischen und unfähigen Herzog Eberhard II. ab, und erheblichen Einfluss erlangte die bürgerliche Ehrbarkeit Württembergs, als sie sich nach Beilegung des Konflikts um den „Armen Konrad" 1514 im Tübinger Vertrag ihre Mitwirkung im Landtag verbriefen ließ.[284] Die Markgrafschaft Baden unter Christoph I. erschien gegenüber ihren Nachbarn insofern als rückständig, als es hier keine Landstände gab. Lediglich die Herrschaft Rötteln besaß noch aus markgräflich hachbergscher Zeit eine Ständevertretung in Form der „Landschaft". Diese machte ihren Einfluss beispielsweise im Jahr 1511 geltend, als sie dem Markgrafen Philipp nach der damaligen Landesteilung die Huldigung verweigerte.[285] In den badischen Kerngebieten lassen sich Landstände erst ab 1535 sicher nachweisen.[286] Bezeichnenderweise scheinen diese sich ausgerechnet im Zusammenhang mit der damaligen Landesteilung herausgebildet zu haben, jedoch ohne die Kraft, diese Teilung zu verhindern.

In dem Maße, wie sich der Staatsapparat von der jeweiligen Fürstendynastie emanzipierte, entwickelte sich die herrschaftliche Schatulle sukzessive zur „öffentlichen" Staatskasse, aus der der Fürst und sein „Haus" unterhalten wurden. Ein verantwortungsbewusster Fürst hatte somit an der Wende zum 16. Jahrhundert zwei widersprüchliche, ja paradox anmutende Aufgaben zu bewältigen: Als Regent und Landesherr musste er bestrebt sein, die Kosten seines fürstlichen „Hofstaates" in Grenzen zu halten, die er sich als Chef seines „Hauses" im Rahmen höfischer Repräsentationsaufgaben zu „verschwenden" genötigt sah. Das bedeutet aber, „Staat" und „Hofstaat" traten – gleichzeitig verkörpert in der Person des Fürsten – tendenziell in Gegensatz zueinander. Der wachsende Repräsentationsbedarf eines Fürstenhauses lässt sich etwa am exorbitanten Anwachsen des Hofstaates von Bayern-München um die Zeitenwende verdeutlichen. Umfasste der dortige Hof im Jahr 1464 noch 164 Personen, so waren es 1552 bereits 394 und 1573 nicht weniger als 711 Personen. Ab 1508 versuchten die Landstände diese Entwicklung, die sich 1511 in einem Schuldenstand von 450.000 Gulden äußerte, eine Zeitlang ohne dauerhaften Erfolg zu kontrollieren.[287] Dieses Dilemma des frühneuzeitlichen Fürsten wird auch in der Markgrafschaft Baden fassbar, wenn Markgraf Christoph I. im Jahr 1508 davon sprach, dass es für das Land schädlich sei, wenn es durch mehrere fürstliche Heiraten belastet würde.[288] Das zielte auf die Heiratswünsche des Markgrafen Ernst. Aus denselben Gründen hatte er bereits seine Tochter Rosina mit lediglich 4000 Gulden Heiratsgut ausgesprochen bescheiden ausgestattet, als diese 1505 den Grafen Franz Wolfgang von Zollern ehelichte.[289] Hatte sich Markgraf Christoph noch mit einem Hofstaat von 50 Personen zufriedengegeben, so umgaben seinen Sohn Philipp und dessen Frau Elisabeth um 1511 nicht weniger als 72 Bedienstete. Christophs Hofordnung von 1511 verfolgte deshalb nicht zuletzt die Absicht der Kostendämpfung in einem überhand nehmenden höfischen Apparat.[290]

Auch das Beispiel Brandenburg-Ansbach, wo im Jahr 1515 auf Drängen der Stände der „Hofstaat" des Hauses Ansbach für drei Jahre aufgelöst und ein Regimentsrat eingesetzt wurde, um den „Staat" zu „verschlanken", verdeutlicht das grundlegende Problem des feudalen *Fürsten*staates:

Die fürstlichen „Häuser" an der Spitze dieser Staaten waren tendenziell zu kostspielig, dabei zur Aufrechterhaltung der Geschäfte im Grunde verzichtbar. Insbesondere die kleineren Fürstentümer konnten sich die Hofstaaten ihrer jeweiligen Fürstenhäuser buchstäblich nicht leisten. Das heißt, die Fürsten waren zu Beginn des 16. Jahrhunderts – wir sprechen wohlgemerkt vom Vorabend des Bauernkriegs! – tendenziell in der Gefahr, sich durch Verschwendung, durch politisch problematische Entscheidungen oder eine Mischung aus beidem (Tirol 1487, Württemberg 1498 und 1514, Brandenburg 1515) zu delegitimieren.

In diesem prekären Aggregatzustand des frühmodernen Fürstenstaates war die Frage der Herrschaftsweitergabe keine private, innerfamiliäre Angelegenheit des jeweiligen Fürstenhauses, sondern eine das Wohl des Landes tangierende öffentliche Angelegenheit. Bei einem Generationenwechsel hatte der Fürst zwei objektive Faktoren in Einklang zu bringen: die Größe seines Territoriums und die Anzahl der bei einer Teilung zu berücksichtigenden Kinder. Im Fall Badens erschien es zunächst günstig, dass Markgraf Christoph die territoriale Basis seiner Herrschaft durch den Erwerb der Herrschaften Rötteln, Badenweiler und Sausenburg im Jahr 1503 erheblich erweitert hatte. Hinzu kam seit 1488 die Statthalterschaft in Luxemburg, eine Position, auf die man einen zweiten Sohn verweisen konnte, ohne die badischen Stammlande anzutasten. Das Problem war nur, dass Markgraf Christoph am Beginn des 16. Jahrhunderts einem sehr großen Haushalt mit 12 überlebenden Kindern vorstand, darunter sieben Söhne, von denen drei Anspruch auf politische Herrschaft erhoben. Vier von sieben Söhnen konnte der Markgraf mit geistlichen Pfründen ausstatten, darunter Jakob, der es zum Erzbischof von Trier bringen sollte. Warum im Fall Ernsts, der ebenfalls bereits 1494 die niederen Weihen erhalten hatte, die Vermittlung in den geistlichen Stand scheiterte, ob für ihn keine angemessene Pfründe gefunden wurde oder ob er frühzeitig prinzipiell gegen diesen Karriereweg opponierte, bleibt unklar.

Nach dem badischen Hausvertrag von 1380 sollte die Herrschaft unter nicht mehr als zwei weltlichen Söhnen geteilt, im besten Fall aber einem einzigen Sohn weitergegeben werden (sogenannte Individualsukzession; war dieser Alleinerbe der älteste Sohn, so spricht man von Primogenitur). Markgraf Christoph strebte die Lösung der Individualsukzession an, es ist ihm aber nicht gelungen, sein Konzept der Herrschaftsweitergabe dem Kreis der weltlich gebliebenen Söhne plausibel zu machen. Insbesondere der älteste Sohn Bernhard hat nicht verstanden (oder jedenfalls nicht akzeptiert), dass der Vater ihm den jüngeren Bruder Philipp als künftigen Regenten vorzog. Bernhard hat diese Kränkung nie verwunden. Dies war der Kern jener psychologischen Verstrickungen, die später den Stoff für die „Tragödie des Hauses Baden" lieferten. Als mit Ernst ein weiterer Sohn das Prinzip der Individualsukzession in Frage stellte und eine Herrschaftsbeteiligung forderte, war das muntere Erbteilungsroulette eröffnet. Was genau fehlgelaufen ist im Fall der badischen Herrschaftsweitergabe zu Beginn des 16. Jahrhunderts und warum in dieser Generation des Hauses Baden scheiterte, was in den vorangegangenen selbstverständlich war, wird sich vielleicht nie vollständig klären lassen.

Der von Hansmartin Schwarzmaier ins Spiel gebrachte, der Literaturwissenschaft entlehnte Begriff der „Tragödie" für diese Phase der badischen Hausgeschichte scheint gerechtfertigt, wenn sich bei den handelnden Personen (den *dramatis personae*), die dieses Schauspiel boten, Komplexe von Schuld und Leid, Vergeltung und Reue fassen lassen, denn durch solche großen Gefühle ist der tragische Held seit Aristoteles definiert. Solche psychologischen Momente schuldhafter Verstrickung im Haus Baden lassen sich in der Tat bei allen Beteiligten nachweisen. Sie bildeten gewissermaßen die Motive, die die Systemkrise des Herrschaftswechsels zum Familiendrama erweiterten.

Allem Anschein neigte Markgraf Christoph dazu, sein Konzept des Herrschaftswechsels den Söhnen mit kränkenden und ehrverletzenden Mitteln nahezubringen. Die harte Hand des Vaters provozierte bei den Söhnen abwechselnd verzweifelte, trotzige oder aggressive Reaktionen. Schon früh machten die Söhne Bernhard und Christoph d. J. wegen ihres Ungehorsams Bekanntschaft mit dem Karzer. 1505 verließ Bernhard nach einem Streit mit dem Vater das Haus im „Unfrieden" und verabsentierte sich nach Spanien. Noch zehn Jahre später stand der mittlerweile 40-Jährige erneut unter Hausarrest und musste dem Vater Urfehde schwören, ein Mittel, das sonst in der Strafrechtspflege gegenüber Verbrechern und Delinquenten aller Art angewendet wurde. Das heißt, der Vater trat hier dem Sohn in der Rolle des Landesherren entgegen, der einen Unbotmäßigen bestrafte. Es gehört zum Wesen der Urfehde, dass sich der strafende Gerichtsherr durch einen Unterlassungseid gegen Racheimpulse eines aus der Haft entlassenen Delinquenten absicherte. Man kann daraus vielleicht schließen, dass entsprechende Androhungen seitens Bernhards im Raum standen. Auch zwischen Ernst und seinem Vater fand um 1510 nach Wielandt ein „erregter Briefwechsel" statt, wobei der Sohn nicht davor zurückschreckte, den Vater in Drohschriften verächtlich zu machen.[291] Mindestens bei diesen beiden Söhnen scheint das Verhältnis zum Vater vollkommen zerrüttet gewesen zu sein. Zu den trotzigen Gesten der Söhne gesellte sich zunehmend ein Moment der Respektlosigkeit, das zuletzt in der Absetzung des Vaters gipfelte. Volker Press resümiert den Familienstreit im Haus Baden wie folgt: „Christoph focht 1515 erbitterte Konflikte in der Familie aus, die Züge einer Gegnerschaft jeder gegen jeden angenommen hatten."[292]

Man könnte den Familienstreit im Haus Baden zu Beginn des 16. Jahrhunderts als ein extremes Einzelbeispiel der Erbauseinandersetzung in einem deutschen Fürstenhaus betrachten. Doch der Blick auf den vergleichbaren Fall des Hauses Brandenburg-Ansbach zeigt, dass es sich keineswegs um einen Einzelfall handelte. Zugleich liefert das Beispiel Ansbach vielleicht einen Schlüssel zum Verständnis, warum diese Generationenkonflikte mit so unversöhnlicher Härte geführt wurden. Cordula Nolte verweist darauf, dass es für die Söhne des Markgrafen Friedrich V. von Brandenburg, Georg und Casimir, die bereits seit 1498 als *regierend fürsten* vorgesehen waren, zunehmend unerträglich wurde, noch beinahe zwei Jahrzehnte im Ungewissen über ihre Zukunft verharren zu müssen. Der Groll über ihre existenzielle Unsicherheit wie auch der wachsende Ärger über die fortschreitende Verschwendung ihres Erbes durch den Vater seien verantwortlich gewesen für die aggressive Form und die unversöhnliche Härte, mit der die Söhne den Vater im Zuge eines „Staatsstreichs" aus dem Weg räumten.[293] Dass die Söhne des Hauses Baden zur selben „Problemlösung" griffen, verweist auf eine strukturell vergleichbare Problemlage wie auch auf ähnliche Beziehungs- und Persönlichkeitsstrukturen in beiden Familien. Von Friedrich von Brandenburg wissen wir, dass er wie so mancher zeitgenössische Fürst zu Gewalttätigkeiten neigte und sich mit seinen Söhnen gelegentlich handgreiflich auseinandersetzte.[294]

Die Entmündigung und Gefangensetzung des Markgrafen Christoph durch seine Söhne wird in der badischen Geschichtsschreibung auffällig sachlich und emotionslos, ja beinahe beiläufig behandelt.[295] Dabei muss man sich schon bewusst machen, dass es sich hierbei um einen ungeheuerlichen Vorgang handelte: um nichts weniger als einen symbolischen Vatermord, bei dem der Vater zwar nicht tatsächlich getötet, wohl aber seiner Herrschaft beraubt, entmündigt, räumlich und politisch beseitigt wurde. Eine solch drastische Maßnahme, die auf die Negierung des Erzeugers zielte, ja auf die Verweigerung seiner Memoria,[296] lässt sich als reziproke Reaktion verstehen, mit der dem Vater entsprechend lieblose und kränkende Handlungsweisen „heimgezahlt" wurden. Einigermaßen rätselhaft und erklärungsbedürftig erscheint lediglich die Wandlung Markgraf Philipps, der sich als ursprünglich bevorzugter Sohn seit 1511 nicht nur anscheinend widerspruchslos mit der Machtteilung abfand, sondern sich spätestens 1515 mit der rebellierenden „Bruderhorde" solidarisierte und 1519 bei der Inhaftierung des Vaters die führende Rolle übernahm.[298]

Markgraf Christoph I. von Baden befand sich bis um das Jahr 1503 auf dem Weg zum bedeutendsten Regenten seines Hauses überhaupt. Wäre ihm sein Meisterstück, die ungeteilte Weitergabe seines ansehnlichen Territoriums an einen einzigen Sohn, geglückt, hätte Baden durchaus die Chance gehabt, Anschluss zu finden an die Gruppe der fortschrittlichen Fürstentümer im Reich, an die Kurpfalz, an Kurbrandenburg, an Bayern, Sachsen oder auch Württemberg. So aber musste Christoph – versinnbildlicht in seiner Entmachtung und Gefangenschaft auf dem Stammschloss seines Hauses – als tragisch gescheiterter Fürst in die Geschichte eingehen.

Die Rebellion der zurückgesetzten Söhne hat den entscheidenden Schritt des werdenden Landes Baden in Richtung frühneuzeitlicher Staatlichkeit verhindert. Entsprechend verharrte das entzweite „Haus“ Baden weiterhin auf der untersten Stufe des Fürstenstandes, ähnlich den askanischen Fürsten von Anhalt oder den Markgrafen von Brandenburg-Ansbach. Die beiden Markgrafschaften Baden-Baden und Baden-Durlach fielen nach Volker Press „eindeutig in die zweite Linie zurück“.[299] Während Baden in seiner Entwicklung zurückgeworfen wurde, erlangten mächtigere Häuser wie die Kurpfalz, Sachsen, Bayern (Primogenitur 1508 nach schweren Konflikten), Württemberg (nach der Rückkehr Ulrichs 1534) oder Braunschweig (Primogenitur 1535) im Wege erfolgreicher Individualsukzession die nächste Stufe frühmoderner Staatlichkeit.

„Nit schimpf mit Ernst“ – verspielte Chancen und Neubeginn

1533, im Jahr der gescheiterten Versöhnung mit seinem Bruder Bernhard, ließ sich Markgraf Ernst eine Gedenkmedaille anfertigen, auf deren Rückseite erstmals sein Motto überliefert ist: NIT SCHIMPF MIT ERNST.[300] Der Reiz dieses Mottos rührt aus der Spannung des Gegensatzpaares „Schimpf“ und „Ernst“. Diese beiden mittelhochdeutschen Wörter haben seit dem 16. Jahrhundert eine erhebliche Bedeutungsverschiebung erfahren, so dass die unseren modernen Ohren naheliegende Bedeutung „Schimpfe nicht mit Ernst“ in dem Sinnspruch allenfalls am Rande mitschwingt. Das Wortpaar besteht aus den mhd. Vokabeln *ern(e)st* = Kampf, Mut, Streitbarkeit; Aufrichtigkeit; Festigkeit im Denken, Reden und Handeln („Ernsthaftigkeit“), und *schimph* = Scherz, Kurzweil, Spiel; Spott, Verhöhnung, Schmach („mit Schimpf und Schande“). Der Gleichlaut des Adjektivs „ernst“ mit dem Personennamen des Markgrafen machte den Sinnspruch zu einem mehrschichtigen Wortspiel. Ernst hat sich offensichtlich mit der positiven Semantik dieser Vokabel („Ernsthaftigkeit“, „Streitbarkeit“) identifiziert, die er sich als positive Charaktereigenschaften anverwandelte. *Nomen est omen*, des Markgrafen Personenname wurde in diesem Wahlspruch zum Programm. *Nit schimpf mit Ernst* umfasst demnach einen Bedeutungshorizont, der von „Verwechsle nicht Ernst mit Scherz“ und „Sei nicht böse auf Ernst“ über „Glaube nicht, mich schmähen oder verspotten zu können“ bis hin zu „Treibe keinen Schabernack, keinen Scherz, keinen Hohn mit einem, der mutig und streitbar ist und der es ernst meint“ reicht. Das Motto enthält somit sowohl einen Entschuldigungsgestus wie eine Drohgebärde, die jedoch ihrerseits durch die Selbstironie und den Humor des Sinnspruches abgeschwächt erscheint (und so den Hörer des Mottos in einer ersten Reaktion schmunzeln lässt).

Schaumünze des Markgrafen Ernst von Baden von 1533. Rückseite mit dem Motto NIT SCHIMPF MIT ERNST.

Ernst meinte es sicherlich „ernst“ mit seinem Wahlspruch. Üblicherweise stecken in solchen Motti persönliche Lebenserfahrungen, Erkenntnisse und Einsichten, die sich in Gestalt des Wahlspruchs zur Lebensmaxime erheben. Es ist also sicher davon auszugehen, dass Ernsts Motto von 1533 in irgendeiner Form sein vorangegangenes Leben, also auch den Familienzwist im Haus Baden, vielleicht auch schon die Vorgänge um seine Brautwerbung in Nürtingen, reflektierte und entsprechende Schlussfolgerungen verkörperte. Bemerkenswert erscheint die eher seltene Imperativ-Form des Mottos, wobei sich nicht eindeutig entscheiden lässt, ob der Angesprochene ein äußeres Gegenüber oder das eigene Selbst ist.[301]

Es darf als sicher gelten, dass die Söhne Markgraf Christophs mit der entwürdigenden Behandlung ihres Vaters in den Jahren 1515–19 Schuld auf sich geladen hatten. Mit der „Beseitigung“ ihres Vaters hatten sie nicht nur gegen ein zentrales biblisches Gebot, sondern auch gegen alle herrschenden Moralvorstellungen einer patriarchal geprägten Gesellschaftsordnung verstoßen. Die Frage ist, inwiefern Markgraf Ernst wegen seines Anteils an der brüderlichen Revolte auch subjektiv Schuldgefühle empfand. Zur Beantwortung dieser Frage ist es durchaus von Interesse, dass Ernst im fortgeschrittenen Mannesalter – 1527 beim Tod des Vaters war er 44 Jahre alt – dem Vater immer ähnlicher wurde, zumindest in einigen wesentlichen Charaktereigenschaften und in seinem fürstlichen Rollenverständnis. Man kann diese Annäherung an die Persönlichkeitsstruktur des Vaters ohne Weiteres als Form der Reue, als „nachträglichen Gehorsam“, als Akt der Wiedergutmachung deuten, mit dem er seinen rebellischen Gestus des frühen Erwachsenenalters revidierte.

Ernsts oppositionelle Veranlagung hatte sich nicht nur in seiner Auflehnung gegen die väterliche und landesfürstliche Autorität (1508 bis 1519) manifestiert, sondern sicherlich auch in seiner Verheiratung mit einer Niederadligen (1518) und in seiner Öffnung für die Lehren der Reformation um 1521 bis 1524. Allerdings ist die Tatsache, dass er in seiner Hinwendung zur Reformation persönlich wie als Landesfürst auf halber Strecke stehen blieb, in gewisser Weise bereits als Zeichen seiner Umkehr zu verstehen. In der Tat erscheint Markgraf Ernst auf dem Feld der Kirchenpolitik zaghaft und ambivalent. Während er um 1523/24 noch lebhaftes Interesse an der Reformation zeigte und zum Protektor evangelischer Flüchtlinge wurde, ließ er 1528 Gerüchte um seine Konversion dementieren. Dennoch hatten bayerische Räte noch im Jahr 1534 den Eindruck, die Reformation sei in der Markgrafschaft Baden bereits weit fortgeschritten. Ernst schwenkte in der Konfessionsfrage zeitlebens auf eine vermittelnde Haltung ein, so bereits im November 1524 auf der Rheinfeldener Konferenz in Sachen des Waldshuter Reformators Hubmaier, aber auch auf dem Augsburger Reichstag von 1530 und noch beim Hagenauer Religionsgespräch von 1540. Es scheint nach dem derzeitigen Stand der Forschung sicher, dass Ernst trotz aller fortbestehenden Toleranz gegenüber reformatorischen Bestrebungen zuletzt (ebenso wie schon sein Bruder Philipp) als katholischer Christ gestorben ist.[302] Indem der Markgraf jedoch seinen Sohn Karl von einem protestantischen Lehrer erziehen ließ, legte er diesem die Option zur späteren Konversion nahe. Er vertagte damit den Konfessionswechsel auf die nächste Generation. Wie sich Markgräfin Ursula in der Reformationsfrage verhielt, wäre interessant zu erfahren, bleibt uns aber leider verborgen.

Zur Umkehr in der Konfessionsfrage mag nicht zuletzt Ernsts Schock über die Erhebung seiner Bauern im Jahr 1525 beigetragen haben. Die Aufständischen in der Markgrafschaft waren ja in erheblichem Maße evangelisch inspiriert. Clewi Ruedi aus Malterdingen, der Hauptmann der Hachberger Bauern, galt als Wiedertäufer. Es ist in diesem Zusammenhang Ernsts deprimiert klingender Brief aus Freiburg an die Stadt Basel vom 7. Mai 1525 von Interesse. Der Markgraf hatte sich wohl am Vortag mit seinen aufständischen Untertanen irgendwo im Umland Freiburgs getroffen, wo sie ihm ihre Forderungen unterbreitet hatten. Die Bauern wollten künftig nur noch den Kaiser akzeptieren, keinen Fürsten. Ernst sollte vielmehr wie sie Bauer sein, eine für den Markgrafen offensichtlich deprimierende Zumutung: *Wie erbärmlich, das zu hören ...*, kommentierte Ernst diese Forderung.[303] Wenn die Berufung der rebellischen Bauern auf das Evangelium das Gottesgnadentum und die „natürliche" Autorität der Fürsten in Frage stellte, dann musste aus der Sicht des in Frage gestellten Fürsten ein Schatten auf die Reformation fallen.

Im Übrigen waren dem Markgrafen durch seine Nähe zum Haus Habsburg in der Konfessionsfrage enge politische Grenzen gesetzt. Nachdem seit dem Nürnberger Reichstag von 1524 klar war, dass sich das Haus Habsburg zum Vorreiter des alten katholischen Glaubens aufschwingen würde – das hatte Erzherzog Ferdinand seinem „Oheim" im Mai 1524 unmissverständlich klar gemacht –, hatten „kleine" Fürsten wie die Markgrafen Philipp und Ernst, aber auch Markgraf Casimir von Brandenburg[304] – anders als etwa der Kurfürst von Sachsen, der Landgraf von Hessen oder später der

Herzog von Württemberg – kaum die Macht, eine vom Reichsoberhaupt unabhängige Kirchenpolitik zu formulieren. Markgraf Ernst blieb deshalb in den zwanziger Jahren des 16. Jahrhunderts (wie übrigens auch seinem Bruder Philipp, der von 1524 bis 1528 als Statthalter des Reichsregiments fungierte) kaum eine andere Wahl, als sich zum loyalen Gefolgsmann der Habsburger zu entwickeln – dies natürlich in der Tradition seiner Vorfahren. Seine Loyalität zum Haus Habsburg hatte er bereits unter Kaiser Maximilian in der Teilnahme am italienischen Feldzug 1509 und in seiner Funktion als niederösterreichischer Landhofmeister 1512/13 unter Beweis gestellt. Er untermauerte dies mit der frühen Ergebenheitsadresse an Karl und Ferdinand 1519, mit der Militärhilfe im Türkenfeldzug von 1522 und im Türkenfeldzug von 1542, dem sein Sohn Albrecht zum Opfer fiel, nicht zuletzt aber mit dem Verzicht auf die Durchführung der Reformation in der Markgrafschaft Baden.

Fahnenträger des Evangeliums. Der Holzschnitt aus Thomas Murner, Vom großen lutherischen Narren, karikiert die Militanz der radikalen Evangelischen.

Was Markgraf Ernst seinem Vater zunehmend ähnlich machte, war sein nach und nach entwickelter Hang zum umsichtigen Haushälter als Voraussetzung einer verantwortungsvollen Regentschaft. Unter diesem Blickwinkel ist möglicherweise auch die Verbindung des Hauses Baden mit dem Emporkömmling Gabriel Salamanca im Jahr 1533 zu sehen. Markgraf Ernst verdankte dem spanischen Finanzgenie die Rückbezahlung der 50.000 Gulden Außenstände des Hauses Baden bei den Habsburgern. Mit diesem Coup wetzte Ernst eine Scharte seines Vaters wieder aus – eine „Entschuldung“ im doppelten Wortsinn. Die dynastische Verbindung Ernsts mit dem der gesamten Adelswelt suspekten Aufsteiger charakterisiert den Markgrafen insofern als einen Fürsten „neuen Typs“, der ganz im Sinne Macchiavellis ausschließlich nach pragmatischen Gesichtspunkten zum Wohle seines Hauses handelte. Der Markgraf bewahrte sich also bei aller Rückkehr zur Konvention einen Hang zum Unkonventionellen.

Nach dem Tod seiner Brüder Philipp und Bernhard in den Jahren 1533 und 1536 erhielt Markgraf Ernst die realistische Chance, die geteilte Markgrafschaft Baden noch einmal zu vereinigen. Doch er sollte mit diesem Versuch genauso scheitern wie zwei Jahrzehnte zuvor sein Vater. Bezeichnenderweise war es erneut Bernhard, der schon am Misserfolg des Vaters erheblich beteiligt gewesen war, dessen fortdauernde Unversöhnlichkeit jetzt auch den Bruder zum Scheitern verurteilte. Aber es war natürlich nicht allein Bernhards obstruktive Haltung, die zu dieser Entwicklung führte. Markgraf Ernst selbst trug durch eigene Fehler entscheidend zum Misserfolg bei. Sein 1537 mit untauglichen Mitteln – der Arrestierung seiner schwangeren Schwägerin – unternommener Versuch, die Vormundschaft über seine minderjährigen Neffen zu erzwingen, erwies sich als kontraproduktiv. Ernst musste hinnehmen, dass das Haus Wittelsbach auf dem Weg der Vormundschaft über Bernhards Söhne einen entscheidenden Einfluss auf die Politik der Linie Baden-Baden gewann und damit die Teilung der Markgrafschaften im Zeichen der Glaubensspaltung zementierte.[305]

Dass es Markgraf Ernst nicht gelungen ist, die Markgrafschaft von Baden zusammenzuhalten, kennzeichnet seine Tragik auf der hauspolitischen Ebene; seine persönliche Tragödie bestand darin, dass er in der Auseinandersetzung mit seinem Sohn Bernhard in gewisser Weise jenes Schicksal erleiden musste, das er selbst als aufbegehrender Sohn seinem Vater bereitet hatte. Der einzige Lichtblick am Ende seines Lebens war sein jüngster Sohn Karl. Damit kehren wir aber zur Frage zurück, welche Rolle Ursula von Rosenfeld im Leben des Markgrafen und in der Tragödie des Hauses Baden spielte. Mit Ursula von Rosenfeld kehrte eine ständisch-soziale Komponente ins Haus Baden ein, die einen denkbar scharfen Kontrast bildete zu dem hochfürstlichen Glanz, in dem sich die badischen Markgrafen seit dem 15. Jahrhundert sonnten. Gegenüber der Arroganz und Ansprüchlichkeit des Erbprinzen Bernhard verkörperte Ursulas Sohn Karl ein Moment der Einfachheit und Bescheidenheit. Während Bernhard jegliches haushälterisches Talent vermissen ließ und seine Nobilität in Basler Tavernen aufs Spiel setzte, machte sich Karl daran, seinen fürstlichen Rang, der ihm nicht aus Gottesgnadentum in die Wiege gelegt war, durch Sparsamkeit, haushälterische Klugheit und politische Leistung zu verdienen. Nicht an großen Fürstenhöfen erzogen, sondern seit 1534 unter der Aufsicht des Vaters von dem lutherischen Emigranten Jakob Ziegler auf seine Regentschaft vorbereitet,[306] war Karl kein „geborener", sondern ein „gelernter" Fürst, der sich seiner bescheidenen Herkunft von Mutterseite wohl immer bewusst blieb. Wo sich sein Halbbruder Bernhard aus Standesdünkel über das Volk erhob, erwarb sich Karl den Ruf eines leutseligen Fürsten, der nicht von ungefähr zum Gegenstand populärer Legendenbildung („Karle mit der Tasch") wurde.

Epitaph des Markgrafen Karl II. „mit der Tasche" in der Schlosskirche Pforzheim.

Karl II. war nach Volker Press „ein stabiler Faktor", der für den „klare(n) Vorsprung [der Linie Baden-Durlach] vor der Badener Linie" verantwortlich wurde.[307] Während das Haus Baden-Baden künftig durch eher exzentrische Persönlichkeiten auffiel („Türkenlouis"), sah „Baden-Durlach ... seine Fürsten als sorgliche Hausväter bei sich altern".[308] Auch wenn sich diese Formulierung Gotheins entschieden zu „gemütlich" anhört, so ist doch soviel richtig, dass sich die vom Markgrafen Ernst abstammenden Fürsten durch eine gewisse Bodenständigkeit auszeichneten. Und man könnte durchaus die These vertreten, dass dieser charakteristische Zug nicht zuletzt auf Ernsts Ehe mit der standesungleichen Gattin Ursula von Rosenfeld zurückzuführen ist. Ursula war Teil dieses Neubeginns, und Markgraf Ernst hat ihr dies in der grandiosen Pforzheimer Tumba gedankt. Beim Tod der Markgräfin Ursula im Jahr 1538 war zwar die Teilung der Markgrafschaft definitiv vollzogen, zugleich war aber der Grund gelegt für eine einigermaßen gedeihliche Entwicklung des Hauses Baden-Durlach auf vergleichsweise bescheidenem Niveau. Die Teilung bedeutete zweifellos eine „Tragödie" für die Dynastie und die territorialstaatliche Entwicklung Badens, eine „Katastrophe"[309] war dies sicherlich nicht.

Anmerkungen

Abkürzungen

GLA	Generallandesarchiv Karlsruhe
GStAB	Geheimes Staatsarchiv Berlin
HStASt	Hauptstaatsarchiv Stuttgart
StABS	Staatsarchiv Basel-Stadt
RMB	Regesten der Markgrafen von Baden
ZGO	Zeitschrift für die Geschichte des Oberrheins
ZWLG	Zeitschrift für Württembergische Landesgeschichte

1 *Schwarzmaier*, Baden, S. 197. Zur Gräfin von Hochberg vgl. *Furtwängler*, Luise Caroline, *Borchardt-Wenzel*, Frauen am badischen Hof, S. 46-49 und *Willoweit*, Standesungleiche Ehen, S. 36 f. und S. 100 f. – Zum dynastischen Hintergrund vgl. Katalog *Adel im Wandel*, S. 241 und 366-377 mit Stammtafel. – Auch im Haus Baden-Baden gab es 1591 eine standesungleiche Ehe zwischen Markgraf Eduard Fortunatus und Maria van Eicken.

2 *Sachs*, Einleitung; *Spittler*, Mark=Graf Ernst; *Pütter*, Ueber Mißheirathen.

3 *von Weech*, Badische Geschichte, S. 252 f.

4 So *Pütter*, Ueber Mißheirathen, S. 83 f.; vgl. *Schöpflin*, Historia, S. 28: „Ursula de Rosenfeld ex perantiqua Suevicae Nobilitatis gente prognata"; Spittler, Mark=Graf Ernst, S. 749: „Die Rosenfelde waren ... ein altes adeliches Geschlecht ..."; *Sachs*, Einleitung, S. 63: „Die Familie Rosenfeld ist ein sehr altes adeliches Geschlecht in Schwaben." *Moser*, Familien-Staats-Recht 2, S. 61, hielt es für „unerweislich", dass Ursula „Herrenstandes" gewesen sei; sie sei „vom gemeinen Adel" gewesen.

5 *Sütterlin*, Geschichte Badens; *Hug*, Geschichte Badens; *Hug*, Kleine Geschichte Badens; *Kohnle*, Kleine Geschichte.

6 *Press*, Die badischen Markgrafen, S. 33; *Schwarzmaier*, Baden, S. 129; Abbildung der Tumba zum Beispiel bei *Rott*, Kunst und Künstler, S. 13 und Tafel 1, und bei *Schwarzmaier* u.a., Geschichte Badens in Bildern, S. 98.

7 *Decker-Hauff*, Ahnenprobe, S. 115.

8 Wenn *Rill*, Fürst und Hof, S. 9 seine biographische Studie des archivalisch durchaus reich dokumentierten österreichischen Generalschatzmeisters Gabriel Salamanca, der uns unten noch beschäftigen wird, als „Karriere eines biographisch nur schemenhaft erfaßbaren Individuums" vorstellt, so bleibt für unsere biographische Skizze zu Ursula von Rosenfeld nur noch das Bild von der Jagd nach einem Phantom.

9 Vgl. zu diesem prosopographischen Konzept *Bumiller*, Zur Biographik.

10 *Schwarzmaier*, Vom Haus Zähringen, S. 29.

11 *Seeger*, Vom Hoffräulein, S. 1, beruft sich mit seiner exakten Jahreszahl ohne nähere Quellenangabe auf einen „Stammbaum der Markgrafen und Großherzöge von Baden". Bei *Schwennicke*, Europäische Stammtafeln, N.F. I.2, Tafel 268 findet sich das Geburtsjahr 1490, allerdings in Klammern, das heißt, dem Herausgeber erschien diese Angabe als unsicher. *Decker-Hauff*, Ahnenprobe, S. 1, schreibt, Ursula sei „mehr als 15 Jahre" jünger gewesen als Markgraf Ernst (geb. 1482), also in den letzten Jahren des 15. Jahrhunderts geboren. Liefert also *Decker-Hauff* hier nur eine vage Alterangabe, so kommt er ebd. S. 126 nochmals auf die Altersfrage zurück: Ursula war in der Geschwisterreihe „vielleicht die Jüngste, da sie bei ihrer Vermählung mit dem Markgrafen im Jahre 1518 noch sehr jung gewesen sein soll". Die Formulierungen klingen verdächtig nach einem Zirkelschluss. Es scheinen demnach auch *Decker-Hauff* keine Quellen bekannt gewesen zu sein, die das Geburtsjahr 1499 einwandfrei belegen. Es handelt sich demnach um ein erschlossenes Datum, das davon ausgeht, dass Ursula die jüngste Tochter Wolfs von Rosenfeld war und, da dieser im Jahr 1500 verstarb, nicht lange vor diesem Jahr geboren sein muss. Leider hilft in dieser Frage auch Ursulas Tumba in der Pforzheimer Schlosskirche nicht weiter; vgl. unten S. 107.

12 *Bumiller*, Rosenfeld im Mittelalter, S. 47-109; H.P. *Müller*, Schalksburg und Rosenfeld; *Zekorn*, Türme statt Rosen.

13 Ebd. S. 89 ff. Die „Stoll von Rosenfeld" gehören damit zu jenen zahlreichen südwestdeutschen Adelsfamilien, die aus dem Bürgertum in den Adelsstand aufstiegen und diese Soziogenese in ihren Familiennamen ablesbar hielten, wie die Schilling von Cannstatt, die Bombast von Hohenheim, die Gremlich von Pfullendorf, die Kechler von Schwandorf, die Gut von Sulz u.v.a.m. Es ist insofern vielleicht kein Zufall, dass die Rosenfeld eine starke Affinität gerade zu dieser Gruppe adliger Familien zeigten.

14 Obwohl *Spittler*, Mark=Graf Ernst, S. 749 ff. den sozialen Rang der Familie in polemischer Weise kleinredete, gelangte er mit den ihm damals zur Verfügung stehenden Quellen doch insgesamt zu einer annähernd stimmigen Einschätzung.

15 *King*, Ursulahaus.

16 *Kindler von Knobloch*, Oberbadisches Geschlechterbuch 3, S. 624-626.

17 *Roller*, Die Eltern der Markgräfin Ursula, S. 155; *Ders.*, Ahnentafel, S. 35-49.

18 *Decker-Hauff*, Ahnenprobe.

19 *HStASt* A 54a St 14 Schatzungsliste Rosenfeld 1470.

20 *Zimmerische Chronik* 2, S. 398; vgl. ebd. 1, S. 184.

21 Die Todesursache „im Kindbett" geht vermutlich auf die zitierte Stelle der Zimmerischen Chronik zurück. Aber auch *Decker-Hauff*, Ahnenprobe, S. 113, sagt, dass sie „in ihrem siebenten Wochenbett starb". Dies kann nun definitiv nicht sein, da Elisabeths siebtes Kind Bernhard im Februar 1517 zur Welt kam. – Das Sterbedatum 31. Mai 1518 ist schon zeitgenössisch überliefert bei *Sommer*, Chronik Küng, S. 115, und findet sich seit *Schöpflin*, Historia 4, S. 28 f. und *Sachs*, Einleitung, S. 60 in der Historiographie. Nur *von Weech*, Badische Geschichte, nennt den 21. Mai 1518, wohl ein Satzfehler.

22 Vgl. zum folgenden *Krimm*, Baden und Habsburg; *Press*, Die badischen Markgrafen, S. 19-26; *Krieg*, Die Markgrafen von Baden, S. 54-67.

23 *Roder*, Schlacht von Seckenheim; vgl. aus württembergischer Perspektive *Fritz*, Ulrich der Vielgeliebte, S. 175-394.

24 So noch Markgraf Ernst im Jahr 1538: *GLA* 46 Nr. 4537. *Zier*, Geschichte der Stadt Pforzheim, S. 43 ff.; *Pätzold*, Kleine Geschichte der Stadt Pforzheim, S. 60 ff.

25 *Becht*, Pforzheim im Mittelalter, S. 58.

26 *Andermann*, Baden-Badens Weg zur Residenz.

27 *Korth*, Urkunden, S. 4-19; diese Privilegien wurden 1527 von Markgraf Philipp und 1533 von Markgraf Ernst erneuert, ebd. S. 33 und 46.

28 *Press*, Die badischen Markgrafen, S. 25; vgl. zum folgenden *Wielandt*, Markgraf Christoph; *Krimm*, Markgraf Christoph I.; *Weber-Krebs*, Die Markgrafen von Baden, S. 138-223.

29 *Carl*, Der Schwäbische Bund, bes. S. 431 ff.; *Wielandt*, Markgraf Christoph, S. 539 ff.

30 *Wiesflecker*, Maximilian 5, S. 10-25, das Zitat ebd. S. 20.

31 *Fritz*, Ulrich der Vielgeliebte, S. 148; *Weber-Krebs*, Die Markgrafen von Baden, S. 145 f.

32 *Krimm*, Baden und Habsburg, S. 182; vgl. *Krieg*, Die Markgrafen von Baden, S. 67.

33 *Weber-Krebs*, Die Markgrafen von Baden, S. 150, und *Hohkamp*, Eine Tante, S. 153-161. Zu den Grafen von Katzenelnbogen siehe *Maulhardt*, Die wirtschaftlichen Grundlagen, und *Spieß*, Familie und Verwandtschaft, S. 240-244.

34 *GLA* 46 Nr. 1378.

35 Sowohl *Müller*, Badische Fürsten=Bildnisse 1 Nr. 3 wie auch *Wielandt/Zeitz*, Medaillen 1, S. 64 identifizieren Ernst abweichend von Krimms Deutung mit der zwischen Philipp und Bernhard in den Hintergrund gerückten (beziehungsweise „eingequetschten") Person. Falls diese durchaus ansprechende Identifizierung zuträfe, so fiele Ernst insofern etwas aus dem Rahmen, als er vom Künstler als einzige Figur auf dem Gemälde im Profil statt im Halbprofil realisiert wurde und damit eine andere Blickrichtung einnimmt wie seine Geschwister, nämlich weg von der Heiligengruppe. Ob dies als bewusste und damit

hintersinnige Sonderbehandlung Ernsts zu deuten ist? Wie auch immer – in jedem Falle wird deutlich, dass Ernst auf der Markgrafentafel „zurückgesetzt" beziehungsweise „an den Rand gedrängt" figuriert.

36 *Krimm*, Markgrafentafel, S. 215; vgl. Katalog *Mittelalter am Oberrhein*, Maler und Werkstätten 1450 bis 1525, S. 448 f., zum historischen Hintergrund *von Weech*, Badische Geschichte, S. 101-138; *Sütterlin*, Geschichte Badens, S. 314-317 und Krimm, Markgraf Christoph I.

37 *Wielandt*, Markgraf Christoph I., S. 553; *Wielandt*, Markgraf Ernst von Baden.

38 *GLA* 46 Nr. 4562; weitere Abreden nach der Vermählung ebd. Nr. 4563. Die Anwesenheit Friedrichs von Brandenburg in Liebenzell 22. Mai 1510 kennt *Wagner*, Aufenthaltsorte, nicht.

39 Entgegen dem seit *Schöpflin*, Historia, S. 28 f. genannten Hochzeitstermin 29. Sept. gibt *Wielandt*, Markgraf Christoph, S. 555 mit Anm. 1 den 7. Okt. 1510 an. Von diesem Datum stammen in der Tat einige Zusatzdokumente zur Wittumsverschreibung Elisabeths, die vom gerade vollzogenen Beilager sprechen.

40 Vgl. die hilfreiche Teilungstabelle bei *Wielandt*, Markgraf Christoph, S. 557.

41 *Wielandt*, Markgraf Christoph, S. 555 ff.

42 Der Kammerrichter Dr. Friedrich Reyffsteck war später zeitweilig Dienstherr Bartholomäus Sastrows, des späteren Kanzleischreibers von Markgraf Ernst (s. u. S. 101); vgl. *Sastrow*, Lauff seines gantzen Lebens, S. 312-230. Möglicherweise gelangte Sastrow auf Empfehlung Reyffstecks (bei Sastrow Reifstock) nach Baden.

43 *GLA* 45 Nr. 1203, Rechtsgutachten verschiedener Gelehrter bezüglich des zweiten Testaments des Markgrafen Christoph; Ulrich *Zasius* (Hg.), Der Markgraffschafft Baden Statuten und Ordnungen in Testamenten, Erbfellen und Vormundschafften. ND der Ausgabe Baden-Baden vom 20. November 1511. Ein Fragment des Originaldrucks findet sich im *HStASt* A 99 Bü 2; vgl. hierzu *Gothein*, Ulrich Zasius; zum historischen Zusammenhang *Wielandt*, Markgraf Christoph, S. S. 527-611; *Schwarzmaier*, Unteilbarkeit, S. 161-183 und *Ders*., Baden, S. 117-119.

44 *GLA* 46 Nr. 1037.

45 Neben vorübergehenden Irrungen zwischen Philipp und Ernst über den Anschlag ihrer Herrschaften (*GLA* 46 Nr. 1374) gibt es zahlreiche Beispiele über vertrauensvolle Zusammenarbeit (*GLA* 46 Nr. 1362, 1364, 1382 und 1389). Philipp vertraute Ernst bei Abwesenheit wiederholt den Schutz seines Landesteils an.

46 *Carl*, Der Schwäbische Bund, S. 36 f., 62, 64, 71, 78, 81, 93, 443 ff.

47 *Staub*, Erbvertrag; *Huber*, Über Basels Anteil.

48 Zu den Kaufinteressenten zählte neben der Stadt Basel Johanna von Longueville, die sich als Erbin des Hauses Hachberg übergangen fühlte. Vgl. *Press*, Die badischen Markgrafen, S. 25 f. und unten Anm. 92.

49 *Wiesflecker*, Maximilian, S. 21. *Schwarzmaier*, Vom Haus Zähringen, S. 28.

50 Zum Krankheitsbild der Melancholie im 16. Jahrhundert vgl. *Nolte*, *der leib der hochst schatz*, S. 71 ff. Von Interesse ist in unserem Zusammenhang, dass auch Christophs Leidensgefährte Markgraf Friedrich von Brandenburg zeitweilig Anzeichen von Melancholie zeigte, ebenso wie bemerkenswerter Weise dessen Sohn Casimir, der im Jahr 1526/27 kurz vor seinem Tod aus diesem Grund einen Arzt konsultierte. – Grundlegend zum Thema nach wie vor *Klibansky/Panofsky/Saxl*, Saturn und Melancholie.

51 *Schwarzmaier*, Vom Haus Zähringen, S. 28.

52 *GLA* 46 Nr. 1384 (= D 1165), Nr. 1422 und 1423, hier zitiert nach *Wielandt*, Markgraf Christoph, S. 558 Anm. 2 und *Sütterlin*, Geschichte Badens, S. 314. Beachte, dass auch der Kaiser hier an erster Stelle körperliche Gebrechen nennt (*blödigkeit sins libs*) und erst dann ziemlich vage „geistige" Defizite. Vgl. zur Unmündigkeitserklärung Christophs von Baden auch *Zimmerische Chronik* 1, S. 183 und 2, S. 137, ferner *Midelfort*, Verrückte Hoheit, S. 55-57 mit Anm. 13, und *Weber-Krebs*, Die Markgrafen von Baden, S. 212-223.

[53] Herzog Eberhard II. nahm Zuflucht zu Kurfürst Philipp in Heidelberg, wo er 1504 starb.

[54] Zu Graf Eberhard und Elisabeth siehe *Nolte*, Familie, Hof und Herrschaft, S. 196 f. und S. 249; *Raff*, Hie gut Wirtemberg allewege, S. 398-412; *Das Haus Württemberg*, S. 98-100; *Mertens*, Die württembergischen Höfe, S. 87-91, und *Fouquet*, Fürsten unter sich, S. 181-186; vgl. auch *Kocher*, Geschichte der Stadt Nürtingen 1, S. 62-65. – Zum Umzug Elisabeths nach Nürtingen 1499 siehe *HStASt* A 602 U 486 und 487 und *Steinhausen*, Privatbriefe, Brief Nr. 430. Weitere Briefe von oder an Elisabeth über die schwierigen Verhältnisse am Stuttgarter Hof ebd. Nr. 123, 151, 156, 160, 171, 214, 224, 235, 244, 261, 300, 391, 387, 469 und 512. Zu Elisabeth als fleißiger Briefschreiberin vgl. *Nolte*, *Pey eytler finster*, S. 191. – Herzogin Elisabeth entwickelte im Vergleich mit anderen fürstlichen Witwen in Nürtingen eine verhältnismäßig einflussreiche Position; vgl. *Löwenstein*, Hofhaltungen fürstlicher Frauen und Witwen.

[55] *Zimmerische Chronik* 2, S. 396-408.

[56] *Nolte*, Familie, Hof und Herrschaft, S. 196 ff. kennt für den Aufenthalt des jungen badischen Markgrafen in Nürtingen auch keine andere Quelle als die Zimmerische Chronik.

[57] *Zimmerische Chronik* 2, S. 403 beschreibt sie als *über die maßen schön*, was natürlich ein Topos sein mag.

[58] *Zimmerische Chronik* 2, S. 396-408. Zu Herzog Heinrich von Braunschweig vgl. *Täubrich*, Herzog Heinrich, S. 21-24.

[59] Die Figur des „Schneiderknechts“ begegnet seit den Schwänken Eulenspiegels (49. Schwank) bis in die jüngere Literatur (Astrid *Fritz*, Die Vagabundin) als Verkleidungsmotiv. Denkbar wäre also, dass Markgraf Ernst von Baden im Rahmen von Verkleidungsspielen am Nürtinger Hof einmal die Rolle eines Schneiderknechts übernommen hätte. Da zu einem fürstlichen Frauenzimmer in aller Regel ein Hofschneider gehörte, wäre es auch möglich, dass Ernst einmal bei einer Kleidungsanprobe dem Hofschneider assistiert hätte, was ihm den Übernamen eingebracht haben mochte. Doch dies bleibt alles vage Spekulation.

[60] *Zimmerische Chronik* 2, S. 403. Vgl. *Nolte*, Familie, Hof und Herrschaft, S. 197.

[61] *Jenny*, Graf Froben Christoph von Zimmern, S. 95-112; *Bastress-Dukehart*, The Zimmern Chronicle, S. 161-168; *Trugenberger*, Wappen, S. 343 und 360.

[62] *Heyd*, Ulrich zu Württemberg 1, S. 92 und S. 385 ff.; *Sauter*, Herzogin Sabina, S. 302; *Decker-Hauff*, Ahnenprobe, S. 113; *Raff*, Hie gut Wirtemberg allewege, S. 470 Anm. 15; *Press*, Herzog Ulrich, S. 112; *Fraasch*, Ein Mann namens Ulrich, S. 58. Nur *Kocher*, Geschichte der Stadt Nürtingen 1, S. 65 hält diese Geschichte für „historisch zweifelhaft“.

[63] *Täubrich*, Herzog Heinrich, S. 23 f.

[64] *Sauter*, Herzogin Sabina, S. 314 ff. In einem von Ulrich abgefangenen Brief an die Herzogin Elisabeth entschuldigte sich Sabina wegen ihrer heimlichen Flucht. Sie verschwand bei Nacht mit ihrer Hofmeisterin und einer Jungfrau und vertraute Elisabeth ihre beiden in Nürtingen zurück gelassenen Kinder an; vgl. *Heyd*, Ulrich zu Württemberg 1, S. 410 f. Im Frühjahr 1516 rechtfertigte Herzogin Sabina ihre Entfernung von ihrem Mann in einem Schreiben an verschiedene Fürsten, so auch an Markgraf Philipp von Baden (*GLA* 46 Nr. 1346).

[65] Diese Urgroßmutter dürfte übrigens die Namenspatronin der 1514 geborenen Tochter Ernsts, Margaretha, gewesen sein; vgl. zu ihr u. S. 155.

[66] *Nolte*, Familie, Hof und Herrschaft, S. 102.

[67] Vgl. zu dieser Ehe und dem Zerwürfnis zwischen Ulrich von Württemberg und seinem Sohn auch *Fouquet*, Fürsten unter sich, S. 181 ff.

[68] Auf diese Weise hat das Haus Baden eine ganze Reihe bedeutender kirchlicher Würdenträger und Bischöfe hervorgebracht, die dem Hausinteresse auf andere Weise dienlich sein konnten. Ein Bruder Markgraf Karls I., Bernhard II. ‚der Selige‘, avancierte zum Hausheiligen der Markgrafen von Baden. Vgl. *Krieg*, Die Markgrafen von Baden, S. 81-84.

[69] *Schwarzmaier*, „Von der fürsten tailung“, S. 174 ff.

[70] *Hohkamp*, Politik und Verwandtschaft.

[71] *Seyboth*, Markgraftümer, S. 405-434, das Zitat dort S. 432 Anm. 161; *Nolte*, Familie, Hof und Herrschaft, S. 86 ff. und S. 290 ff.

[72] *Schornbaum*, Die Stellung des Markgrafen Kasimir, S. 8.

[73] *Nolte*, Familie, Hof und Herrschaft, S. 106 f.

[74] Auch Herzog Heinrich von Braunschweig wartete jahrzehntelang vergeblich auf das Heiratsgut seiner Gattin Maria von Württemberg; *Täubrich*, Herzog Heinrich, S. 23.

[75] *Nolte*, Familie, Hof und Herrschaft, S. 62 und S. 197; vgl. *Sommer*, Chronik Küng, S. 115.

[76] Es ist vielleicht mehr als nur eine kulturhistorische Fußnote, dass sich sowohl das Haus Baden mit Hans Baldung Grien als auch das Haus Ansbach mit Hans Süß von Kulmbach einen Dürer-Schüler als „Hausmaler" leistete.

[77] *Seyboth*, Markgraf Kasimir, S. 25 f.

[78] So im Versorgungsvertrag für Ernst und Elisabeth vorgesehen: *GStAB* BPH Rep. 41 I W5 2a, Bl. 21v.

[79] *Seyboth*, Markgraf Kasimir.

[80] *Schornbaum*, Die Stellung des Markgrafen Kasimir, S. 8 f.

[81] *Wielandt*, Markgraf Christoph, S. 555. Dass Lahr nicht als Residenz in Betracht kam, hatte auch damit zu tun, dass sich das Haus Baden die Herrschaft Lahr-Mahlberg mit dem Haus Nassau als Pfandbesitz teilen musste; erst 1625 wurde Lahr ganz badisch. Vgl. *Geschichte der Stadt Lahr* 1, S. 164 f.

[82] *GLA* 46 Nr. 4564 (Wittumsverschreibung von Pfingsten 1510, Zusatzvereinbarung vom 7. Okt. 1510).

[83] Mhd. *verlegen* = die nötigen Kosten bestreiten, Geld auslegen, mit dem Nötigen versehen.

[84] *Nolte*, Familie, Hof und Herrschaft, S. 196 f.; das Dokument ist überliefert im GStAB BPH Rep. 41 I W5 2a, Bll. 21-23 und kopial im Staatsarchiv Bamberg A 160 L. 553 Nr. 264. Eine weitere Ausfertigung findet sich im GLA 46, 4564; das mit Randglossen versehene Exemplar enthält die lapidare Notiz: *die alt will Ir leben lang die beed eelut in ir costung ... halten.*

[85] *Nolte*, Familie, Hof und Herrschaft, S. 196.

[86] *Sachs*, Einleitung, S. 60-63.

[87] Hier und zum folgenden *GLA* 46 Nr. 4565, Korrespondenzen das Heiratsgut der Markgräfin Elisabeth betreffend.

[88] *GLA* (= Kaiserselekt 1129a). Zum Aufenthalt des Kaisers in Augsburg in der fraglichen Zeit (März bis Juni 1510) vgl. *von Kraus*, Itinerarium. Im Sept./Okt 1510 (Hochzeit von Ernst und Elisabeth in Pforzheim) weilte Maximilian in Konstanz.

[89] Alle Schreiben in *GLA* 46 Nr. 4565.

[90] *Täubrich*, Herzog Heinrich, S. 31-33. *Heyd*, Ulrich zu Württemberg 1, S. 85, bedauert Maria, die mit Heinrich später „die Bitterkeit einer unfriedlichen Ehe" erleiden musste.

[91] Philipp von Ehingen war eigentlich zollerischer Obervogt, als der er noch immer offiziell firmierte. Es scheint so, als wäre er nach dem Tod seines Dienstherrn Graf Franz Wolfgang von Zollern, Ernsts Schwager, 1517 „herrenlos" geworden und von seiner Schwester Rosina zeitweilig an den Bruder „ausgeliehen" worden.

[92] Der gesamte Briefwechsel zwischen Markgraf Ernst und dem Hof seines Bruders in den Jahren 1517/18 im *GLA* 46, 1374 und 1375.

[93] Die Niederschrift des Testaments am 27. März legt nahe, dass Elisabeth damals bereits ihren Tod fürchtete. Sie machte ihr Testament *by kranckem lyb aber by gu(o)ter Vernunfft* und lebte noch zwei volle Monate. Für die Frage, ob ihr Leiden möglicherweise von einer schweren Geburt herrührte, gibt die Formulierung nichts her. Die Geburt eines (achten) Kindes im März/April 1518 war theoretisch möglich, denn das vorhergehende Kind Bernhard war Anfang März 1517 geboren. Allerdings haben sich von einem weiteren Kind des Paares Ernst und Elisabeth in den Quellen keine Spuren erhalten. So ist letztendlich die Notiz der Zimmerischen Chronik nicht zu verifizieren.

[94] GStAB BPH Rep. 41 I W5 2b Bll. 89-92. Vgl. *Sachs*, Einleitung, S. 62 f. und *von Weech*, Badische Geschichte, S. 253. In dem am 15. Juli 1518, also kurz nach dem Tod ihrer

Nichte Elisabeth aufgerichteten Testament der Herzoginwitwe Elisabeth (*HStASt* A 602 U 490) findet sich der Passus, sie wolle in der Stiftskirche zu Stuttgart *an meynes herzen lieben schwehers* [Graf Ulrichs des Vielgeliebten] *seligen seytten* begraben werden, *do auch yetzo mein hertzen liebes bäßlin fraw Elisabeth margrefin zu Baden vnd geborene marggrefin zu Brandenburg begraben leytt*; hier zitiert nach *Raff*, Hie gut Wirtemberg allewege, S. 411 und *Babendererde*, Sterben, Tod, Begräbnis, S. 32 f.

95 Zu ihrem Epitaph vgl. *Tiedemann*, Beschreibung der Fürstlichen Denkmale, S. 11 und 15; *Bach*, Die fürstlich württembergischen Epitaphien, S. 166; *Schwarzmaier*, Geschichte Badens in Bildern, S. 67, und *Schukraft*, Grablegen des Hauses Württemberg, S. 23-25. – Bronzeepitaphien aus dieser Zeit sind äußerst selten, mir sind folgende südwestdeutsche Beispiele bekannt: die Grabdenkmale für Georg Truchsess I. von Waldburg in Waldsee († 1467), für Graf Eitelfriedrich II. von Zollern in Hechingen († 1512), für Bischof Friedrich von Utrecht († 1517), einen Bruder des Markgrafen Christoph von Baden, in der Stiftskirche Baden-Baden, und für den hier öfters erwähnten Grafen Gottfried Werner von Zimmern in Meßkirch (1554); vgl. *Hengerer*, Grabmäler, S. 775 f. und *Wielandt/Zeitz*, Medaillen, S. 18.

96 *Tietzen*, Nürtingen.

97 *HStASt* N 220 A 45 04.

98 Die Maße werden von Schickhardt in „Schritten" angegeben. Ein Schritt lässt sich mit ca. 0,72 m umrechnen, so dass wir ca. 140 Schritt x 134 Schritt (= ca. 100 m x 96 m) errechnen können. Vgl. *Huggle/Ohler*, Maße, Gewichte und Münzen, S. 14 (Fuß) und 18 (Schritt).

99 Freundliche Mitteilung von Stadtarchivar Reinhard *Tietzen* vom 2. Dez. 2009.

100 In dem am 29. März 1524 nach Ableben der Herzogin angefertigten Inventar werden u.a. größere Mengen an Wein aufgenommen, die zu Nürtingen im großen und im kleinen Keller lagerten; *HStASt* A 602 U 492 Nr. 3.

101 Zu Fürstenresidenzen vgl. *Hoppe*, Bauliche Gestalt; zur Raumstruktur einer Adelsburg um 1519 vgl. *Bumiller*, Hohentwiel, S. 86 ff.

102 *GStAB* BPH Rep. 41 I W5 2b, Bl. 89r.

103 *HStASt* A 602 U 492.

104 Ebd. (Inventar). – Zur repräsentativen Bedeutung der Silberschätze und Silberkammern an Fürstenhöfen siehe *Kümmel*, Fürsten im Wettstreit.

105 *GLA* 46 Nr. 4564.

106 *Bojcov*, Das Frauenzimmer; *Hoppe*, Bauliche Gestalt.

107 *Kircher-Kannemann*, Organisation, S. 241; *Nolte*, Familie, Hof und Herrschaft, S. 254; *Heinig*, Ordnungsentwurf, S. 313. Nach *Nolte*, Die markgräfliche Familie, S. 154 umfasste das gesamte Hofgesinde am Berliner Hof um 1470 200 Personen, am Hof zu Ansbach aber bereits mehr als 300 Köpfe. Zu den Zahlen des württembergischen Hofgesindes in Stuttgart um 1478 (262 Personen mit 150 Pferden) vgl. *Mertens*, Die württembergischen Höfe, S. 88 f.

108 *Von Weech*, Zur Geschichte, S. 403 ff.; vgl. *Herkert*, Das landesherrliche Beamtentum, S. 55 f. *Kern*, Deutsche Hofordnungen, Bd. 2, S. 106-140 liefert keine weiteren Personenzahlen, außer dass Markgraf Philipp im Jahr 1501 für seine Frankreichreise 10 Personen Begleitung erhielt (ebd. S. 107).

109 *HStASt* A 602 U 490 (Testament der Herzogin Elisabeth) und U 492 (verschiedene Abschriften und Zusatzdokumente zum Testament), dort ist der Hofmeister vielfach erwähnt. Auch die *Zimmerische Chronik* 2, S. 407 nennt „den alten" Hans von Neuhausen als Hofmeister.

110 Zum Hofnarren Hans von Singen vgl. *Zimmerische Chronik* 1, S. 493; *Rott*, Kunst und Künstler, S. 1 und 7 f.; *Die Renaissance im deutschen Südwesten*, Bd. 2, S. 606 K 104; *Mezger*, Hofnarren, S. 33 f.; *Schwarzmaier*, Geschichte Badens in Bildern, S. 107. Vgl. zur Funktion der Hofnarren bei Trauerfällen auch *Babendererde*, Sterben, Tod, Begräbnis, S. 46 Anm. 97.

111 *Gonser*, Familie Bombast, S. 186.

112 *Zimmerische Chronik* 2, S. 403-407.

[113] Es waren übrigens Reiter des Markgrafen Casimir, die Sabina von Württemberg auf der Strecke von Ehingen/Donau bis nach Bayern geleiteten; vgl. *Sauter*, Herzogin Sabina, S. 316 f.

[114] *Zimmerische Chronik* 2, S. 407.

[115] Dass Markgraf Ernst chronisch knapp bei Kasse war, erhellt aus der Tatsache, dass sein Vater Christoph bereits 1513 Schulden in Höhe von annähernd 2000 fl. übernahm, die Ernst bei mehreren Pforzheimer Bürgern und seiner Schwester Marie, der Äbtissin von Lichtenthal, angehäuft hatte (*GLA* 46, 1187). 1518 stand er laut Testament der Herzogin Elisabeth bei seiner Muhme mit 1000 fl. in der Kreide (*HStASt* A 602 U 490).

[116] *Wiesflecker*, Maximilian I. 4, S. 274; *Rill*, Fürst und Hof 1, S. 140; *Noflatscher*, Räte und Herrscher, S. 81, 177, 202, 204, 401.

[117] Vgl. Anm. 175.

[118] *Wackernagel*, Geschichte der Stadt Basel 3, S. 44 ff. und 50 ff.

[119] *GLA* 46, 1374 Nr. 17 und 26.

[120] Am Rande sei angemerkt, dass der Streit mit Österreich um Rötteln den Markgrafen beinahe seine gesamte Regierungszeit und das Haus Baden noch bis ins 18. Jahrhundert hinein beschäftigen sollte; vgl. *Schubring*, Ein Städtchen und sein Umland, S. 135.

[121] So *Martini*, Sulzburg, S. 34. Ähnlich bereits *Sachs*, Einleitung, S. 5: „Zu seinem Wohnsitze erwählete er damals [1515] die Stadt Sulzburg ... und erbauete daselbst ein Fürstliches Schloß, in welchem er sich aufgehalten ...“ *Von Weech*, Badische Geschichte, S. 130, schreibt, Markgraf Ernst habe 1515 „... zu Sulzburg, wo er ein ansehnliches Schloss erbaute, seinen Wohnsitz“ genommen. Dies bleibt jedoch wie bei Sachs eine recht unbestimmte Aussage, wenn man weiß, dass das Schloss erst 1527 erbaut wurde. Schon S. 133 relativiert *von Weech* seine frühere Aussage, wenn er zum Bauernkriegsjahr 1525 bemerkt, der Markgraf habe damals „... mit seiner Familie die Veste Hochburg“ bewohnt. Auch *Rott*, Kunst und Künstler, S. 4, verunklart die Chronologie, wenn er schreibt: „Seine Residenz begründete er zu Sulzburg, wo er seit 1515 in der Südwestecke der Stadtumwallung, auf dem Platz von mehreren erworbenen Häusern, ‚ein gar schönes Schloß‘ ... anlegte“. *Chrismar*, Genealogie, S. 113, schreibt lapidar: Ernst tritt 1515 seine Regierung an „und nimmt seinen Wohnsitz zu Sulzburg“, fast gleichlautend *Sütterlin*, Geschichte Badens, S. 322: Ernst „nahm seinen Wohnsitz zu Sulzburg“. Geschmeidiger formulieren *Wielandt/Zeitz*, Medaillen, S. 64 f., Ernst habe 1515 seine Herrschaft in der oberen Markgrafschaft angetreten, „wo er das Städtchen Sulzburg zur Residenz ausbaute“. Die aktuelle *Geschichte der Stadt Sulzburg*, Bd. 2, S. 104 ff. rekurriert bedenkenlos auf die unkritischen Aussagen seit Martini, ebenso zuletzt noch *Krieg*, Sulzburg. – Einzig *Hartfelder*, Bauernkrieg, S. 284 f. schreibt eindeutig, die Hochburg sei „der feste Mittelpunkt der Herrschaft Hochberg und zu jener Zeit der gewöhnliche Wohnsitz des Markgrafen Ernst zu Baden“ gewesen. Ihm folgte lediglich Bernoulli, *Basler Chroniken* 6, S. 123 Anm. 5, der kurz und bündig formuliert, Ernst „residierte gewöhnlich auf Hochberg“.

[122] *GLA* 44/8493 – den Hinweis auf diese wichtige Quelle verdanke ich Mark *Rauschkolb* M.A., Freiburg, siehe auch Anm. 194; vgl. *RMB* 4 Nr. 10195 und 10196.

[123] *RMB* 4 Nr. 8960. Einem seiner Knechte schuldete Rüsseck noch 1469 seinen Sold (ebd. Nr. 9803).

[124] *Kindler von Knobloch*, Oberbadisches Geschlechterbuch 3, S. 672-674; *Noflatscher*, Räte und Herrscher, S. 41 f., 149, 194, 241, 355 und 407.

[125] *Schwarzweber*, Landstände, S. 54.

[126] Die etwas rätselhafte Angabe bei *Wielandt/Zeitz*, Medaillen, S. 64, Markgraf Ernst sei 1482 in Sulzburg geboren, was ja eine markgräfliche Residenz in der Stadt voraussetzen würde, konnte nicht verifiziert werden. Wahrscheinlich handelt es sich um ein Versehen, denn alle übrigen Gewährsleute nennen Pforzheim als Ernsts Geburtsort; vgl. *Stoesser*, Grabstätten, S. 133-135 mit Anm. 117.

[127] *GLA* 66/3715, Bl. 19. Edition bei *Treffeisen*, Abgabenverzeichnis, S. 159; vgl. *Ders.*, Sulzburg, S. 351.

[128] Vgl. Anm. 195.

[129] Vgl. Anm. 88.

[130] Darauf verweist auch die Tatsache, dass sich nach dem Tod der Herzogin Elisabeth 1524 in ihrem Inventar noch ein zwölfteiliges silbernes Essgeschirr aus dem Besitz des Markgrafen befand und dass jener noch Weinfässer im Keller des Nürtinger Schlosses besaß; vgl. *HStASt* A 602 U 493 Nr. 3 und 21.

[131] *Wackernagel*, Geschichte der Stadt Basel 3, S. 50 f.; *Harms*, Stadthaushalt 1, S. 418 und 3, S. 266.

[132] StABS Finanz G 13 Wochenausgabenbücher 1510-1521, S. 372-375 (Sabbato Valentini bis Sabbato Reminiscere); *Harms*, Der Stadthaushalt Basels, Bd. 2, S. 266, dort auch zu *des marggrafen von brandenburgs herald.*

[133] Den Grundbesitz in Basel hatten die Markgrafen von Baden 1503 beim Erwerb der Herrschaft Rötteln von den Markgrafen von Hachberg übernommen. Die Hachberger besaßen nach *Roth*, Der ehemalige Basler Besitz, S. 195 ff. und *Wackernagel*, Geschichte der Stadt Basel, 2.1., S. 193 ff. mehrere Liegenschaften, darunter ein Absteigequartier in der Spiegelgasse, der heutigen Augustinergasse auf dem Münsterberg, also eine erstklassige Adresse nur wenige Schritte sowohl vom Münster wie vom Rathaus entfernt („Kleiner Markgräfler Hof“). Auf diesem Hof saßen vom Markgrafen bestellte Richter in rechtlichen Angelegenheiten zwischen markgräflichen Untertanen und Basler Bürgern zu Gericht. Angeblich war der berühmte Basler Humanist Sebastian Brant vor 1499 ein solcher Richter. Am 28. Januar 1522 veräußerte Markgraf Ernst diesen Hof an der Augustinergasse *mit behusung, stallung, garten, auch dem Brunnen vnd allen sinen rechten* an den Dekan der Artistenfakultät der Basler Universität (StABS Gerichtsarchiv, Fertigungsbuch B 22, fol. 221r); der Wortlaut der Urkunde besagt nicht zwingend, dass – wie dies Roth interpretiert – das Haus an die Artistenfakultät veräußert wurde. Der Markgraf muss aber weitere Häuser besessen oder erworben haben, denn 1534 erließ er gemeinsam mit dem Rat der Stadt eine Gerichtsordnung zum „Núwen Hus“; vgl. *Rechtsquellen von Basel* 1, S. 289 Nr. 256 und *Urkundenbuch der Stadt Basel* 10, Nr. 155 und 159.

[134] Vgl. *Bojcov*, Das Frauenzimmer, S. 329 f.

[135] *Heyd*, Ulrich Herzog zu Württemberg, S. 140 ff., bes. S. 156.

[136] *Zimmerische Chronik* 2, S. 403 ff.; *Bastress-Dukehart*, The Zimmern Chronicle, S. 161-168.

[137] *Heinig*, Ordnungsentwurf, S. 314.

[138] *Täubrich*, Herzog Heinrich, S. 166-169; *Heinig*, Omnia vincit amor, S. 307.

[139] Vgl. *Heyd*, Ulrich zu Württemberg, Bd. 1, S. 388-390 und *Sauter*, Herzogin Sabina, S. 311.

[140] *Nolte*, Familie, Hof und Herrschaft, S. 249 ff., das Zitat S. 256; *Heinig*, Omnia vincit amor.

[141] Pfalzgraf Friedrich der Siegreiche heiratete später sogar seine Geliebte Clara Dett (oder Tott) aus Augsburg; vgl. *Rödel*, Pfalzgraf Friedrich, und *Heinig*, Omnia vincit amor, S. 292. Herzog Ludwig X. von Bayern (1495-1545) lebte im Konkubinat mit der Niederadligen Ursula von Weichs; vgl. *Das frühe Porträt*, S. 89-91. Gerüchte um eine außereheliche Beziehung zu einer bürgerlichen Frau namens „die Baslerin“ gab es zu Beginn des 16. Jahrhunderts auch um Markgraf Friedrich von Brandenburg; siehe *Nolte*, Familie, Hof und Herrschaft, S. 250.

[142] *GLA* 46 Nr. 4566. Abbildung und teilweise fehlerhafte Transkription bei *Seeger*, Vom Hoffräulein.

[143] *Pütter*, Ueber Mißheirathen, S. 85.

[144] *Spittler*, Mark=Graf Ernst, S. 748.

[145] *Spittler* gibt ebd. als Todestag der Markgräfin Elisabeth fälschlich den 26. Februar an. Ein solch frühes Sterbedatum ließe in der Tat Raum für die, wie er sagt, „auffallendschnelle“ Vermählung und eine neunmonatige Schwangerschaft noch in 1518. Leider hatte sich *Spittler* versehen: der 26. Februar (1538) ist der Todestag der Ursula von Rosenfeld – Elisabeth starb jedoch am 31. Mai 1518, was die (legitime) Zeugung eines Kindes und dessen Geburt noch im Jahr 1518 unmöglich macht. *Schwennicke*, Europäische Stammtafeln, N.F. I.2, Tafel 270 gibt 1519 als Margarethas Geburtsjahr an.

[146] *Schöpflin*, Historia, S. 435 f. und Tab. I; vgl. *Sachs* (wie Anm. 2), S. 76.

[147] Abbildungen bei *Wielandt/Zeitz* (wie Anm. 19), S. 66 f. und im Katalog *Die Renaissance im deutschen Südwesten*, Bd. 2, S. 586 Nr. K 26.

[148] *Von Weech*, Badische Geschichte, S. 253.

[149] *Schwennicke*, Europäische Stammtafeln, N.F. I.2, Tafel 270.

[150] *Hilger*, Studien, S. 11 und *Die Renaissance im deutschen Südwesten* gaben aufgrund dieser Berechnung für Margaretha von Baden erstmals die Lebensdaten 1514–1571 an, und *Wielandt/Zeitz*, Medaillen, S. 65, schlossen sich an mit dem Zusatz: „... Tochter des Markgrafen Ernst und wahrscheinlich seiner ersten Ehefrau Elisabeth von Brandenburg-Ansbach". – Dass es sich bei der Jahreszahl MDXXXIIII nicht um eine Fehllesung handelt, bestätigt ein Vergleich mit der vom Typus gleichartigen Medaille der Jakobäa von Baden (1507-1580), Tochter des Markgrafen Philipp und somit Margarethas Cousine, die im selben Jahr beim selben Meister Mathis Geber in Nürnberg eine vergleichbare Münze mit identischer Rückseite prägen ließ. Das heißt, die beiden Cousinen, die miteinander am bayerischen Hof weilten, haben gleichzeitig und wohl aus gleichem Anlass ihre Medaillen in Auftrag gegeben. Es war im Übrigen der bayerische Herzog, der 1538 Margarethas Hochzeit mit dem Grafen Wolfgang von Öttingen arrangierte und das Paar mit dem Wasserschloss Wasserburg am Inn ausstattete. Auf diesem Schloss verstarb Ernsts ältester Sohn Albrecht im Dezember 1542, als er krank vom Türkenfeldzug zurückkehrte. Er würde nicht Zuflucht in Wasserburg gesucht haben, so Hilgers bedenkenswertes Argument, wenn dort „nur" seine Halbschwester aus der verhassten Beziehung seines Vaters mit Ursula gelebt hätte. – Im Repertorium des GLA zum Bestand 46 erscheinen die Kinder des Markgrafen Ernst in der Reihenfolge Albrecht, Anna, Amalia, Maria Jacobäa, Maria Cleopha, Elisabeth und Bernhard, also in der chronologisch richtigen Reihenfolge; danach folgen Margaretha (*GLA* 46 Nr. 4628-4637), Salome und Karl (II.) am Ende der Kinderreihe, so als wollte der Schreiber des Repertoriums – im Einklang mit der Forschung des 19. Jahrhunderts – diese letzten drei als Kinder aus Ernsts zweiter Ehe mit Ursula kennzeichnen.

[151] *Zimmerische Chronik* 2, S. 406; vgl. zu Margarethas Verheiratung mit Graf Wolfgang von Öttingen ebd. Bd. 3, S. 529. Ein weiteres Argument für diese These ist schließlich auch die Höhe des Heiratsguts in Höhe von 10.000 fl., das Markgraf Ernst später seiner *ehelichen Tochter* Margaretha anlässlich ihrer Vermählung 1538 angedeihen ließ – dieselbe Summe, die alle seine Töchter erhielten; vgl. *GLA* 46 Nr. 4628-37.

[152] *GLA* A 602 U 490.

[153] *Nolte*, Familie, Hof und Herrschaft, S. 193.

[154] *Nolte*, Familie, Hof und Herrschaft, S. 256 f.

[155] *GStAB* BPH Rep. 41 I W5 2b, Bl. 91r.

[156] So auch *Wielandt*, Ernst Markgraf von Baden-Durlach.

[157] *GLA* 46 Nr. 4566; vgl. *Seeger*, Vom Hoffräulein.

[158] *Nolte*, Familie, Hof und Herrschaft, S. 256.

[159] Vgl. zu den Vorbehalten der hochadligen Familien gegen standesungleiche Ehen ihrer Mitglieder *Willoweit*, Standesungleiche Ehen, S. 91 f.

[160] *Schöpflin*, Historia, S. 31; *Sachs*, Einleitung, S. 71; *Spittler*, Mark=Graf Ernst, S. 758.

[161] *Spittler*, Mark=Graf Ernst, S. 759.

[162] *Pletscher*, Tumba, S. 208.

[163] *HStASt* A 602 U 490.

[164] *HStASt* A 602 U 490, eigenhändiges Zusatzdokument. Die teilweise fehlerhafte Notiz – Elisabeth hat beispielsweise an einer Stelle das Wort „tausend" vergessen – wurde von den Testamentseröffnern stillschweigend emendiert: *Enderung Im Testamentt lut eins Zedels, so dann Innverschlossen funden worden ist: Ich Elisabeth hertzogin zu Wirtemberg etc. dis testaments verschafferin vnd gewalthaberin, widerruff vnd thu ab den artigkel mines testaments, das marggraff Ernst miner erben vatter, wo dieselben on lybserben absturben vnd er noch in wittwenstand were, solt die vi m* [6000] *gulden sein lebenlang nutzen vnd nyessen. Vnd ordnen*

das jetzund also, dass die vi m gulden nach bayder herren Albrechten vnd Bernhartten on elich lybserben absterben, on mittel minem vetter marggraff Casimirus vnd sinen kinden zu ston sollen; *HStASt* A 602 U 492.

[165] In diesem Zusammenhang dürfte sich Ernst auch über die 1200 fl. Revenüen gefreut haben, die ihm Markgraf Philipp am 1. Okt. 1518 verschrieb; *GLA* 46 Nr. 1389. Ernst konnte um diese Zeit jeden Gulden brauchen.

[166] *GLA* 46 Nr. 1364.

[167] *GLA* 46 Nr. 4495.

[168] Diese Rechnung gilt natürlich nur, wenn die Zeugung nicht vor der Hochzeit erfolgte.

[169] *Noflatscher*, Räte und Herrscher, S. 267 f.

[170] *GLA* 46 Nr. 4567; vgl. *Seeger*, Vom Hoffräulein, S. 1452.

[171] *GStAB* BPH Rep. 41 I W5 2B Bll. 126-129.

[172] Mhd. *gemuote* = Gesamtheit der Gedanken und Empfindungen, auch: Verlangen, Begehren; Ansinnen, Absichten. Diese Andeutungen der Herzogin Elisabeth böten natürlich Raum für allerlei Spekulationen, denen wir hier nicht nachgeben wollen.

[173] *Willoweit*, Standesungleiche Ehen, S. 89 f., nennt eine Reihe solcher Standeserhöhungen, allerdings keine aus dem 16. Jahrhundert. Er geht ebd. S. 89 und S. 115 allerdings davon aus, dass Ursula von Rosenfeld durch ihre Verehelichung mit Ernst von Baden im Einklang mit der zeitgenössischen Rechtsauffassung am fürstlichen Stand ihres Gatten teilhatte.

[174] Markgraf Ernst ist im Register zu *Deutsche Reichstagsakten* 1 nicht nachgewiesen. Dort wird hingegen deutlich, dass Markgraf Casimir von Brandenburg sich ebenfalls sehr früh auf die Seite des Habsburgers gestellt hatte (vgl. Register), während Markgraf Philipp von Baden noch bis April 1519 mit einem Dienstverhältnis zum französischen König Franz I. liebäugelte und erst im Laufe des Aprils zum Habsburger umschwenkte; ebd. S. 555 f. und 592.

[175] *Lhotsky*, Zeitalter, S. 87. Diese Loyalitätsadresse des Markgrafen vom Frühjahr 1519 an Karl und Ferdinand stand im Zusammenhang mit den Ständeunruhen in Österreich. Markgraf Ernst hat sich in die innerösterreichischen Querelen vielleicht deshalb eingemischt, weil er als früherer Landhofmeister in Niederösterreich die Verhältnisse kannte, vielleicht auch noch offene Rechnungen hatte; vgl. *Rill*, Fürst und Hof 1, S. 140. Offensichtlich stellte er sich 1519 auf die Seite der Neuerer, denen es später mit Hilfe Erzherzog Ferdinands gelingen sollte, den alten Filz um den Wiener Bürgermeister Dr. Martin Siebenbürger im grausamen Strafgericht von Wiener Neustadt vom 23. Juli 1522 zu beseitigen. Markgraf Ernsts frühe Parteinahme für die habsburgischen Brüder – noch vor der Wahl Karls! – dürfte ihm später von Ferdinand positiv angerechnet worden sein.

[176] *Das frühe Porträt*, S. 89-91.

[177] *Pütter*, Mißheirathen. Für das 16. Jahrhundert trug der Göttinger Justizrat neben Ernst und Ursula folgende Fälle zusammen: Herzog Otto von Braunschweig und Mette von Campen, Erzherzog Ferdinand von Österreich und Philippine Welser, Anton Graf zu Isenburg und Catharina Gumpel, Herzog Ferdinand von Bayern und Marie Peck, Georg Truchsess von Waldburg und Margarethe Kerler, Graf Wolfgang von Öttingen und Johanna von Molle und nicht zuletzt Markgraf Eduard Fortunatus von Baden-Baden und Maria von Eicken.

[178] *Spittler*, Mark=Graf Ernst, S. 752: „Und ist man einmal so weit im Zweifeln und Vermuthen, so fasst man bald vollends auch noch den Argwohn, daß vielleicht selbst auch der Mark=Graf Ernst, so verliebt er anfangs gewesen sein mochte, endlich einmal in ruhigeren Momenten nicht mehr mit Freude an Ursula von Rosenfeld gedacht habe."

[179] *Weller*, Heiratspolitik, S. 797-811.

[180] Vgl. hierzu *Bastl*, Tugend, Liebe, Ehre, S. 159 ff.

[181] Vgl. *Fendrich*, Fürstin und Fürst, S. 109 ff. und *Bastl*, Tugend, Liebe, Ehre, S. 356-375.

[182] *Heinig*, Omnia vincit amor; *Fendrich*, Fürstin und Fürst; *Täubrich*, Herzog Heinrich, S. 31 ff. Vgl. zur Kategorie Liebe in der adligen Ehe auch *Bastl*, Tugend, Ehre, Liebe, S. 156-175.

[183] *Nolte*, Familie, Hof und Herrschaft, S. 249.

[184] *Zimmerische Chronik* 2 S. 397.

[185] In diesem Zusammenhang ist es vielleicht angebracht, auf einen Sinnspruch Ernsts zu verweisen, der auf einem um 1540 datierten Porträt des Markgrafen überliefert ist und der unmittelbar nach Ursulas Tod das Motiv der Liebe thematisiert: ICH . VORGILT . LIBE . MIT . TREVEN; vgl. *Kircher*, Zähringer Bildnissammlung, S. 80.

[186] *Weller*, Heiratspolitik, S. 797.

[187] Zum adligen Ehevertrag vgl. *Bastl*, Tugend, Ehre, Liebe, S. 34-83.

[188] Eine Anfrage beim Stadtarchiv Breisach, ob sich dieser Vorgang in der dortigen Überlieferung niedergeschlagen hat, erbrachte eine Fehlanzeige.

[189] Zum markgräflichen Hof in Basel vgl. o. Anm. 133.

[190] Das entspricht in etwa der Versorgung von Töchtern aus dem Grafenstand, war aber in der markgräflichen Familie nicht ohne Präzedenz, denn Ernsts eigene Schwester Rosina war bei ihrer Verehelichung mit Graf Franz Wolfgang von Zollern im Jahr 1505 mit nur 4000 fl., also ähnlich wie Ursula von Rosenfeld ausgestattet worden; vgl. *GLA* 46 Nr. 1312.

[191] Zu Konrad von Frauenfeld überliefert die *Zimmerische Chronik* 3 S. 78 die etwas absonderliche Anekdote, dieser habe sich in heißen Sommermonaten von seinem Diener nachts zwei Kübel kaltes Wasser über den Hintern schütten lassen, um besser schlafen zu können.

[192] *Von Weech*, Badische Geschichte, S. 133; *Geschichte der Stadt Emmendingen*, Bd. 1, S. 136. – Unter den Aufenthalts- und Actum-Orten Ernsts in den Jahren 1518-1526 fehlt Sulzburg auffällig, während die Hochburg häufig erscheint. Die starken Bewegungen im Bauernkriegsjahr 1525 sind ereignisbedingt und für die Frage der „gewöhnlichen" Residenz wenig aussagekräftig. Sie werden hier dennoch als Grundlage für ein künftiges Itinerar Markgraf Ernsts zusammengestellt:
16. März 1518: Hochburg (*GLA* 46, 1374 Nr. 2); 1. April-31. Mai 1518: Nürtingen (ebd. Nr. 8-27); Herbst 1518: Hochburg (Hochzeit); 5. Sept. 1519: Rötteln (*GLA* 46, 4495), 4.–6. Juli 1520: Ensisheim (*Speck*, Landstände 2, S. 813); 13. Dez. 1520: Rötteln (*GLA* 46 Nr. 4567); 24. Juli 1523: Hochburg (*GLA* 44/469 Nr. 9751); April 1524: Nürtingen nach dem Tod der „Muhme" Elisabeth (*HStASt* A 602 U 493 Nr. 20 und 21); 24. Juni und 28. Aug. 1524: Hochburg (*Schreiber*, Bauernkrieg, Nr. 17; *Hartfelder*, Bauernkrieg, S. 272; *Sussann*, Jakob Otter, S. 26 und 36 Anm. 2); 11. und 31. Okt. 1524: Hochburg (*Schreiber*, Bauernkrieg, Nr. 71 und 80); 2.-5. Nov. 1524: Rheinfelden (*Schreiber*, Bauernkrieg, Nr. 80 und 82); 12. und 22. Dez. 1524: Hochburg (*Schreiber*, Bauernkrieg, Nr. 107 und 128; *Hartfelder*, Bauernkrieg, S. 277 ff.); 24. und 28. April 1525: Hochburg (*Schreiber*, Bauernkrieg, Nr. 199; *Hartfelder*, Bauernkrieg, S. 285); 7. Mai 1525: Freiburg (*Schreiber*, Bauernkrieg, Nr. 215 und 216; *Aktensammlung* 1 S. 262 f.); 15./16. Mai 1525: Breisach (*Schreiber*, Bauernkrieg, Nr. 241; *Aktensammlung* 1 S. 320); 17.–23. Mai 1525: Straßburg (*Schreiber*, Bauernkrieg, Nr. 244, 245, 257; *Aktensammlung* 1, S. 332 f. u. 348 f.); 22.–27. Juni 1525: Breisach (*Schreiber*, Bauernkrieg, Nr. 352; *Speck*, Landstände, Bd. 2 S. 836); 18.–25 Juli 1525: Basel (ebd. S. 837); 27. Juli, 15. und 26. Aug. 1525: Breisach (*Schreiber*, Bauernkrieg, Nr. 399 und 436; *Aktensammlung* 2 S. 32); 18. Dez. 1525: Breisach (*Schreiber*, Bauernkrieg, Nr. 496); 26. Febr. 1526: Breisach (*Speck*, Landstände Bd. 2, S. 840); 14. April 1526: Villingen (ebd. S. 841); 27. Dez. 1526: Rottenburg (*Archive der Freiherren von Ow* 1, Nr. 326).

[193] *Wielandt*, Markgraf Christoph, S. 577. Die Arbeiten von *Brinkmann*, Burgruine Hochburg, *Jenisch/Müller*, Die Hochburg, *Uhl*, Hochburg, und *Bigott/Jenisch*, Hochburg, tragen leider nichts zu unserer Residenzenfrage bei.

[194] *Rott*, Kunst und Künstler, S. 4 f.; *Geschichte der Stadt Sulzburg*, Bd. 3, S. 18 ff. und S. 27 ff.; *Krimm*, Von der Herrschaft, S. 72; *Schwarzmaier*, Geschichte Badens in Bildern, S. 103. – Entscheidende Hinweise zur Geschichte des Sulzburger Schlosses verdanke ich Mark *Rauschkolb*, Freiburg, der unabhängig von meinen Forschungsergebnissen zur Erkenntnis gelangte, dass wir vor 1527 nicht von einer Sulzburger Residenz sprechen können; vgl. *Rauschkolb*, Sulzburg, und nächste Anm.

195 Hierfür spricht auch die Tatsache, dass eine Kanzleitätigkeit in Sulzburg erst vom Jahr 1528 an zu fassen ist: vgl. die „Actum zu Sulzburg"-Belege vom 21. März 1528 (*GLA* 44/469 Nr. 9753), 1. Jan. 1529 (*Aktensammlung* 3 S. 227), 9. Juni 1529 (*GLA* 46, 4496), 22. Nov. 1529 (*Aktensammlung* 4 S. 202), 3. Dez. 1529 (*Aktensammlung* 4 S. 223), 1. Juni 1530 (*Aktensammlung* 4 S. 469), 5. Juli 1530 (*GLA* 46 Nr. 1454), 10. und 13. Juli 1530 (*Aktensammlung* 4 S. 513 u. 515). Sulzburg diente im Übrigen im Januar 1529 als Tagungsort von Verhandlungen zwischen *unserm herrn und freund, dem marggraven,* und Gesandten der Stadt Basel (*Aktensammlung* 3 S. 251 u. 261).

196 Zum Pforzheimer Schloss, das der Bombardierung im Zweiten Weltkrieg zum Opfer fiel, existieren eine Teilansicht auf dem Merianstich von 1643, ein Grundrissplan vom Ende des 18. Jahrhunderts und eine Rekonstruktionszeichnung des 19. Jahrhunderts; vgl. *Zier*, Geschichte der Stadt Pforzheim, Abb. 22, 31 und 32.

197 Markgraf Ernst war auch zwölf Jahre älter als seine erste Frau Elisabeth gewesen. Den Markgrafen Albrecht Achilles (1414–1486) und seine zweite Frau Anna (1437–1412) trennten nicht weniger als 23 Jahre; vgl. zur Ehe dieses Paares *Fendrich*, Fürstin und Fürst.

198 *Moser*, Familien-Staats-Recht 2, S. 61; Revers der Markgräfin Ursula *GLA* 46 Nr. 4566.

199 Zu Schwangerschaft und Kinderzahlen vgl. *Nolte, der leib der hochst schatz*, S. 81 ff., *Spieß*, Familie und Verwandtschaft, S. 437 ff. und *Bastl*, Tugend, Liebe, Ehre, S. 431 ff.

200 HStASt A 602 Nr. 492 Nr. 3, 20 und 21. Ernst muss damals längere Zeit in Nürtingen geblieben sein, denn er verhandelte dort mit Markgraf Casimir und anderen über den Rückfall von Heiratsgut (20.000 fl.) und Morgengabe (6000 fl.), wie es sich aus dem Testament der Tante ergab.

201 Der „Dreißigste", also der 30. Todestag wurde Ende April begangen, deshalb kann die Beisetzung spätestens am 1. April stattgefunden haben; *HStASt* A 602 Nr. 493 Nr. 17.

202 *Schöpflin*, Historia 4, S. 8: *Ferdinandus Archidux Austriae ... quum A. 1523 in Brisgoviam venisset, Ernestus Marchio in honorem ejus venationes instituit* („Als Erzherzog Ferdinand von Österreich im Jahr 1523 in den Breisgau kam, veranstaltete Markgraf Ernst ihm zu Ehren eine Jagd"); *Sachs*, Einleitung, S. 9.

203 Ein Besuch Ferdinands beim Markgrafen von Baden im Jahr 1523 kann mit Hilfe der einschlägigen Literatur – *Bauer*, Die Anfänge Ferdinands; *Lhotsky*, Zeitalter; *Kohler*, Ferdinand I., S. 72-88; *Rill*, Fürst und Hof – nicht verifiziert werden. Nach *von Gévay*, Itinerar, lässt der Terminkalender des Erzherzogs im Jahr 1523 auch definitiv keinen Raum für einen Abstecher in den Breisgau. Erst nach dem Ende des 3. Nürnberger Reichstages, wo sich Ferdinand vom 29. Nov. 1523 bis 26. April 1524 aufhielt, reiste er via Stuttgart, wo er mit hoher Wahrscheinlichkeit den 30. Todestag der Herzogin Elisabeth mitbeging (vgl. Anm. 201), in den Breisgau, wo er sich vom 12. bis zum 28. Mai überwiegend in Freiburg, aber auch in Breisach und im elsässischen Ensisheim nachweisen lässt; vgl. auch *Speck*, Landstände 1, S. 156-163, und 2, S. 826. Nur in diesen beiden Wochen war eine persönliche Begegnung des Erzherzogs mit dem Markgrafen möglich. – Die Dringlichkeit einer persönlichen Begegnung zwischen Ferdinand und Ernst zeichnete sich schon früher ab. Auf dem Nürnberger Reichstag von 1523/24 ließen sich die Markgrafen Philipp und Ernst von Baden durch ihren Kanzler Hieronymus Vehus vertreten, Philipps Entschuldigungsschreiben an Ferdinand mit einem Begleitschreiben an Gabriel Salamanca datiert vom 31. Oktober 1523; vgl. *Deutsche Reichstagsakten* 4, S. 612. Es existiert ein Schreiben des päpstlichen Nuntius Campeggi, der Mitte März in Nürnberg eintraf, an Markgraf Ernst mit der Bitte, doch in Person auf dem Reichstag zu erscheinen, der zu scheitern drohe. Dieses päpstliche Breve wurde dem Markgrafen mit einem Begleitschreiben Erzherzog Ferdinands vom 21. März 1524 zugestellt; vgl. *Schöpflin*, Historia 7, Nr. 467 und 468, und *Sachs*, Einleitung, S. 11. Nichts deutet darauf hin, dass sich Ernst daraufhin tatsächlich nach Nürnberg begeben hätte; vgl. *Kohnle*, Reichstag und Reformation, S. 204-220. Zwar verfügte er sich nach dem Tod der Herzogin Elisabeth am 26. März für einige Tage nach Nürtingen (vgl. Anm. 200 und 201). Von dort aus hätte er theoretisch nach Nürnberg weiter reisen können, dies machte aber wenig Sinn,

da der Reichstag schon am 18. April seine Zelte abbrach und der Erzherzog danach persönlich in den Breisgau aufbrach.

[204] Aus einem Schreiben der Stadt Freiburg an den Markgrafen vom 22. August 1524 geht hervor, dass sich ein von der Stadt aufgegriffener markgräflich hachbergischer Untertan abschätzig über das Treffen des Erzherzogs mit dem Markgrafen geäußert hatte: ... *das sei ein schöner Fürst, der Herr Ferdinand*, der Markgraf habe große Kosten mit Geschenken für den Fürsten gehabt. *Herr Ferdinand habe auch den armen Weibern, die ihn schimpfweise gefangen, nicht mehr denn fünf Batzen geschenkt*...; vgl. *Sussann*, Jakob Otter, S. 34 f. Diese Spottreden eines hachbergischen Bauern lassen sich durchaus als Reflex auf den zurückliegenden Besuch des Erzherzogs lesen und sind ein Indiz dafür, dass Ferdinand den Markgrafen auf hochbergischem Territorium besucht hat. Bei der „schimpfweisen", also scherzhaften Gefangennahme des Erzherzogs durch arme Frauen handelt es sich offenbar um einen regionalen Heischebrauch.

[205] Markgraf Ernst stand der Reformation seit seiner Begegnung mit Luther auf dem Wormser Reichstag abwartend positiv gegenüber, ohne sich ihr je ganz zuzuwenden. Seine ambivalente, uneindeutige Haltung wird mit seiner Loyalität zum Haus Habsburg begründet. Tatsache bleibt aber, dass er Interesse an reformatorischen Schriften und Sympathien für lutherisch gesinnte Theologen wie den Kenzinger Prediger Jakob Otter zeigte, dessen evangelische Bewegung 1523/24 Gegenstand von Beratungen der vorderösterreichischen Landstände war; vgl. *Speck*, Landstände 2, S. 826. Otter widmete dem Markgrafen seine Schrift *Die Epistel Sancti Pauli an Titum* (Straßburg 1524), wohingegen Ernst dem Prediger nach dessen Ausweisung aus Kenzingen am 24. Juni 1524 einige Tage Asyl auf der Hochburg gewährte. Vgl. *Sachs*, Einleitung, S. 10 f.; *Vierordt*, Geschichte der Reformation, S. 161 ff.; *Sussann*, Jakob Otter, S. 11-36; *Bartmann*, Kirchenpolitik, S. 36 ff.; *Gmelin*, Versammlung von Hagenau; *Haselier*, Geschichte der Stadt Breisach, S. 264 und 279; *Lusiardi*, Ackerbürgerstadt und Evangelium, S. 194 ff.; *Kohnle*, Reichstag und Reformation, S. 152 f. und 415-419.

[206] Ferdinand titulierte Ernst in seinem Schreiben vom März 1524 als seinen *consanguineus*, seinen Blutsverwandten, und am 24. Aug. 1524 als *unser lieber oheim* (*Schöpflin*, Historia 7, Nr. 468; *Schreiber*, Bauernkrieg, Nr. 14).

[207] In der Zeit zwischen September 1522 und Sept. 1523 fanden die Verhandlungen und Abrechnungen mit den jeweiligen Gläubigern durch den Generalschatzmeister Gabriel Salamanca statt; vgl. zu ihm Anm. 215-219.

[208] *Schreiber*, Bauernkrieg, Nr. 241 (16. Mai 1525).

[209] Vgl. zum Zusammenhang *Haselier*, Geschichte der Stadt Breisach, S. 279-291, und *Geschichte der Stadt Freiburg* 2, S. 41-52.

[210] *Schreiber*, Bauernkrieg, Nr. 306a.

[211] Ebd. Nr. 352; vgl. *Haselier*, Geschichte der Stadt Breisach, S. 287, der die Überführung der markgräflichen Familie von Freiburg nach Breisach am 22. Juni (dem Datum des Schreibens!) zu spät ansetzt.

[212] Zu Rosina von Baden siehe *GLA* 46 Nr. 1300-1317. Auf der Markgrafentafel ist Rosina als zweite Tochter von rechts abgebildet, vgl. *Müller*, Badische Fürsten=Bildnisse, Nr. 3; *Ottmar*, Grabdenkmäler; *Zimmerische Chronik* 2, S. 419 f.

[213] *Archive der Freiherren von Ow* 1: Urk. Nr. 326.

[214] Als Parallelbeispiel sei auf Margaretha von Brandenburg verwiesen, die 1534 zunächst den Fürsten Johann von Anhalt heiratete und sich nach dessen Tod (und einer miserablen Ehe) 1551 unstandesgemäß verband; vgl. *Voigt*, Fürstin Margarethe, und *Deutschländer*, Unter mächtigen Fürsten, S. 15 f.

[215] Der Bayerische Kanzler Leonhard Eck schrieb am 6. Dez. 1533 an Herzog Wilhelm: *Man treibt hie die schimpflichsten Reden von Salamankas Heirat ... [...] Und E.F.G. wollen dennoch gedenken, Markgrafen Ernst deshalben zu schreiben ... [...] Ihm, seinen Vorvordern und Nachkommen und Freundschaft (zur Schande) seine Tochter einem solchen zu geben! [...] Dass er nicht edel, sondern einer geringen, unachtbaren Geburt sei, das weiss er und mäniglich ...*

Markgraf Ernst hat es wohl verschuldet und mich dauert das Fräulein Markgräfin.., die wird ihr Leben lang deshalb keinen ehrlichen Heirath erlangen. Der Herzog antwortete: *Die Heirath mit Markgraf Ernsts Tochter und dem Salamanka können wir nimmer wenden, wollen aber ... nicht abgeschlagen haben, gedachtem Markgrafen deshalben zu schreiben.* Zitiert nach *Stern*, Gabriel Salamanca, S. 36 f.; vgl. *Reinking*, Vormundschaften, S. 53. Elisabeths Ehe mit Salamanca scheint entgegen der Vorhersage Ecks ihrer Ehre keinen Abbruch getan zu haben, jedenfalls heiratete sie 1543 in zweiter Ehe durchaus standesgemäß einen Grafen von Castell.

216 Zu dem schillernden spanischen Emporkömmling vgl. *Stern*, Gabriel Salamanca; *Bauer*, Die Anfänge Ferdinands I., S. 167-173 und S. 202 f.; *Noflatscher*, Räte und Herrscher, S. 90-92, 122-125, S. 283-285 und öfter (vgl. Reg.), *Weber-Krebs*, Markgrafen von Baden, S. 223-229, und neuerdings *Rill*, Fürst und Hof 2; zu Salamanca als Landvogt im Elsass *Speck*, Landstände, Bd. 1 S. 173-175 und 178 f.

217 *Stern*, Gabriel Salamanca, S. 24.

218 *Rill*, Fürst und Hof 2, das Zitat S. 413. Zu Salamancas Beziehungen zu Baden ebd. S. 136, 156, 208, 304, 406, 409 f.; *Rill*, Fürst und Hof 1, S. 240. Ein erster persönlicher Brief von Markgraf Philipp an Salamanca stammt vom 31. Okt. 1523; vgl. *Deutsche Reichstagsakten* 4, S. 612.

219 Die in Baden unterzeichnete Heiratsabrede und dazu gehörige Dokumente stammen vom 18. Nov. 1533. Am 26. Nov. quittierte Salamanca die Verweisung des Markgrafen für seine Tochter. War in den ersten Urkunden die Rede vom „Fräulein" Elisabeth von Baden, so erscheint diese am 26. Nov. als *unser liebe Gemahel*, d.h. die Ehe muss kurz vorher vollzogen worden sein. Da alle Dokumente in Baden-Baden ausgestellt wurden, muss das dortige Schloss Festort gewesen sein. Vgl. *GLA* 46 Nr. 4602-4607.

220 *Schwarzmann*, Karl I., S. 18; *Schwennicke*, Europäische Stammtafeln, N.F. I.2., Tafel 270.

221 *GLA* 46 Nr. 4506 und 4509. Graf Karl von Zollern war ab 1568 neben dem Herzog von Bayern und der streng katholischen Herzogin Jacobäa einer der Vormünder in der zweiten badischen Vormundschaft. Er trug in dieser Funktion erheblich dazu bei, die Linie Baden-Baden auf gegenreformatorischem Kurs zu halten, nachdem Baden-Durlach durch Markgraf Karl II. 1554 reformiert worden war; vgl. *Kohnle*, Die badischen Markgrafschaften, S. 120.

222 *GLA* 46 Nr. 4501.

223 *Schöpflin*, Historia 4, S. 9; *Sachs*, Einleitung, S. 30 ff.; *Martini*, Sulzburg, S. 37. Zu den Bombast von Hohenheim siehe *Gonser*, Zur Geschichte, S. 185 ff.; vgl. auch den Stammbaum unter www.bombastus-ges.de.

224 *Martini*, Sulzburg, S. 37 ff.; *Kindler von Knobloch*, Oberbadisches Geschlechterbuch 2, S. 89 f. - Diese dritte Ehe des Markgrafen Ernst scheint in seiner Umgebung nicht mehr als problematisch oder gar skandalös wahrgenommen worden zu sein. Die Umgebung war um 1544 an Ernsts Extravaganzen gewöhnt, und einen nahen Verwandten, der dem Senior des Hauses Baden hätte Einhalt gebieten können, gab es nicht. Die wegen des fortgeschrittenen Alters der Gattin kinderlos gebliebene Ehe zeitigte auch keine dynastischen Konsequenzen. Nach ihrer Verwitwung 1553 bezog Anna Bombast vertragsgemäß das Schloss in Sulzburg. Da ihr Bruder Georg, der Johanniterprior in Heitersheim, 1555 zum Reichsfürsten aufstieg, verbrachte Anna bis zu dessen Tod 1566 einige glückliche Jahre in der Nachbarschaft ihres fürstlichen Bruders. Ihr zweiter Bruder Ulrich lebte als badischer Landvogt in Sausenburg ebenfalls in direkter Nachbarschaft. Annas Grabdenkmal von 1574 in der Sulzburger Pfarrkirche ist bis heute erhalten. – Es ist übrigens von Interesse, dass der Basler Stadtarzt Felix Platter im Juni 1565 nach Sulzburg *zu einem vom adel* gerufen wurde, *deß marggraf Ernsten schwager, denn margraf Ernst sein schwester hatt; war stähts bei mir, wohnet daselbst; d[ie] margrävin sein schwester hatt ir widem sitz da* (*Platter*, Tagebuch, S. 442). Mit diesem Bruder der Markgräfin kann nur der Johanniterfürst Georg gemeint sein, der 1566 starb.

225 *Pletscher*, Berühmte Pforzheimer; *Greiner*, Paracelsus; *Benzenhöfer*, Paracelsus, S. 41 f.

226 *GLA* 46 Nr. 4628 und 1436-44. Vgl. *Hochstrasser*, Von der Staufergründung zur Residenz, S. 110, und *Reinking*, Vormundschaften, S 55. Zu der sonst schlecht bezeugten Adelsfamilie von Frauenberg vgl. *Spicker-Beck*, Rosenfeld in der Frühen Neuzeit, S. 126-128. Es sei hierzu noch bemerkt, dass der letzte Vertreter des Rosenfelder Geschlechts den Namen Ernst von Frauenberg († 1612) trug. Bei diesem in der Familie sonst nicht üblichen Vornamen dürfte der Großonkel Markgraf Ernst Pate gestanden haben.

227 *Schwennicke*, Europäische Stammtafeln, N.F. I.2, Tafel 270; *von Weech*, Badische Geschichte, S. 256.

228 *Wielandt/Zeitz*, Medaillen, S. 24; *Die Renaissance im deutschen Südwesten*, Bd. 2, S. 284 (K 20); vgl. *von Weech*, Badische Geschichte, S. 134.

229 *Hilger*, Studien, S. 10 ff.; *Wielandt/Zeitz*, Medaillen 1, S. 22-27 und S. 64-67; *Die Renaissance im deutschen Südwesten* 2, S. 584 ff. (K 20-26) und S. 606 (K 104); eine Abbildung von Salamancas Medaille bei *Rill*, Fürst und Hof, Bd. 2, Bildanhang Tafeln 3 und 4. Die angebliche Medaille für Ernst und Ursula ist in den genannten Werken nicht abgebildet, nur bei *Schöpflin*, Historia, S. 435 beschrieben („Monumentum conjugalis inter Ernestum & Ursulam Rosenfeldiam concordiae") und im Anhang TAB. I in Form eines Kupfers dargestellt. Die Beschreibung bei *Sachs*, Einleitung, S. 63 f. fußt ganz auf Schöpflin. Die einseitig geprägte Münze zeigt kein Porträt, sondern zwei gefaltete Hände, die ein Herz halten, aus dem drei Blumen (Rosen?) wachsen. Darüber prangt von zwei Löwen gehalten das gevierteilte Wappenschild mit den badischen Balken und den sponheimischen Schachfeldern. Im umlaufenden Lorbeerkranz erscheint die Jahreszahl MDXXXIIII. Die Deutung dieser Medaille als Gedenkmünze für Ernst und Ursula ist kaum aufrechtzuerhalten. Aus dem Motiv der wachsenden Rosen lässt sich nicht auf Ursula von Rosenfeld schließen, zumal das identische Münzbild auch als Rückseite der Medaillen für Jacobäa und Margaretha von Baden dient. Deshalb muss die Zuweisung der bei Schöpflin abgebildeten Münze an Ernst und Ursula eher als zweifelhaft gelten. Eine Anfrage an das Münzkabinett des Badischen Landesmuseums ergab keinen Beleg für eine Münze Ursulas von Rosenfeld. – Dass in diese Serie badischer Münzprägungen auch der Hofnarr Hans von Singen aufgenommen wurde, störte die Solemnität der Veranstaltung keineswegs, eher im Gegenteil: dass der durch den Tod seines Herrn „verwaiste" Narr nun in die Dienste Ernsts (und Ursulas) übernommen wurde, unterstreicht die Einheit der Dynastie. Im Übrigen spielten Hofnarren gerade bei Todesfällen in einer fürstlichen Familie eine wichtige Rolle als Medien der Trauerverarbeitung; vgl. *Nolte, der leib der hochst schatz*, S. 74. Zur repräsentativen Bedeutung solcher Serien von Schaumünzen vgl. *Hansmann*, Medaille, Grafik und Malerei. – Der Demonstration familiärer Eintracht diente es auch, wenn Markgraf Ernst nach dem Willen des verstorbenen Bruders die Verantwortung für die Errichtung von dessen Epitaph übernahm, das am 18. August 1537 von dem Bildhauer Christoph von Urach fertig gestellt wurde, vgl. *Stoesser*, Grabstätten, S. 88 f.

230 *Reinking*, Vormundschaften, S. 46; vgl. *Gut*, Die Landschaft, S. 75-124.

231 Zu Ernsts vergeblichem Versuch, die Vormundschaft über seine Neffen Philibert und Christoph zu erlangen, vgl. *GLA* 46 Nr. 4541.

232 *Schwarzmaier*, Vom Haus Zähringen, S. 28 f.; ähnlich *Kohnle*, Die badischen Markgrafschaften, S. 117: „Das Jahr 1535 markiert eine der tiefsten Zäsuren in der badischen Geschichte ..."

233 Vgl. zum Folgenden *Reinking*, Vormundschaften, S. 41-59. *Wagner*, Graf Wilhelm von Fürstenberg, S. 50-89, der Reinking offenbar nicht kennt, kommt auf diese Episode im Leben des Grafen nicht zu sprechen. Es besteht in dieser Frage also noch Klärungsbedarf.

234 *Kohnle*, Die badischen Markgrafschaften, S. 118 ff.

235 *GLA* 46 Nr. 4507 (Erbordnung Ernsts vom 27. Juni 1537) und 46 Nr. 4510 (Zustimmung Karls zur väterlichen Disposition vom 24. Nov. 1545); vgl. *Sachs*, Einleitung, S. 35 ff.; *von Weech*, Badische Geschichte, S. 253 ff.; *Schwarzmaier*, Baden, S. 119.

236 *Spittler*, Mark=Graf Ernst, S. 762 f.

237 *Pütter*, Mißheirathen, S. 85.

[238] Als weiteren Beleg für die Mitwirkung der Verwandtschaft an den „inneren Angelegenheiten" des Landes Baden lässt sich jener Vertrag anführen, den Markgraf Ernst mit Herzog Wilhelm von Bayern unmittelbar nach dem Teilungsvertrag vom Juni 1537 am 29. September über die Verteilung der Gülten in der „untern Markgrafschaft" schloss, wobei Wilhelm wiederum die Interessen seiner Mündel wahrnahm; vgl. *von Weech*, Gülten.

[239] *Sachs*, Einleitung, S. 74; ähnlich *von Weech*, Badische Geschichte, S. 254.

[240] Diese Nachricht nach *Roth*, Der ehemalige Basler Besitz, S. 199 f., wonach die Markgrafen zu dieser Zeit kein eigenes Absteigequartier mehr besaßen und erst 1635 wieder ein Basler Palais erwarben.

[241] *Urkundenbuch der Stadt Basel* 10, Nr. 235 (Burgrechtsvertrag 1540), Nr. 236 (Bestätigung des Erhalts des Teilungsvertrags 1540), Nr. 242 (Zusatzvertrag 1541), Nr. 241 und Nr. 300 (Darlehensverträge). Die Verbindlichkeiten Bernhards bei der Stadt Basel beliefen sich zuletzt auf stattliche 13.458 Gulden, die sein Bruder Karl in einem Vertrag von 1554 zu begleichen versprach (Nr. 389).

[242] *StABS* Fremde Staaten – Baden B 1 Nr. 2-5, 9, 10, 12-16, 20, 21 (Korrespondenz in Sachen Markgraf Bernhards).

[243] *GLA* 46 Nr. 4509 (Aussöhnung Ernsts mit seinem Sohn Bernhard 15. Okt. 1543). Vgl. *Schöpflin*, Historia, S. 32 f. und *Gothein*, Die badischen Markgrafschaften, S. 38 ff.

[244] *StABS* Fremde Staaten – Baden B 1 Nr. 20 und 21.

[245] *StABS* Fremde Staaten – Baden B 1 Nr. 23; vgl. zu den Schulden Markgraf Bernhards seit 1539 *GLA* 46 Nr. 4624 und 4625.

[246] *GLA* 46 Nr. 4623; *HStASt* A 99 Bü 44. Bernhards Köchin dürfte dem niederadligen Geschlecht von Kilchen entstammen, das in Kirchen im Markgräflerland beheimatet, aber auch in Kleinbasel verankert war; vgl. *Kindler von Knobloch*, Oberbadisches Geschlechterbuch 2, S. 280 ff.

[247] *StABS* Fremde Staaten – Baden B 1 Nr. 24 (Kundschaft vom 16. März 1547); vgl. *Roth*, Der ehemalige Basler Besitz, S. 199.

[248] *Rott*, Kunst und Künstler, S. 9. Weder von dieser Replik noch von dem Originalbildnis der Elisabeth von Brandenburg haben sich in den einschlägigen Gemäldesammlungen Spuren erhalten; freundliche Auskunft der Staatlichen Kunsthalle Karlsruhe (Herr Holger Jacob-Friesen), des Landesmuseums Stuttgart (Herr Dr. Fritz Fischer) und der Staatsgalerie Stuttgart (Frau Dr. Elisabeth Wiemann).

[249] *Sastrow*, Lauf seines gantzen Lebens, S. 271. Vgl. zur kulturhistorischen Bedeutung von Sastrows Autobiographie *Schiewek*, Manifestation des Individuellen, und *Pastenaci*, Erzählform, S. 27-48; vgl. zu Ernsts Pforzheimer Hofleben *Rott*, Kunst und Künstler, S. 8 f.

[250] *Sastrow*, Lauf seines gantzen Lebens, S. 267. Sastrow, der die Erinnerungen an seine Pforzheimer Zeit im Abstand von 50 Jahren (1595) niederschrieb, irrt allerdings, wenn er Bernhard als des Markgrafen Neffen statt Sohn bezeichnet. Dieser Irrtum mag freilich darauf beruhen, dass der Kanzlist das Verhältnis zwischen Vater und Sohn als sehr „distanziert" in Erinnerung hatte.

[251] *HStASt* A 99 Bü 5 (Aussöhnung zwischen Markgraf Ernst und seinem Sohn Bernhard 1547/48); vgl. *Sachs*, Einleitung, S. 50 ff. und *Baumann*, Markgraf Ernst von Baden.

[252] *Baumann*, Markgraf Ernst von Baden, S. 220.

[253] *GLA* 46 Nr. 4512 (Bestätigung Kaiser Karls V. vom 20. Aug. 1550).

[254] So *Spittler*, Mark=Graf Ernst, S. 753.

[255] So die Formulierung im Testament der Markgräfin Elisabeth von Brandenburg vom 27. März 1518; *GStAB* BPH Rep. 41 I W5 2b Bl. 89v. An pestartigen Epidemien in Baden lassen sich aus der Perspektive der markgräflichen Familie zwei Ereignisse anführen: einmal die *sterbenden leuff* von 1519 (vgl. GStAB BPH Rep. 41 I W5 2a Bl. 126v), und die Pest von 1551, vor der Markgraf Ernst aus Pforzheim nach Alpirsbach floh (vgl. *Baumann*, Markgraf Ernst von Baden).

[256] *Schukraft*, Grablegen, S. 24; *Babendererde*, Sterben, Tod und Begräbnis, S. 211.

[257] *Stoesser*, Grabstätten, S. 89; *Rott*, Kunst und Künstler, S. 10 ff.

[258] *Rott*, Kunst und Künstler, *Die Kunstdenkmäler Badens*, S. 171 ff.; *Pletscher*, Pforzheimer Tumba; *Trost*, Gedenksteine und Grabstätten; *Timm*, Pforzheim; *Pätzold*, Kleine Geschichte der Stadt Pforzheim, S. 87-89.

[259] *Frey*, Hochgrab und Wanddenkmal.

[260] *Pletscher*, Pforzheimer Tumba, S. 208-211.

[261] Da genügt auch der Einwand nicht, dass Markgräfin Elisabeth in Stuttgart ja bereits einen Gedenkstein besaß; andere Adlige haben sich auch mit zwei Ehefrauen verewigen lassen.

[262] Dies ergibt sich aus einem Vergleich der Tumba mit den Porträts des Markgrafen auf seinen beiden Münzen von 1533 und sonst erhaltenen Porträts; vgl. *Kircher*, Zähringer Bildnissammlung, S. 80 und *Die Renaissance im deutschen Südwesten* 2, S. 584 f. (K 20 und K 25).

[263] Dass Porträts von Fürstinnen um jene Zeit üblich waren und gelegentlich kopiert wurden, belegen die Beispiele von Elisabeth von Brandenburg-Ansbach (heute verloren; vgl. o. Anm. 248) und das noch in zwei Exemplaren existierende Porträt der Markgräfin Rosina von Baden von 1531; vgl. *Kircher*, Zähringer Bildnissammlung, S. 65.

[264] So *Spittler*, Mark-Graf Ernst, S. 712-714; ähnlich *Pütter*, Mißheirathen, S. 90 f.

[265] *Decker-Hauff*, Ahnenprobe.

[266] *Platter*, Tagebuch, S. 470. Bei dem zuletzt genannten Markgrafen Albrecht handelt es sich um Albrecht Alcibiades von Brandenburg, der nach seiner Achterklärung bei seinem Schwager Markgraf Karl II. in Pforzheim Asyl gefunden hatte und dort 1557 verstorben war.

[267] *Zimmerische Chronik* 2, S. 398; *Pütter*, Mißheirathen, S. 85; *Schreiber*, Bauernkrieg, Nr. 306a.

[268] *Sachs*, Einleitung, S. 76; *von Weech*, Badische Geschichte, S. 253. – Das Repertorium 46 des GLA verzeichnet Akten zu Margaretha (die aber wohl nicht Ursulas Tochter war), Salome und Karl. Diese Gruppierung der Kinder findet sich noch heute in digitalen Medien, vgl. das Stichwort Ernst von Baden in Wikipedia.

[269] *Sachs*, Einleitung, S. 73.

[270] *Schwennicke*, Europäische Stammtafeln, N.F. I.2 Tafel 270; vgl. *Kraus/Haug*, Urkunden, Nr. 566 und 868/155.

[271] *Genealogie des Gesamthauses Hohenzollern*, S. 69.

[272] *GLA* 46 Nr. 4636-4644.

[273] Heiratsakten im *GLA* 46 Nr. 4638 ff. Die Heiratsabrede in München stammt vom 5. Okt. 1540, eine weitere Abrede vom 23. Dez. 1540 ist von Propst Johannes Astmann aus Pforzheim mitgesiegelt. Vgl. zu Propst Astmann *Fouquet*, St. Michael in Pforzheim, S. 145, und *Gmelin*, Versammlung von Hagenau.

[274] *Goetz*, Ladislaus von Fraunberg; *Midelfort*, Verrückte Hoheit, S. 40 f.; *Das frühe Porträt*, S. 103-109; *Adel in Bayern*, S. 96-100.

[275] Es ist zu beachten, dass der Onkel des Zimmerischen Chronisten, Wilhelm Werner von Zimmern (1485–1570), seit 1524 in zweiter Ehe mit Amalia von Leuchtenberg, der Witwe des Grafen Leonhard vom Haag (1469–1511), verheiratet war, also mit der Mutter Ladislaus' von Fraunberg. Es ist deshalb sehr wohl möglich, dass man bei den Grafen von Zimmern recht intime Kenntnis von den familiären Verhältnissen im Schloss Haag hatte; vgl. *Das frühe Porträt*, S. 72-76.

[276] *Zimmerische Chronik* 2, S. 625; vgl. zu Ladislaus von Fraunberg ebd. S. 613 ff.

[277] Über Unfruchtbarkeit, Fehlgeburten und Mittel zur Empfängnisförderung vgl. *Bastl*, Tugend, Liebe, Ehre, S. 431 ff. und *Nolte*, *der leib der hochst schatz*, S. 78 ff.

[278] *Hochstrasser*, Von der Staufergründung zur Residenz, S. 94-110. Das Grabdenkmal Karls II. in der Pforzheimer Schlosskirche zeigt den Markgrafen bezeichnenderweise mit dieser Tasche; vgl. *Zier*, Markgraf Karl II.

[279] *Pütter*, Mißheirathen, S. 89.

[280] *Wielandt*, Markgraf Christoph, S. 558 ff.

[281] Zu Braunschweig siehe *Täubrich*, Herzog Heinrich; zu den Wettinern *Rogge*, Herrschaftsweitergabe, S. 247-314 und 379 ff.

[282] Vgl. *Stievermann*, Southern German Courts.

[283] *Gut*, Die Landschaft, S. 51-60.

[284] *Mertens*, Die württembergischen Höfe, S. 91-94.

[285] *Wielandt*, Markgraf Christoph, S. 556 f.; vgl. zum ständischen Charakter der Rötteler „Landschaft" *Schwarzmaier*, Baden, S. 114.

[286] *Gut*, Die Landschaft, S. 67-74; *Press*, Die badischen Markgrafen, S. 29; *Schwarzmaier*, Baden, S. 114 f. Man beachte aber die Notiz der *Zimmerischen Chronik* 1, S. 183, wonach bei der Gefangensetzung des Markgrafen Christoph 1519 auf Hohenbaden *etlich Großhannsen von der landschaft (dazu halfen).*

[287] *Störmer*, Hof und Hofordnungen, S. 362 und 376; *Riezler*, Geschichte Baierns 4, S. 7 ff. und 6, S. 23 ff.

[288] *Wielandt*, Markgraf Christoph, S. 554 f.

[289] *GLA* 46 Nr. 1312.

[290] *Von Weech*, Zur Geschichte Markgraf Christophs.

[291] *Wielandt*, Markgraf Christoph, S. 555.

[292] *Press*, Die badischen Markgrafen, S. 27.

[293] *Nolte*, Familie, Hof und Herrschaft, S. 128.

[294] Zu vergleichbaren Generationenkonflikten und Gefangennahmen in Fürstenhäusern vgl. *Fouquet*, Fürsten unter sich; *Mertens*, Die württembergischen Höfe, S. 87 f.; *Nolte*, Familie, Hof und Herrschaft, S. 273 ff. und S. 290 ff. und *Nolte*, *der leib der hochst schatz*, S, 86 ff.

[295] Vgl. zum Beispiel *Schwarzmaier*, Baden, S. 118 f.

[296] Markgraf Christoph erhielt offenbar nicht einmal ein Grabmal, sondern nur eine kleine Gedenktafel; vgl. *Schwarzmaier*, Baden, S. 119. Immerhin scheint Markgraf Philipp wenigstens an seinem Sterbebett gewesen zu sein – vielleicht ein Akt der Reue –, denn er berichtet Herzog Wilhelm von Bayern am Sterbetag 19. März 1527 aus Baden-Baden vom Ableben des Vaters; *Wielandt*, Markgraf Christoph, S. 558 Anm. 4.

[297] Assoziationen zu Darwins Konzept der „Urhorde" oder zu Freuds vatermordendem „Bruderclan" drängen sich unwillkürlich auf; vgl. *Freud*, Totem und Tabu, S. 171 ff. und S. 187 f., wo er die Nähe solchen Geschehens zur klassischen Tragödie herausarbeitet.

[298] Die Parallelität und Duplizität der Generationenkonflikte in den Häusern Brandenburg-Ansbach und Baden deutet an, dass das Aufbegehren gegen väterliche Autorität nicht einfach als entgleiste individuelle Verhaltensweisen einzelner Zeitgenossen gedeutet werden können, sondern Teil eines strukturellen Problems waren. Wir finden ja Opposition und Auflehnung gegenüber Vätern und Vaterfiguren auch in anderen Fürstenhäusern. Verwiesen sei hier nur auf Graf Eberhard von Württemberg in seinem Verhalten gegenüber Ulrich dem Vielgeliebten oder auf Herzog Ulrich von Württemberg, dessen hasardierende Politik der Jahre 1511 bis 1519 als Affront gegen seinen Ziehvater, Kaiser Maximilian, zu verstehen ist, der ihn vergeblich zu einem Werkzeug seiner Politik zu machen versucht hatte. Vgl. zu Vater-Sohn-Konflikten im 16. Jahrhundert *Bumiller*, Im Schatten, S. 231-244; *Fouquet*, Fürsten unter sich, und *Nolte*, Familie, Hof und Herrschaft, S. 341 f.

[299] *Press*, Die badischen Markgrafen, S. 30.

[300] *Die Renaissance im deutschen Südwesten* 2 S. 584 ff., K 25. – Es war nicht zu klären, woher Ernsts Wahlspruch stammt. Das Motto könnte mit inspiriert sein von der zeitgenössischen populären Schwanksammlung „Schimpf und Ernst" des elsässischen Franziskaners Johannes Pauli, die 1522 in Straßburg erschien; vgl. die Einführung von *Österley* in *Schimpf und Ernst.*

[301] Es sei am Rande darauf verwiesen, dass auch der badische Hofnarr Hans von Singen auf dem Ettlinger Hofnarren-Brunnen von 1549 mit einem imperativen Sinnspruch zitiert wurde: LAS MICH VNFERAC[H]T / BEDENCK DER WELT WYSHEIT VND BRACHT / IST VOR GOT EIN DORHEIT GEACHT. Auch der Hofnarr, der seit 1533 an Ernsts Hof lebte, reflektiert hier offenbar die Erfahrung, nicht immer ernst genommen

und für seine Weisheiten „verachtet" worden zu sein; vgl. *Mezger*, Hofnarren, S. 33 und *Die Renaissance im deutschen Südwesten* 1, Nr. I 16.

[302] *Vierordt*, Geschichte der Reformation, S. 161 ff.; *Bartmann*, Kirchenpolitik, S. 35 ff.; vgl. auch *Kohnle*, Die badischen Markgrafschaften, S. 116, der Baden nach dem Tod Philipps 1533 in einem „konfessionelle(n) Schwebezustand" sieht.

[303] *Schreiber*, Bauernkrieg, Nr. 216.

[304] Auch in der Religionspolitik, seiner halbherzigen Hinwendung zur Reformation und in seinen Bauernkriegserfahrungen lässt sich Markgraf Casimir mit seinen badischen Schwägern vergleichen; vgl. *Schornbaum*, Die Stellung des Markgrafen Kasimir, S. 66 ff.

[305] Es ist übrigens von Interesse, dass das Auseinanderdriften der beiden Linien noch in den Heiratsverbindungen der folgenden Generation unterstützt wurde: So heiratete Markgraf Karl II. im Jahr 1552 in erster Ehe Markgräfin Kunigunde von Brandenburg-Kulmbach († 1558), eine Tochter des Markgrafen Casimir von Brandenburg, während sein Vetter Philibert von Baden (1536-1569) 1557 die bayerische Herzogstochter Mechthild (1532-1565) ehelichte, beides übrigens bedenklich nahe Verwandtenehen. Beide Ehen waren von kurzer Dauer und hatten wegen ihrer Kinderlosigkeit keine weiteren dynastischen Konsequenzen; *Wielandt/Zeitz*, Medaillen, S. 26 f. und S. 68.

[306] *Bartmann*, Kirchenpolitik, S. 36.

[307] *Press*, Die badischen Markgrafen, S. 33.

[308] *Gothein*, Markgrafschaften, S. 38.

[309] Vgl. die Kapitelüberschrift „Die Katastrophe des Hauses und Landes im Zeitalter der Glaubensspaltung" bei *Schwarzmaier*, Baden, S. 117.

Gedruckte Quellen und Literatur

Adel im Wandel. 200 Jahre Mediatisierung in Oberschwaben. Katalog zur Ausstellung Sigmaringen 2006, hg. von Casimir *Bumiller*. Ostfildern 2006.

Adel in Bayern. Ritter, Grafen, Industriebarone. Katalog zur Bayerischen Landesausstellung. Augsburg 2008.

Aktensammlung zur Geschichte der Basler Reformationsgeschichte in den Jahren 1519 bis Anfang 1534, hg. von Emil *Dürr*. 5 Bde. Basel 1921 bis 1941.

Kurt *Andermann*, Baden-Badens Weg zur Residenz. In: ZGO 144 (1996), S. 259-269.

Archive der Freiherren von Ow. Überlieferung in den Familienarchiven Wachendorf und Piesing und im Staatsarchiv Sigmaringen, bearb. von Rudolf *Seigel*. 2. Bde. Stuttgart 2004.

Cornell *Babendererde*, Sterben, Tod, Begräbnis und liturgisches Gedächtnis bei den weltlichen Reichsfürsten des Spätmittelalters. Ostfildern 2006.

M. *Bach*, Die fürstlich württembergischen Epitaphien und Denkmale in der Stiftskirche in Stuttgart. In: Württembergische Vierteljahreshefte für Landesgeschichte 7 (1884), S. 164-169.

Horst *Bartmann*, Die badische Kirchenpolitik unter den Markgrafen Philipp I., Ernst und Bernhard III. von 1515 bis 1536. In: ZGO 108 (1960), S. 1-48.

Horst *Bartmann*, Die Kirchenpolitik der Markgrafen von Baden im Zeitalter der Glaubenskämpfe. In: Freiburger Diözesan-Archiv 81 (1961), S. 112 ff.

Basler Chroniken Bd. 6, bearb. von August *Bernoulli*. Leipzig 1902.

Beatrix *Bastl*, Tugend, Liebe, Ehre. Die adelige Frau in der Frühen Neuzeit. Wien/Köln/Weimar 2000.

Erica *Bastress-Dukehart*, The Zimmern Chronicle. Nobility, memory and self-representation in sixteenth-century Germany. Aldershot 2002.

Wilhelm *Bauer*, Die Anfänge Ferdinands II. Wien 1907.

Werner *Baumann*, Markgraf Ernst von Baden und Herzog Christoph von Württemberg von Christophs Regierungsantritt (1550) bis zum Tode Ernsts (1553). In: ZWLG 38 (1979), S. 217-222.

Boris *Bigott*/Bertram *Jenisch*, Hochburg. In: Die Burgen im mittelalterlichen Breisgau, Bd. I.1, hg. Alfons *Zettler* und Thomas *Zotz*, S. 122-133.

Hans-Peter *Becht*, Pforzheim im Mittelalter. In: *Ders.* (Hg.), Pforzheim im Mittelalter. Studien zur Geschichte einer landesherrlichen Stadt. Sigmaringen 1983, S. 39-62.

Udo *Benzenhöfer*, Paracelsus. Reinbek 1997.

Michail *Bojcov*, „Das Frauenzimmer“ oder „Die Frau bei Hofe“? In: Jan *Hirschbiegel* und Werner *Paravicini* (Hgg.), Das Frauenzimmer. Die Frau bei Hofe in Spätmittelalter und früher Neuzeit. Stuttgart 2000, S. 327-337.

Annette *Borchardt-Wenzel*, Frauen am badischen Hof. In: Paul-Ludwig *Weinacht* (Hg.), Baden – 200 Jahre Großherzogtum. Freiburg/Berlin/Wien 2008, S. 41-59.

Rolf *Brinkmann*, Burgruine Hochburg. Balingen 2001.

Casimir *Bumiller*, Hohentwiel. Geschichte einer Burg zwischen Festungsalltag und großer Politik. Konstanz 2. Aufl. 1997

Casimir *Bumiller*, Im Schatten des „größeren“ Bruders. Eine psychohistorische Studie zum Geschwisterverhältnis von Nikodemus und Jakob Frischlin. In: Sabine *Holtz*/Dieter *Mertens*

(Hgg.), Nicodemus Frischlin (1547-1590). Poetische und prosaische Praxis unter den Bedingungen des konfessionellen Zeitalters. Stuttgart-Bad Cannstatt 1999, S. 201-259.

Casimi *Bumiller*, Zur Biographik der „kleinen Leute“. In: Gisela *Wilbertz*/Jürgen *Scheffler* (Hgg.), Biographieforschung und Stadtgeschichte. Lemgo in der Spätphase der Hexenverfolgung. Bielefeld 2000, S.29-43.

Casimir *Bumiller*, Rosenfeld im Mittelalter. In: Monika *Spicker-Beck* (Hg.), Geschichte der Stadt Rosenfeld. Rosenfeld 2009, S. 47-109.

Eugen *von Chrismar*, Genealogie des Gesammthauses Baden vom 16. Jahrhundert bis heute. Gotha 1892.

Das frühe Porträt. Aus den Sammlungen des Fürsten von und zu Liechtenstein und dem Kunstmuseum Basel. Basel 2006.

Hansmartin *Decker-Hauff*, Die Ahnenprobe der Markgräfin Ursula von Baden. In: Neues Jahrbuch der Heraldisch-Genealogischen Gesellschaft „Adler“ 1 (1945/46), S. 113-131.

Gerrit *Deutschländer*, Unter mächtigen Fürsten. Die Fürsten von Anhalt und ihr Verhältnis zu Hohenzollern und Wettinern um 1500. In: Vorbild, Austausch, Konkurrenz. Höfe und Residenzen in der gegenseitigen Wahrnehmung, hg. von Anna Paulina *Orlowska*, Werner *Paravicini* und Jörg *Wettlaufer* (Mitteilungen der Residenzen-Kommission der Akademie der Wissenschaften Göttingen, Sonderheft 12). Kiel 2009, S. 9-19.

Ilona *Fendrich*, Die Beziehung von Fürstin und Fürst: zum hochadligen Ehealltag im 15. Jahrhundert. In: Jörg *Rogge* (Hg.), Fürstin und Fürst. Familienbeziehungen und Handlungsmöglichkeiten von hochadligen Frauen im Mittelalter. Ostfildern 2004, S. 93-137.

Gerhard *Fouquet*, St. Michael in Pforzheim. Sozial- und wirtschaftsgeschichtliche Studien zu einer Stiftskirche der Markgrafschaft Baden. In: Hans-Peter *Becht* (Hg.), Pforzheim im Mittelalter. Studien zur Geschichte einer landesherrlichen Stadt. Sigmaringen 1983, S. 107-169.

Gerhard *Fouquet*, Fürsten unter sich – Privatheit und Öffentlichkeit, Emotionalität und Zeremoniell im Medium des Briefes. In: Cordula *Nolte*/Karl-Heinz *Spieß*/Ralf-Gunnar *Werlich* (Hgg.), Principes. Dynastien und Höfe im späten Mittelalter. Stuttgart 2002, S. 171-198.

Werner *Fraasch*, Ein Mann namens Ulrich. Stuttgart 1991,

Carola *Frey*, Hochgrab und Wanddenkmal. Ausdrucksformen adliger Sepulchralkultur im Wandel. In: Werner *Rösener* (Hg.), Adelige und bürgerliche Erinnerungskultur des Spätmittelalters und der Frühen Neuzeit. Göttingen 2000, S. 125-143.

Thomas *Fritz*, Ulrich der Vielgeliebte (1441–1480). Ein Württemberger im Herbst des Mittelalters. Zur Geschichte der württembergischen Politik im Spannungsfeld zwischen Hausmacht, Region und Reich. Leinfelden-Echterdingen 1999.

Martin *Furtwängler*, Luise Carolinie Reichsgräfin von Hochberg (1768–1820). Handlungsspielräume einer morganatischen Fürstengattin am Karlsruher Hof. In: ZGO 146 (1998), S. 271-292.

Genealogie des Gesamthauses Hohennzollern. Nach den Quellen bearb. und hg. von Julius *Grossmann*, Ernst *Berner*, Georg *Schuster*, Karl Theodor *Zingeler*. Berlin 1905.

Geschichte der Stadt Emmendingen, Bd.1: Von den Anfängen bis zum Ende des 18. Jahrhunderts, hg. von Hans-Jörg *Jenne* und Gerhard A. *Auer*. Emmendingen 2006.

Geschichte der Stadt Freiburg, Bd. 2: Vom Bauernkrieg bis zum Ende der habsburgischen Herrschaft, hg. von Heiko *Haumann* und Hans *Schadek*. Stuttgart 1994.

Geschichte der Stadt Lahr, hg. von der Stadt Lahr. Lahr 1989.

Geschichte der Stadt Sulzburg. 3 Bde. Freiburg 1993 und 2005.

Anton *von Gévay*, Itinerar Kaiser Ferdinands I. 1521–1564. Wien 1843.

Moriz *Gmelin*, Die Versammlung von Hagenau und Markgraf Ernst von Baden. In: ZGO 27 (1875), S. 166-211.

Walter *Goetz*, Ladislaus von Fraunberg, der letzte Graf von Haag. In: Oberbayerisches Archiv für vaterländische Geschichte 46 (1889), S. 108-165.

Walther *Gonser*, Zur Geschichte der Bombaste von Hohenheim. In: Württembergische Vierteljahreshefte für Landesgeschichte 29 (1920), S. 177-192.

Eberhard *Gothein*, Die badischen Markgrafschaften im 16. Jahrhundert. In: Neujahrsblätter der Badischen Historischen Kommission NF 13. Heidelberg 1910.

Eberhard *Gothein*, Ulrich Zasius und das badische Fürstenrecht. In: Festgabe der Badischen Historischen Kommission zum 9. Juli 1917. Karlsruhe 1917, S. 3-18.

Karl *Greiner*, Zur Umwelt des Paracelsus bei seiner Wanderung im südwestdeutschen Raum. In: ZWLG 27 (1968), S. 142-151.

Johannes *Gut*, Die Landschaft auf den Landtagen der markgräflich badischen Gebiete. Berlin 1970.

Ruth *Hansmann*, Zwischen Medaille, Grafik und Malerei – zu kulturellen Transferprozessen in höfischen Porträtkonzepten. In: Vorbild, Austausch, Konkurrenz. Höfe und Residenzen in der gegenseitigen Wahrnehmung, hg. von Anna Paulina *Orlowska*, Werner *Paravicini* und Jörg *Wettlaufer* (Mitteilungen der Residenzen-Kommission der Akademie der Wissenschaften Göttingen, Sonderheft 12). Kiel 2009, S. 61-82.

Bernhard *Harms* (Hg.), Der Stadthaushalt Basels im ausgehenden Mittelalter. Quellen und Studien zur Basler Finanzgeschichte. 3 Bde. Tübingen 1909-1913.

Günther *Haselier*, Geschichte der Stadt Breisach am Rhein, Bd. 1: Von den Anfängen bis zum Jahr 1700. Breisach 1969.

Das Haus Württemberg. Ein biographisches Lexikon, hg. von Sönke *Lorenz* u.a. Stuttgart 1997.

Paul-Joachim *Heinig*, *Umb merer zucht und ordnung willen*. Ein Ordnungsentwurf für das Frauenzimmer des Innsbrucker Hofes. In: Jan *Hirschbiegel* und Werner *Paravicini* (Hgg.), Das Frauenzimmer. Die Frau bei Hofe in Spätmittelalter und früher Neuzeit. Stuttgart 2000, S. 311-323.

Paul-Joachim *Heinig*, „Omnia vincit amor" – Das fürstliche Konkubinat im 15./16. Jahrhundert. In: Cordula *Nolte*/Karl-Heinz *Spieß*/Ralf-Gunnar *Werlich* (Hgg.), Principes. Dynastien und Höfe im späten Mittelalter. Stuttgart 2002, S. 277-314.

Mark *Hengerer*, Grabmäler des oberschwäbischen Adels 1500–2000. In: Adel im Wandel. Oberschwaben von der frühen Neuzeit bis zur Gegenwart, hg. von Mark *Hengerer* und Elmar L. *Kuhn*. Ostfildern 2006, Bd. 2, S. 775-792.

Otto *Herkert*, Das landesherrliche Beamtentum der Markgrafschaft Baden. Diss. Freiburg i.Br. 1910.

Ludwig Friedrich *Heyd*, Ulrich Herzog zu Württemberg. Ein Beitrag zur Geschichte Württembergs und des deutschen Reichs im Zeitalter der Reformation. Bd. 1. Tübingen 1841.

Konstantin *Hilger*, Studien über die Schaumünzen der Markgrafen von Baden aus der Zeit der Renaissance. Aarau 1904.

Olivia *Hochstrasser*, Von der Staufergründung zur Residenz. In: Susanne *Asche*/Olivia *Hochstrasser*, Durlach. Staufergründung – Fürstenresidenz – Bürgerstadt (Veröffentl. des Karlsruher Stadtarchivs 17). Karlsruhe 1996, S. 15-146.

Michaela *Hohkamp*, Politik und Verwandtschaft: die Beziehungen zwischen den Fürstenhöfen in Baden, Württemberg und Ansbach zu Beginn des 16. Jahrhunderts und Tanten-Nichten-Paare als Knotenpunkte verwandtschaftlicher Netze. Referat vom 23. Juni 2006 vor der Arbeitsgemeinschaft für geschichtliche Landeskunde am Oberrhein in Karlsruhe (www.ag-landeskunde-oberrhein.de/prot/P455V.htm).

Michaela *Hohkamp*, Eine Tante für alle Fälle. Tanten-Nichten-Beziehungen und ihre Bedeutungen für die reichsfürstliche Gesellschaft der Frühen Neuzeit. In: Margareth *Lanzinger*/ Edith *Saurer* (Hgg.), Politiken der Verwandtschaft. Göttingen 2007, S. 147-169.

Stephan *Hoppe*, Bauliche Gestalt und Lage von Frauenwohnräumen in deutschen Residenzschlössern des späten 15. und des 16. Jahrhunderts. In: Jan *Hirschbiegel* und Werner *Paravicini* (Hgg.), Das Frauenzimmer. Die Frau bei Hofe in Spätmittelalter und früher Neuzeit. Stuttgart 2000, S. 151-174.

August *Huber*, Über Basels Anteil am Röteler Erbfolgestreit im Jahre 1503. In: Basler Zeitschrift 4 (1905), S. 74-139.

Wolfgang *Hug*, Geschichte Badens. Stuttgart 1992.

Wolfgang *Hug*, Kleine Geschichte Badens. Stuttgart 2006.

Ursula *Huggle*/Norbert *Ohler*, Maße, Gewichte und Münzen. Historische Angaben zum Breisgau und zu angrenzenden Gebieten. Bühl/Baden 1998.

Bertram *Jenisch*/Anneliese *Müller*, Die Hochburg bei Emmendingen. In: Geschichte der Stadt Emmendingen, Bd.1: Von den Anfängen bis zum Ende des 18. Jahrhunderts, hg. von Hans-Jörg *Jenne* und Gerhard A. *Auer*. Emmendingen 2006, S. 118-124.

Beat Rudolf *Jenny*, Graf Froben Christoph von Zimmern. Geschichtsschreiber – Erzähler – Landesherr. Ein Beitrag zur Geschichte des Humanismus in Schwaben. Lindau/Konstanz 1959.

Arthur *Kern*, Deutsche Hofordnungen des 16. und 17. Jahrhunderts. Bd. 2. Berlin 1907.

Julius *Kindler von Knobloch*, Oberbadisches Geschlechterbuch Bd. 3. Heidelberg 1898.

Stefan *King*, Rosenfeld, Frauenberggasse 7, sogenanntes „Ursulahaus", Bauhistorische Dokumentation. Typoskript September 2008.

Gerda Franziska *Kircher*, Zähringer Bildnissammlung im Neuen Schloss zu Baden-Baden. Karlsruhe1958.

Anja *Kircher-Kannemann*, Organisation der Frauenzimmer im Vergleich zu männlichen Höfen. In: Jan *Hirschbiegel* und Werner *Paravicini* (Hgg.), Das Frauenzimmer. Die Frau bei Hofe in Spätmittelalter und früher Neuzeit. Stuttgart 2000, S. 235-246.

Raymond *Klibansky*, Erwn *Panofsky* und Fritz *Saxl*, Saturn und Melancholie. Studien zur Geschichte der Naturphilosophie und Medizin, der Religion und der Kunst. Frankfurt a.M. 2. Aufl. 1990.

Jakob *Kocher*, Geschichte der Stadt Nürtingen. 3 Bde. Stuttgart 1924-28 (ND Nürtingen 1979).

Alfred *Kohler*, Ferdinand I. 1503–1564. Fürst, König und Kaiser. München 2003.

Armin *Kohnle*, Reichstag und Reformation. Kaiserliche und ständische Religionspolitik von den Anfängen der Causa Lutheri bis zum Nürnberger Religionsfrieden. Heidelberg 2001.

Armin *Kohnle*, Die badischen Markgrafschaften und die konfessionellen Lager im 16. Jahrhundert. In: ZGO 154 (2006), S. 111-129.

Armin *Kohnle*, Kleine Geschichte der Markgrafschaft Baden. Karlsruhe 2007.

Leonard *Korth*, Urkunden des Stadtarchivs zu Pforzheim, Pforzheim 1899.

Johann A. *Kraus*/Franz *Haug* (Hg.), Urkunden des Dominikanerinnenklosters Stetten im Gnadental. In: Hohenzollerische Jahreshefte 15 (1955), Beilage.

Victor *von Kraus*, Itinerarium Maximiliani I. 1508–1518. In: Archiv für österreichische Geschichte 87 (1899), S. 229-319.

Heinz *Krieg*, Sulzburg. In: Höfe und Residenzen im spätmittelalterlichen Reich. Ein dynastisch-topographisches Handbuch. Teilband 15.1,2 Residenzen, hg. von Werner *Paravicini*, bearb. von Jan *Hirschbiegel* und Jörg *Wettlaufer*, S. 572 f.

Heinz *Krieg*, Die Markgrafen von Baden und ihr Hof zwischen fürstlicher und niederadliger Außenwelt im 15. Jahrhundert. In: Thomas *Zotz* (Hg.), Fürstenhöfe und ihre Außenwelt (Identitäten und Alteritäten 16). Würzburg 2004, S. 51-84.

Konrad *Krimm*, Baden und Habsburg um die Mitte des 15. Jahrhunderts. Fürstlicher Dienst und Reichsgewalt im späten Mittelalter. Stuttgart 1976.

Konrad *Krimm*, Markgraf Christoph I. von Baden. In: Die Geschichte Baden-Württembergs, hg. von R. *Rinker* und W. *Setzler*. Stuttgart 1986.

Konrad *Krimm*, Markgraf Christoph I. und die badische Teilung. Zur Deutung der Karlsruher Votivtafel von Hans Baldung Grien. In: ZGO 133 (1990), S. 199-215.

Ute *Kümmel*, Fürsten im Wettstreit? Das Tafelgeschirr im Schatz der spätmittelalterlichen Reichsfürsten. In: Vorbild, Austausch, Konkurrenz. Höfe und Residenzen in der gegenseitigen Wahrnehmung, hg. von Anna Paulina *Orlowska*, Werner *Paravicini* und Jörg *Wettlaufer* (Mitteilungen der Residenzen-Kommission der Akademie der Wissenschaften Göttingen, Sonderheft 12). Kiel 2009, S. 83-94.

Die *Kunstdenkmäler Badens*, hg. im Auftrag des Badischen Ministeriums des Kultus und Unterrichts. Neunter Band: Kreis Karlsruhe, Sechste Abteilung: Die Kunstdenkmäler der Stadt Pforzheim. Bearb. von Emil *Lacroix*, Peter *Hirschfeld* und Wilhelm *Paeseler*. Karlsruhe 1939.

Alphons *Lhotsky*, Das Zeitalter des Hauses Österreich. Die ersten Jahre der Regierung Ferdinands I. in Österreich (1520-1527). Wien 1971.

Uta *Löwenstein*, „Daß sie sich uf iren Withumbssitz begeben und sich sonsten andrer der Herrschafften Sachen und Handlungen nicht undernemen..." Hofhaltungen fürstlicher Frauen und Witwen in der frühen Neuzeit. In: Jörg Jochen *Berns* und Detlef *Ignasiak* (Hgg.), Frühneuzeitliche Hofkultur in Hessen und Thüringen. Erlangen/Jena 1993, S. 115-141

Ralf *Lusiardi*, Ackerbürgerstadt und Evangelium. Die evangelische Bewegung in der vorderösterreichischen Landstadt Kenzingen. In: ZGO 141 (1993), S. 185-211.

Eduard *Martini*, Sulzburg. Freiburg 1880.

Heinrich *Maulhardt*, Die wirtschaftlichen Grundlagen der Grafschaft Katzenelnbogen im 14. und 15. Jahrhundert. Darmstadt/Marburg 1980.

Dieter *Mertens*, Die württembergischen Höfe in den Krisen von Dynastie und Land im 15. und frühen 16. Jahrhundert. In: Peter *Rückert* (Hg.), Der württembergische Hof im 15. Jahrhundert. Stuttgart 2006, S. 75-98.

H.C. Erik *Midelfort*, Verrückte Hoheit. Wahn und Kummer in deutschen Herrscherhäusern. Stuttgart 1996.

Mittelalter am Oberrhein. Maler und Werkstätten 1450 bis 1525. Katalog der Großen Landesausstellung Baden-Württemberg in Karlsruhe. Stuttgart 2002.

Hans *Müller*, Badische Fürsten=Bildnisse. Karlsruhe 1888.

Hans-Peter *Müller*, Schalksburg und Rosenfeld. In: Heimatkundliche Blätter Zollernalb 54 (2007), S. 1550.

Heinz *Noflatscher*, Räte und Herrscher. Politische Eliten an den Habsburgerhöfen der österreichischen Länder 1480-1530. Mainz 1999.

Cordula *Nolte*, *Pey eytler finster in einem weichen pet geschrieben*. Eigenhändige Briefe in der Familienkorrespondenz der Markgrafen von Brandenburg (1470-1530). In: Heinz-Dieter *Heimann* (Hg.), Adelige Welt und familiäre Beziehung. Aspekte der „privaten Welt" des Adels in böhmischen, polnischen und deutschen Beispielen vom 14. bis zum 16. Jahrhundert. Potsdam 2002, S. 177-202.

Cordula *Nolte*, Die markgräfliche Familie am Hof zu Berlin und Ansbach 1470-1486 – Versorgung – Wohnstrukturen – Kommunikation. In: Cordula *Nolte*/Karl-Heinz *Spieß*/Ralf-Gunnar *Werlich* (Hgg.), Principes. Dynastien und Höfe im späten Mittelalter. Stuttgart 2002, S. 147-169.

Cordula *Nolte*, *der leib der hochst schatz*. Zu fürstlicher Körperlichkeit, Gesunderhaltung und Lebenssicherung (1450–1550). In: Jörg *Rogge* (Hg.), Fürstin und Fürst. Familienbeziehungen und Handlungsmöglichkeiten von hochadligen Frauen im Mittelalter. Ostfildern 2004, S. 45-92.

Cordula *Nolte*, Familie, Hof und Herrschaft. Das verwandtschaftliche Beziehungs- und Kommunikationsnetz der Reichsfürsten am Beispiel der Markgrafen von Brandenburg-Ansbach (1440–1530). Ostfildern 2005.

Johann *Ottmar*, Die Grabdenkmäler der Familie von Ow. In: Adel am oberen Neckar, hg. von Franz *Quarthal* und Gerhard *Faix*. Tübingen 1995, S. 213-326.

Stefan *Pätzold*, Kleine Geschichte der Stadt Pforzheim. Leinfelden-Echterdingen 2007.

Stephan *Pastenaci*, Erzählform und Persönlichkeitsdarstellung in deutschsprachigen Autobiographien des 16. Jahrhunderts. Ein Beitrag zur Historischen Psychologie. Trier 1993.

Felix *Platter*, Tagebuch (Lebensbechreibung) 1536–1567, hg. von Valentin *Lötscher*. Basel 1976.

Werner *Pletscher*, Berühmte Pforzheimer um den Arzt Paracelsus. Pforzheimer Kurier vom 8. Juli 1953.

Werner *Pletscher*, Die Pforzheimer Tumba. In: Badische Heimat 1970, S. 208-211.

Volker *Press*, Herzog Ulrich. In: Robert *Uhland* (Hg.), 900 Jahre Württemberg. Stuttgart 1984, S. 112.

Volker *Press*, Die badischen Markgrafen im Reich der Frühen Neuzeit. In: ZGO 142 (1994), S. 19-57.

Johann Stephan *Pütter*, Ueber Mißheirathen Teutscher Fürsten und Grafen. Göttingen 1796.

Gerhard *Raff*, Hie gut Wirtemberg allewege. Das Haus Württemberg von Graf Ulrich dem Stifter bis Herzog Ludwig. 2 Bde. Stuttgart 1988.

Mark *Rauschkolb*, Sulzburg (FR). In: Burgen im mittelalterlichen Breisgau 2. Südlicher Teil, Halbband L-Z, hg. von Alfons *Zettler* und Thomas *Zotz* (in Vorbereitung).

Rechtsquellen von Basel. Erster Theil. Basel 1856.

Karl Franz *Reinking*, Die Vormundschaften der Herzöge von Bayern in der Markgrafschaft Baden-Baden im 16. Jahrhundert (Historische Studien 284). Berlin 1935.

Die *Renaissance im deutschen Südwesten* zwischen Reformation und Dreißigjährigem Krieg. Ausstellungskatalog. 2 Bde. Karlsruhe 1986.

Gerhard *Rill*, Fürst und Hof in Österreich von den habsburgischen Teilungsverträgen bis zur Schlacht von Mohács (1521/22 bis 1526). 2 Bde. Wien/Köln/Weimar 1993 und 2003.

RMB = *Regesten der Markgrafen von Baden*, Bd. 4: Regesten der Markgrafen von Baden von 1453-1475. Innsbruck 1915.

Christian *Roder*, Die Schlacht von Seckenheim (1462) in der Pfälzer Fehde. Villingen 1877.

Volker *Rödel*, Pfalzgraf Friedrich der Siegreiche und Klara Tott. Eine nicht ebenbürtige Ehe und ihre Nachwirkungen. In: ZGO 152 (2004), S. 99-144.

Jörg *Rogge*, Nur verkaufte Töchter? Überlegungen zu Aufgaben, Quellen, Methoden und Perspektiven einer Sozial- und Kulturgeschichte hochadliger Frauen und Fürstinnen im deutschen Reich während des späten Mittelalters und am Beginn der Neuzeit. In: Cordula *Nolte*/ Karl-Heinz *Spieß*/Ralf-Gunnar *Werlich* (Hgg.), Principes. Dynastien und Höfe im späten Mittelalter. Stuttgart 2002, S. 235-276.

Jörg *Rogge*, Herrschaftsweitergabe, Konfliktregelung und Familienorganisation im fürstlichen Hochadel. Das Beispiel der Wettiner von der Mitte des 13. bis zum Beginn des 16. Jahrhunderts. Stuttgart 2002.

Otto Konrad *Roller* (Bearb.), Ahnentafeln der letzten regierenden Markgrafen von Baden-Baden und Baden-Durlach. Nebst Textband. Hg. von dem Grossherzoglich Badischen General-Landesarchiv. Heidelberg 1902.

Otto Konrad *Roller*, Die Eltern der Markgräfin Ursula von Baden. In: ZGO 58 (1904), S. 155.

Otto Konrad *Roller*, Die Ahnentafel der Markgräfin Ursula von Baden-Durlach und die Wappen auf dem Sarkophag in der Schlosskirche zu Pforzheim. In: Schauinsland 33 (1906), S. 35-49.

Carl *Roth*, Der ehemalige Basler Besitz der Markgrafen von Baden. In: Basler Jahrbuch 1912, S. 195-245.

Hans *Rott*, Kunst und Künstler am Baden-Durlacher Hof bis zur Gründung Karlsruhes. Karlsruhe 1917.

Johann Christian *Sachs*, Einleitung in die Geschichte der Marggravschaft und des Marggra(e)vlichen altfu(e)rstlichen Hauses Baden. 4. Teil. Carlsruhe 1770.

Frida *Sauter*, Herzogin Sabina von Wirtemberg. In: ZWLG 8 (1944/49), S. 298-355.

Ingrid *Schiewek*, Zur Manifestation des Individuellen in den frühen deutschen Selbstdarstellungen. Eine Studie zum Autobiographen Bartholomäus Sastrow (1520-1603). In: Weimarer Beiträge 13 (1967), 885-915.

Schimpf und Ernst von Johannes Pauli, hg. von Hermann *Österley*. Stuttgart 1866.

Johann Daniel *Schöpflin*, Historia Zaringo-Badensis. 7 Bde. Karlsruhe 1763 ff.

Karl *Schornbaum*, Die Stellung des Markgrafen Kasimir von Brandenburg zur reformatorischen Bewegung in den Jahren 1524–1527. Diss. Erlangen. Nürnberg 1900.

Klaus *Schubring*, Ein Städtchen und sein Umland. In: Schopfheim. Natur – Geschichte – Kultur, hg. von der Stadt Schopfheim. Schopfheim 2000, S. S. 121-154.

Harald *Schukraft*, Die Grablegen des Hauses Württemberg. Stuttgart 1989.

Hansmartin *Schwarzmaier*, Die Entstehung der Unteilbarkeit fürstlicher Territorien und die badischen Teilungen des 15. und 16. Jahrhunderts. In: Blätter für deutsche Landesgeschichte 126 (1990), S. 161-183.

Hansmartin *Schwarzmaier*, Baden. Dynastie – Land – Staat. Stuttgart 2005.

Hansmartin *Schwarzmaier*, Vom Haus Zähringen zum Land Baden. Wendemarken der badischen Geschichte. In: Paul-Ludwig *Weinacht* (Hg.), Baden – 200 Jahre Großherzogtum. Freiburg/Berlin/Wien 2008, S. 17-40.

Eduard *Schwarzmann*, Karl I., Graf zu Hohenzollern-Sigmaringen und Veringen, Herr zu Haigerloch und Werstein, des Heiligen Römischen Reichs Erbkämmerer und Markgräfin Anna von Baden und Hochberg. Sigmaringen 1859.

Hermann J. *Schwarzweber*, Die Landstände Vorderösterreichs im 15. Jahrhundert. Innsbruck 1908.

Manfred *Seeger*: Vom Hoffräulein zur Frau des Markgrafen. In: Heimatkundliche Blätter Zollernalb 57 (2005), S. 1446-1448 und 1451-1452.

Reinhard *Seyboth*, Die Markgraftümer Ansbach und Kulmbach unter der Regierung Markgraf Friedrichs des Älteren (1486-1515). Göttingen 1985.

Rainer *Seyboth*, Markgraf Kasimir von Ansbach-Kulmbach (1481–1527). In: Fränkische Lebensbilder 15 (1993), S. 17-36.

Dieter *Speck*, Die vorderösterreichischen Landstände. Entstehung, Entwicklung und Ausbildung bis 1595/1602. 2 Bde. Freiburg/Würzburg 1994.

Monika *Spicker-Beck*, Rosenfeld in der Frühen Neuzeit. In: *Dies.*, Geschichte der Stadt Rosenfeld. Rosenfeld 2009, S. 111-167.

Karl-Heinz *Spieß*, Familie und Verwandtschaft im deutschen Hochadel des Spätmittelalters. Stuttgart 1993.

Ludwig Timotheus *Spittler*, Mark=Graf Ernst von Baden und Ursula von Rosenfeld, die Stamm=Eltern des noch blühenden Badischen Hauses. In: Göttingisches historisches Magazin 4. Bd. (1789).

Johannes *Staub*, Der Erbvertrag zwischen Markgraf Christoph I. von Baden und Markgraf Philipp von Hachberg vom 31. August 1490. In: Das Markgräflerland 1991, S. 93-103.

Georg *Steinhausen*, Deutsche Privatbriefe des Mittelalters. Erster Band: Fürsten und Magnaten, Edle und Ritter. Berlin 1899.

Alfred *Stern*, Gabriel Salamanca, Graf von Ortenburg. In: Historische Zeitschrift 131 (1925), S. 19-40.

Dieter *Stievermann*, Southern German Courts around 1500. In: Ronald G. *Asch*/Adolf M. *Birke* (Hgg.), Princes, Patronage, and the Nobility. The Court at the Beginning of the Modern Age c. 1450-1650. Oxford 1991, S. 157-172.

Valentin *Stoesser*, Grabstätten und Grabinschriften der badischen Regenten 1074-1811. Heidelberg 1903.

Brigitte *Streich*, Frauenhof und Frauenzimmer. In: Jan *Hirschbiegel* und Werner *Paravicini* (Hgg.), Das Frauenzimmer. Die Frau bei Hofe in Spätmittelalter und früher Neuzeit. Stuttgart 2000, S. 247-262.

Berthold *Sütterlin*, Geschichte Badens Bd. 1. Karlsruhe 2. Aufl. 1968.

Rainer *Täubrich*, Herzog Heinrich der Jüngere von Braunschweig-Wolfenbüttel (1489-1568). Leben und Politik bis zum Primogeniturvertrag von 1535. Braunschweig 1991.

Heinrich *Tiedemann*, Beschreibung der Fürstlichen Denkmale und Grabschriften in der Stiftskirche ... zu Stuttgardt ... Stuttgart 1798.

Reinhard *Tietzen*, Nürtingen. In: Sönke *Lorenz*/Wilfried *Setzler* (Hgg.), Heinrich Schickhardt. Baumeister der Renaissance. Leben und Werk des Architekten, Ingenieurs und Städteplaners. Leinfelden-Echterdingen 1999, S. 234-237.

Christoph *Timm*, Pforzheim – Kunstdenkmale im Stadtgebiet. Ubstadt-Weiher 2004.

Jürgen *Treffeisen*, Sulzburg von der Stadtwerdung bis zum ausgehenden Mittelalter. In: Geschichte der Stadt Sulzburg, Bd. 1, Freiburg 1993, S. 335-391.

Jürgen *Treffeisen*, Das Abgabenverzeichnis der Markgrafschaft Hachberg und der Herrschaft Üsenberg aus den Jahren 1514/15. In: s' Eige zeige. Jahrbuch des Landkreises Emmendingen 8/1994, S. 147-162.

Oskar *Trost*, Die heimatgeschichtliche Bedeutung der Gedenksteine und Grabstätten in der Schlosskirche zu Pforzheim. Pforzheim 1962.

Volker *Trugenberger*, Die Wappen auf der zimmerischen Burg Wildenstein als Zeugnisse adligen Familienbewusstseins im 16. Jahrhundert. In: ZGO 147 (1999), S. 339-362.

Stefan *Uhl*, Hochburg. In: Höfe und Residenzen im spätmittelalterlichen Reich. Ein dynastisch-topographisches Handbuch. Teilband 15.1,2 Residenzen, hg. von Werner *Paravicini*, bearb. von Jan *Hirschbiegel* und Jörg *Wettlaufer*, S. 273 f.

Urkundenbuch der Stadt Basel, Bd. 10, hg. von Rudolf *Thommen*. Basel 1908.

Karl Friedrich *Vierordt*, Geschichte der Reformation im Großherzogthum Baden [= Geschichte der evangelischen Kirche in dem Großherzogthum Baden Bd.1]. Karlsruhe 1847.

Karl Friedrich *Vierordt*, Badische Geschichte bis zum Ende des Mittelalters. Tübingen 1865.

Johannes *Voigt*, Die Fürstin Margarethe von Anhalt, geborene Markgräfin von Brandenburg. In: Zeitschrift für Geschichtswissenschaft 4 (1845), S. 327-359.

Friedrich *Wagner*, Die Aufenthaltsorte Markgraf Friedrichs des Aelteren von Brandenburg. In: Archiv für Geschichte und Alterthumskunde von Oberfranken 14 (1880), S. 5-26.

Johannes Volker *Wagner*, Graf Wilhelm von Fürstenberg 1491-1549 und die politisch-geistigen Mächte seiner Zeit. Stuttgart 1966.

Fridolin *Weber-Krebs*, Die Markgrafen von Baden im Herzogtum Luxemburg (1487-1797) (Beiträge zur Landes- und Kulturgeschichte 6). Trier 2007.

Friedrich *von Weech*, Gülten der untern Markgrafschaft Baden im Jahre 1537. In: ZGO 25 (1873), S. 69-82

Friedrich *von Weech*, Zur Geschichte Markgraf Christophs von Baden. In: ZGO 26 (1874), S. 392-406.

Friedrich *von Weech*, Badische Geschichte. Karlsruhe 1890.

Tobias *Weller*, Die Heiratspolitik des deutschen Hochadels im 12. Jahrhundert. Köln 2004.

Friedrich *Wielandt*, Markgraf Christoph I. von Baden, 1475–1515 und das badische Territorium. In: ZGO 85 (1933), S. 555 ff.

Friedrich *Wielandt*, Markgraf Ernst von Baden. In: Neue Deutsche Biographie 4 (1959), S. 605 f.

Friedrich *Wielandt*/Joachim *Zeitz*, Die Medaillen des Hauses Baden. Karlsruhe 1980.

Hermann *Wiesflecker*, Kaiser Maximilian I. 5 Bde. München 1971-1986.

Dietmar *Willoweit*, Standesungleiche Ehen des regierenden hohen Adels in der neuzeitlichen deutschen Rechtsgeschichte. In: Bayerische Akademie der Wissenschaften, Philisophisch-historische Klasse. Sitzungsberichte. München 2004.

Ulrich *Zasius* (Hg.), Der Markgraffschafft Baden Statuten und Ordnungen in Testamenten, Erbfellen und Vormundschafften. ND der Ausgabe Baden-Baden vom 20. November 1511.

Andreas *Zekorn*, Türme statt Rosen. Die Herren von Schalksburg und das Wappen des Altkreises Balingen. In: Heimatkundliche Blätter Zollernalb 58 (2006), S. 1596-98.

Hans Georg *Zier*, Markgraf Karl II. und die Reformation. In: Die Kirchenordnungen von 1556 in der Kurpfalz und in der Markgrafschaft Baden-Durlach, hg. von Fritz *Hauss* und Hans Georg *Zier*. Karlsruhe 1956, S. 139-158.

Hans Georg *Zier*, Geschichte der Stadt Pforzheim. Stuttgart 1982.

Zimmerische Chronik. Nach der von Karl *Barack* besorgten zweiten Ausgabe neu hg. von Paul *Herrmann*. 4 Bde. Meersburg/Leipzig 1932.

Bildnachweis

AKG Images, Berlin: S. 101, 121.

Badisches Landesmuseum, Münzkabinett, Karlsruhe: S. 45, 55, 92, 95, 119.

Bayerisches Nationalmuseum, München (Vorlage und Aufnahme): S. 110.

Günter Beck, Pforzheim: Umschlag Vorderseite (Tumba), S. 8, 105, 108, 123.

Olivia Hochstrasser, Bollschweil: S. 12, 52.

Joachim Feist, Stuttgart: S. 39.

Wolfgang Froese, Gernsbach: S. 23.

Generallandesarchiv Karlsruhe (Vorlage und Aufnahme): S. 60 (46 Nr. 4566), 75 (46 Nr. 4566), 112 (J-B Durlach Nr. 13a).

Hauptstaatsarchiv Stuttgart (Vorlage und Aufnahme): S. 41 (N 220 A 45), 43 (A 602 Nr. 490), 64 (A 602 Nr. 490).

Stefan King, Freiburg: S. 10

Kunstmuseum Basel, Kupferstichkabinett (Vorlage und Aufnahme): S. 78 (Inv. Z. 181).

Mit freundlicher Genehmigung von Sigurd Freiherr von Ow, Wachenheim: S. 85.

Anja Semling/pixelio.de: S. 66.

Staatsgalerie Stuttgart: S. 28.

Staatliche Kunsthalle Karlsruhe: S. 20-21, Umschlag Rückseite (Markgrafentafel).

Zenodot (zeno.org): S. 17, 25, 29, 37, 69, 81, 87.

Die Verwandtschaft des Hauses Baden

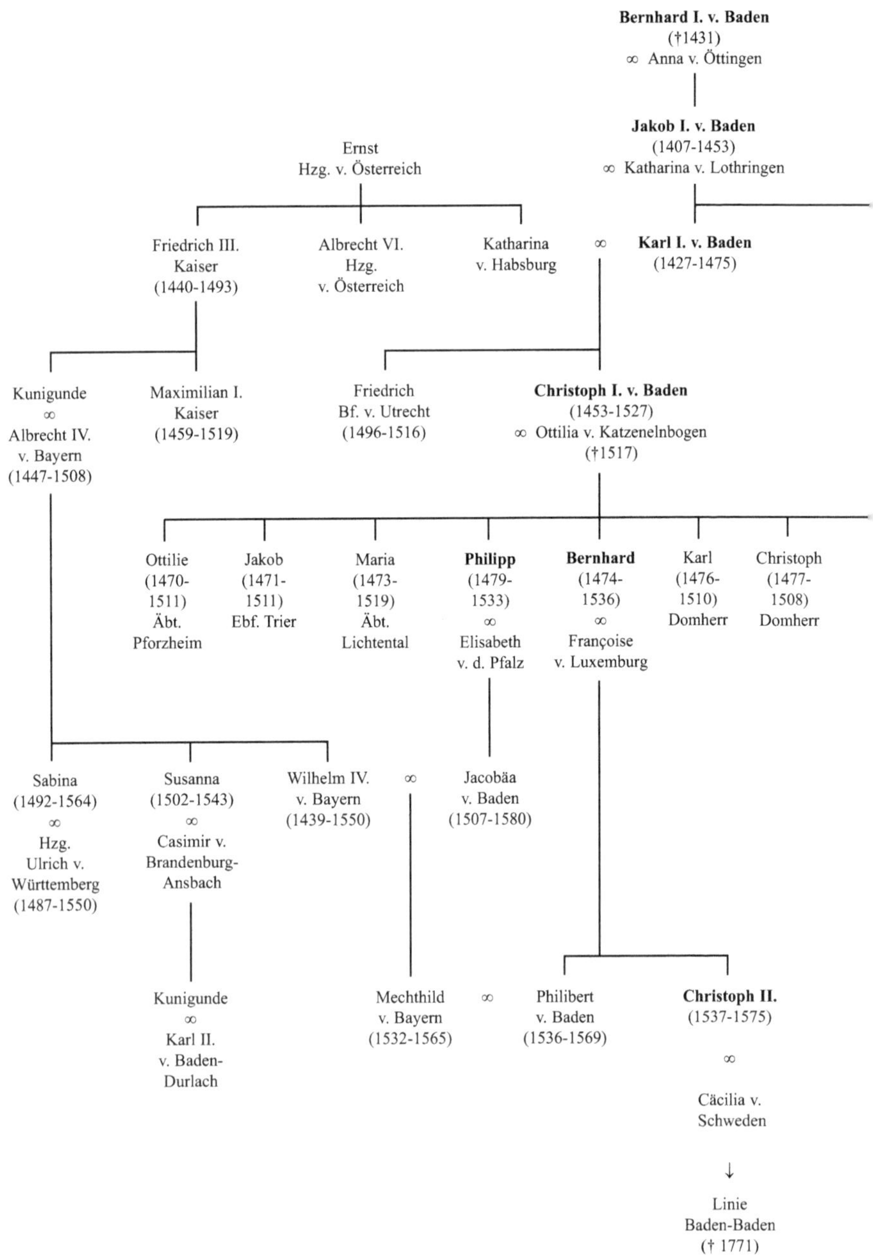

mit Habsburg, Brandenburg und Wittelsbach

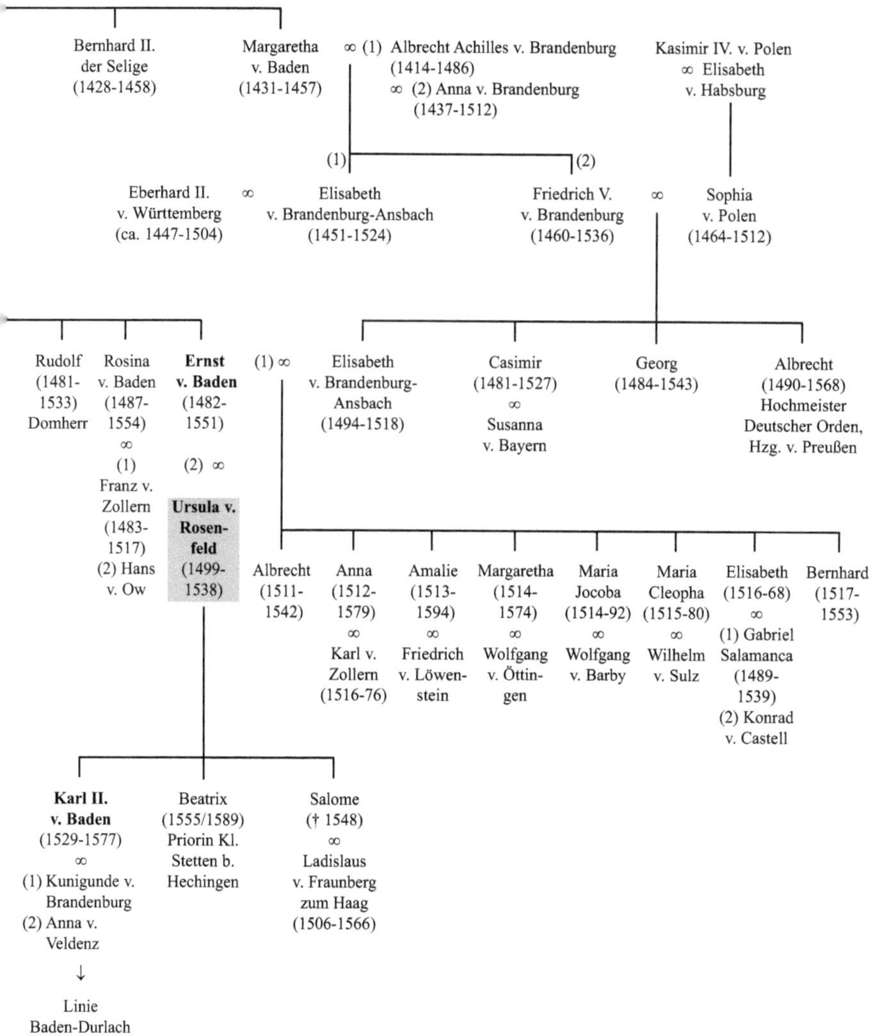

Personenregister

Ortsregister